上海市高校教育高地建设项目资助
上海市教委科研创新项目成果

ZHISHI CHANQUAN ZHIDU YU JINGJI ZENGZHANG GUANXI DE
SHIZHENG YANJIU

知识产权制度与经济增长关系的实证研究

许春明 著

知识产权出版社

内容提要

本书以新经济增长理论为基础，采用宏观经济学、计量经济学和法学的方法，对知识产权制度与经济增长的内在关系进行深入分析，开创性地构建了我国知识产权保护强度指标体系，建立了包含内生创新的知识产权经济增长动态模型，揭示了知识产权制度作用于经济增长的内在机制，对知识产权制度对我国技术创新、技术扩散的影响以及知识产权制度对我国经济增长的贡献度进行了实证分析，阐述了知识产权制度对经济增长影响的复杂性和两面性，分析了我国知识产权制度未能充分发挥作用的原因，并在此基础上提出了完善我国知识产权制度的政策建议。

本书的有益探索，为研究知识产权制度与经济增长的关系奠定了一定的基础，并为实施国家知识产权战略提供了一定的理论和实证依据。

责任编辑: 刘　睿　　　　　　　**责任校对:** 韩秀天
文字编辑: 刘　睿　王金之　　　**责任出版:** 卢运霞

图书在版编目（CIP）数据

知识产权制度与经济增长关系的实证研究／许春明著.
北京：知识产权出版社，2009.2
　ISBN 978 – 7 – 80247 – 461 – 1
　Ⅰ. 知…　Ⅱ. 许…　Ⅲ. 知识产权 – 关系 – 经济增长 –
研究　Ⅳ. D913.04　F061.2
中国版本图书馆 CIP 数据核字（2009）第 027948 号

知识产权制度与经济增长关系的实证研究
许春明　著

出版发行：**知识产权出版社**

社　　址：北京市海淀区马甸南村 1 号		邮　　编：100088
网　　址：http://www.ipph.cn		邮　　箱：bjb@cnipr.com
发行电话：010 – 82000893　82000860 转 8101		传　　真：010 – 82000893
责编电话：010 – 82000860 转 8113		责编邮箱：liurui@cnipr.com
印　　刷：知识产权出版社电子制印中心		经　　销：新华书店及相关销售网点
开　　本：880mm×1230mm　1/32		印　　张：8.625
版　　次：2009 年 2 月第一版		印　　次：2009 年 2 月第一次印刷
字　　数：228 千字		定　　价：22.00 元

ISBN 978 – 7 – 80247 – 461 – 1/D · 774（2489）

摘　　要

　　自 20 世纪 90 年代以来，对 TRIPs 协议框架内知识产权制度对经济增长影响的研究已引起广泛关注，在我国确立实施国家知识产权战略的背景下，深入、全面、客观认识知识产权制度与经济增长的关系，具有重大战略意义。

　　本书以新经济增长理论为基础，采用宏观经济学、计量经济学和法学的方法，对知识产权制度与经济增长的内在关系进行深入分析，开创性地构建了我国知识产权保护强度指标体系，建立了包含内生创新的知识产权经济增长动态模型，揭示了知识产权制度作用于经济增长的内在机制，实证分析了知识产权制度对我国技术创新、技术扩散的影响，以及知识产权制度对我国经济增长的贡献度，阐述了知识产权制度对经济增长影响的复杂性和两面性，分析了我国知识产权制度未能充分发挥作用的原因，并在此基础上，提出了完善我国知识产权制度的政策建议。

　　本书的主要结论是：（1）衡量一个国家或地区的知识产权保护强度应是其立法强度和执法强度的综合；（2）一个国家的最优知识产权保护水平随着其经济增长水平起初下降然后提高，两者呈 U 型关系；（3）知识产权制度作为技术进步的关键保障制度，通过促进技术创新和技术扩散间接推动经济增长;（4）我国知识产权制度在一定程度上有效地促进了我国的技术创新和技术扩散；（5）知识产权制度对我国 20 年来经济增长的贡献率为32.7%，我国各地区知识产权保护强度的差异导致了经济增长的差异；（6）知识产权制度对经济增长的影响具有两面性，既有积极影响，也有消极影响，其最终影响是两者的综合，积极影响的充分发挥有赖于一国的特定经济法律环境。

本书的有益探索，可为研究知识产权制度与经济增长的关系奠定一定的基础，并为实施国家知识产权战略提供一定的理论和实证依据。

ABSTRACT

Since the 1990s, the research about the impact of intellectual property system in TRIPs on the economic growth has been got widely attention. Under the background of carrying out the intellectual property strategy in China, it is of great significance to deeply and objectively realize the relation between intellectual property system and the economic growth.

This research is based on the new economic growth theory, adopting the methods of macroeconomics, mathematical economics and law science, to do the research of the inner relation between intellectual property system and the economic growth. It has initiatively constructed index system of the strength of intellectual property protection in China, established the motive model of economic growth with the endogenous economic growth model of intellectual property, exposed the inner system of economic growth affected by intellectual property system. It has empirically analyzed the effects of intellectual property system to the technology innovation and technology diffusion in China, and the contribution of the intellectual property system to the economic growth in China. It has finally pointed out the two-side effect and complexness of intellectual property protection on the economic growth, analyzed the reasons why the intellectual property system has not played an important role sufficiently in China. On the base of the research, it has put forward the policy suggestions to better the intellectual property system of China.

The main conclusions of this research are as follows: (1) The intellectual property protection index of a country or district should integrate the intellectual property legislation index and enforcement index. (2) The optimal level of intellectual property protection in one country depends on its level of economic development in a non-monotonic way, exhibiting a U-shaped curve, first decreasing and then increasing. (3) As the key guaranteeing system of technology progress, intellectual property system indirectly promotes economic growth through the technology innovation and technology diffusion. (4) The Chinese intellectual property system has effectively promoted its technology innovation and technology diffusion to a certain extent. (5) The contribution rate of the intellectual property system to the economic growth in China within last 20 years is 32.7%. (6) The effect of intellectual property protection on the economic growth is of two-side. There are not only positive effects, but also negative effects, and the final effects are integration of both. The sufficient exertion of positive effects hangs on one country's given economic and law conditions.

The beneficial research has put some foundation for the further research about the relation between intellectual property system and the economic growth, and has provided some theorical and empirical basis for carrying out the intellectual property strategy in China.

缩略语索引

FDI——外国直接投资

GATT——关贸总协定

GDP——国内生产总值

GNP——国民生产总值

G-P 指数——Ginarte & Park 知识产权保护指数

IP——知识产权

NAFTA——北大西洋自由贸易区

OECD——经济合作与发展组织

OLI——所有权—区位—内部化

PCT——专利合作条约

R&D——研究与开发

R-R 指数——Rapp & Rozek 知识产权保护指数

TRIPs——与贸易有关的知识产权协议

UNCTAD——联合国贸易与发展会议

UPOV——植物新品种保护条约

WIPO——世界知识产权组织

WTO——世界贸易组织

目　录

第一章 导 论

第一节 研究背景和意义

一、研究背景

（一）知识产权制度的起源和演变

知识产权制度是关于确认、保护和利用著作权、专利权、商标权以及其他智力成果专有权利的一种专门法律制度。知识产权制度是近代科学技术和市场经济发展的产物。知识产权制度具有悠久的历史，起源于西方，并随着西方资本主义和市场经济的发展而不断完善。现在知识产权制度已经成为全球性的经济贸易和科技文化交流的规则，发挥着日益重要的作用。

一般认为，英国于 1623 年制定世界上第一部专利法——《垄断法规》，于 1709 年制定世界上第一部著作权法——《为鼓励知识创作而授予作者及购买者就其已印刷成册的图书一定时期之权利法》（《安娜法令》）；法国于 1857 年制定世界上第一部商标法——《关于以使用原则和不审查原则为内容的制造标记和商标的法律》。这被认为是现代知识产权制度的起源。

大量历史资料研究表明：不论是国外还是国内，对知识产权的保护既非起源于对任何一种民事权利的保护，也非起源于对任何一种财产权的保护，而是起源于封建社会特权的保护。这种特权，或是由君主个人授予，或是由封建国家授予，或是由代表君主的地方官授予。❶ 在专利领域，对专利的保护便起源于这种特权，即，享有这种特权的人，在特权准许的范围内，不再受行会会规的控制。在商标领域，商标保护则恰恰起源于行会控制，但这种行会控制又被君主或其代表作为一种特权加以确认，因此亦可以说成是起源于特权的保护。毫无例外，版权保护同样也是起源于特权的这样一种保护。正是这样一种起源，不仅决定了进行知识产权保护时应注意的地域性特点，而且也决定了当时君主对思想的控制、对经济利益的控制或国家以某种形式从事的垄断经营等。❷

知识产权在今天，至少在我国，是被当做一种民事权利对待的。它甚至是在我国的《民法通则》中被实实在在地规定在民事权利中的。❸ 但这并不与其特权保护这一起源相矛盾。知识产权正是在这种看起来完全不符合"私权"原则的环境下产生的，并逐渐演变为今天绝大多数国家普遍承认的一种私权，一种民事权利。❹ 如今，也有学者认为，知识产权保护已经作为一种公共政策，更多的是为了国家的利益……因此从国家层面来看，它是政府公共政策的制度选择。❺

从知识产权制度发展历程来看，它是伴随着中世纪封建制度的终结和以市场竞争为前提条件的近代社会的形成而产生并发展起来的。❻

在资本主义条件下，商品生产高度发展，与商品生产有直接联系的技术发明、商标的作用也日趋重要。资本家为了在竞争中

---

❶❷ 郑成思：《知识产权论（第三版）》，法律出版社 2007 年 9 月版，第 2 页。

❸ 同上书，第 1 页。

❹ 同上书，第 2 页。

❺ 吴汉东："中国应建立以知识产权为导向的公共政策体系"，载《中国发展观察》，2007 年第 5 期，第 4～6 页。

❻ ［日］富田彻男：《市场竞争中的知识产权》，商务印书馆 2000 年版，第 6 页。

击败对手，取得更多的利润，一方面研究和采用新技术，以降低成本，提高劳动生产率，从而加强在市场上的竞争；另一方面则要求在法律上将发明和代表其产品信誉的商业标志作为其私有财产权而取得法律保护。在这样的环境下，以确认对专利、商标、版权等垄断权为核心内容的知识产权制度应运而生。所以，知识产权制度是资本主义商品经济发展的必然产物，是科技发展到一定程度后的结果。

随着科学技术的突飞猛进及其在经济活动的核心作用，技术垄断必然相伴而生。由此产生的对技术垄断的知识产权保护只会加剧对消费者的剥削，即企业所得的垄断利润最终是强加在消费者身上。同时，从本国利益出发，有学者认为智力成果具有非常高的经济价值与社会价值，给予其法律保护是为了发展国家经济而采取的保护知识产权的一项措施。❶

步入信息时代，各国对反垄断法规有所加强，力求在增强知识产权保护意识与限制知识产权权利的垄断之间找到平衡点，以顺应时代主流。包括发明创造在内的所有智力成果都主要以信息状态而存在，这与物质成果在自然属性上有着重要的区别。随着知识产权制度日趋国际化，知识产权制度需要制定国际公约，并在参加公约的国家制定的国内知识产权法中加以规范，这便实现了知识产权的财产性质，同时增加了对现代知识产权保护的客观性及国际化发展的认识。

纵观知识产权制度的整个演变历程，正如吴汉东教授所言：从私人层面看，它是知识财产私有的权利形态；从国家层面看，它是政府公共政策的制度选择；从国际层面看，它是世界贸易体制的基本规则。❷

---

❶❷ 吴汉东："中国应建立以知识产权为导向的公共政策体系"，载《中国发展观察》，2007年第5期，第4~6页。

（二）我国知识产权制度的现状

从我国知识产权立法和修改的历史来看，我国知识产权制度的建立和完善是在强大的外在压力之下完成的。

旧中国的《大清著作权律》和《商标注册试办章程》就是1903年《中美续议通商行船条约》的结果。1991年第一次中美知识产权谈判，导致了新中国知识产权法律的第一次修改高潮。2000～2001年，为加入WTO，我国知识产权法律的第二次修改高潮又起。中国以20年的时间，完成了发达国家200年的知识产权立法进程。

不应否认我国知识产权制度的建立和完善是我国经济社会发展的内在需要，但是更不能否认的是，我国的立法考虑更多的是如何履行双边和多边条约的义务，特别是与美国达成的谅解备忘录以及与贸易有关的知识产权协议（TRIPs）。知识产权制度是舶来品，我国在知识产权国际规则的制定上缺少话语权，我国的立法在很大程度上是被动符合知识产权国际规则，未能充分考虑知识产权制度对我国经济增长的实际影响。这是客观现实，我们不得不正视。正如郑成思教授所言："把仅仅适合发达国家（乃至个别发达国家）的知识产权制度强加给全世界，是发达国家的一贯做法。发展中国家的抗争，从制度总体的层面上，从未奏效过。"❶

知识产权制度的建立，其目的不仅仅是保护知识产权权利人的权利，更重要的是要"促进社会主义文化和科学事业的发展与繁荣"（《中华人民共和国著作权法》[以下简称《著作权法》]第1条），"鼓励发明创造，有利于发明创造的推广应用，促进科学技术进步和创新，适应社会主义现代化建设的需要"（《中华人民共和国专利法》[以下简称《专利法》]第1条），"促进社

---

❶ 郑成思："中国知识产权保护现状如何定位"，载《中国人民大学复印报刊资料（民商法学）》，2005年第5期，第88～91页。

会主义市场经济的发展"（《中华人民共和国商标法》［以下简称《商标法》］第1条）。世界贸易组织（WTO）将知识产权与货物贸易、服务贸易并列为三大支柱，足见知识产权制度对经济的影响和作用。世界知识产权组织（WIPO）也强调知识产权是促进经济增长和财富创造的有力手段。❶ 总之，知识产权制度的主要目标之一就是促进经济增长。

　　然而，我国知识产权制度的目标与现实似乎出现了一定的背离。我国知识产权制度所保护的直接的近期受益者主要是外国人。因为，知识产权制度保护的是知识产权权利人的利益，而我国是知识产权的使用大国，而非知识产权的创造和拥有大国。从专利法所保护的专利的有关数据就能反映这一情况。1985年4月1日~2005年12月31日，我国共授予发明专利权238 721项，其中国内主体授权87 344项，仅占36.5%，而国外主体授权151 377项，占63.5%，其中核心专利与重大专利较多，如果加上"三资"企业与跨国公司在华建立的研发机构的发明专利授权数，则国外主体及其在华关联单位的授权比例高达80%左右。此外，我国发明专利申请所集中的领域主要是中药、软饮料、食品等，不属于富有市场潜力的高新技术领域。2006年我国的PCT申请量只有3 900余件，仅占全球总量的2.6%，居世界第八位，仅是世界排名第一的美国PCT申请量的1/20。这些专利申请经过审查，真正能够获得授权的就更少了。❷ 商标法所保护的驰名商标，主要是知名跨国企业的商标。著作权法所保护的计算机软件，又主要为国外巨头公司所垄断。然而，我国资源丰富的民间文学艺术等传统文化却没能得到切实的保护。中国企业在知识产权上处于外国权利人精心

---

　　❶ Kamil Idris, Intellectual Property: A Power Tool for Economic Growth. *World Intellectual Property Organization*, Publication No. 888. 1, June 2003.

　　❷ 载《中国知识产权报》，2008年1月30日，第2版。

设置的"知识产权地雷阵和高压线"之中，频频触雷触电，伤痕累累，元气大伤。DVD 专利费案、丰田诉吉利案、通用诉奇瑞案、思科诉华为案、ETS 诉新东方案、微软诉最终用户案等，就是明证。

因此，随着世界经济一体化以及我国经济市场化的进程，在我国知识产权制度与国际全面接轨的同时，不少人产生了疑惑：我国知识产权制度保护了谁的利益，我国知识产权保护水平是否过度，我国知识产权制度是否真正促进了我国的经济增长等。

我们应该反思我国的知识产权制度。在 2005 年北京财富全球论坛上，原国家知识产权局局长王景川对知识产权制度的作用作如下客观冷静的表述："历史已经表明，只有知识产权的保护范围、保护方式、保护水平，适应国家当时的生产力发展水平，并能随着未来的发展需要而变革，才能真正促进科技创新、文化繁荣、经济发展、社会进步；否则，会产生负面的作用。"❶

（三）知识产权制度的发展趋势

在经济全球化的今天，知识产权已成为国家的核心竞争力。正是世界各国对本国利益的追求以及与他国利益的不断博弈推动了国际知识产权制度的发展，同时，科学技术的突飞猛进促进了知识产权制度的不断变革。

知识产权制度面临信息化和新技术的挑战。知识产权的许多内容，不论是版权、专利、商标还是商业秘密，在本质上就是对相关信息的保护，而信息时代的到来又使得传统的知识产权理论显得有些力不从心。生命科学、海洋技术、新材料技术等新技术的快速发展，对知识产权制度已经和必将产生深远影响。

知识产权规则的国际化趋势明显。TRIPs 协议已经成为 WTO各成员普遍接受的知识产权多边保护规则，从而确立了知识产权

---

❶ 载《中国知识产权报》，2005 年 5 月 20 日，第 1 版。

规则的国际化。它必然会对各国的知识产权立法、司法和执法产生极其深远的影响。

知识产权的保护水平不断提高。随着知识产权在国际贸易中的作用突现以及高新技术的不断发展，知识产权保护的客体和领域不断拓展，知识产权的权利内容逐步增加，知识产权的保护期限有所延长，而知识产权权利限制的条件却更为严格。

知识产权保护的执行力度日渐强化。在发达国家和国际性多边组织的要求和推动下，各国的知识产权司法和行政执法力度进一步加强，知识产权保护的边境措施广泛使用，特别是在处理WTO成员间的知识产权纠纷时，WTO争端解决机制的引入，更赋予了知识产权多边条约的执行力。

一些发达国家和地区先后提出并实施国家知识产权战略，以振兴本国经济和增强本国竞争力。知识产权正成为各国增强国家经济、科技实力和国际竞争力以及维护本国利益和经济安全的战略资源。

我国是一个与一般发展中国家有所不同的、拥有一定创新能力和自主知识产权的、加工能力比较强的快速发展中的大国。我国知识产权事业不仅面临着知识产权保护标准国际化、知识产权保护范围扩大化、知识产权保护水平高度化、知识产权制度工具化、战略化以及知识产权问题政治化、外交化的冲击和挑战，而且还深受我国整体经济发展水平不高和地区发展水平不平衡的制约。制定和实施国家知识产权战略，完善我国知识产权制度，促进知识创新，增强国家竞争力，实现知识产权强国，是我国建设创新型国家的战略选择。

（四）知识产权制度与经济增长关系的研究现状

对知识产权制度促进经济增长的研究由来已久，但以往的研究大多只是从现象上描述知识产权制度对经济增长的促进，对知识产权制度与经济增长的内在机制研究则并不多见。而且，不可忽视的是，知识产权制度可能会导致知识和技术

的垄断，阻碍知识和技术的扩散，增加模仿成本，对经济增
长有一定的负作用，这引起了世界各国特别是发展中国家的
高度关切。❶

自 20 世纪 90 年代以来，对 TRIPs 协议框架内知识产权制度
对经济增长影响的研究已引起广泛关注，尤其受到 WIPO、OECD
和世界银行等国际组织的重视，它们先后发布了各自的研究报
告。2003 年 11 月，WIPO 召开了英国、美国、瑞典、印度等国
著名经济学家和法学家参加的有关知识产权制度与经济增长关系
的国际研讨会。❷ 与会专家们认为知识产权制度影响经济增长的
机制复杂，它的影响体现在贸易、外国直接投资（FDI）、研发
（R&D）、人力资本投入等方面，并一致认为应当认真研究知识
产权制度对各国经济增长的实际影响，以评估现行的知识产权制
度。2007 年，WIPO 发布了"知识产权制度对经济增长影响——
对亚洲地区的调查及分析"的研究报告❸，较为全面地研究了知
识产权制度对包括中国、日本、韩国、马来西亚、越南等亚洲各
国经济增长的影响。其总体结论为：TRIPs 协议在各国的实施推
动了其经济增长。但是，其个案调查和分析的方法以及相关指标
的简单相关性分析，未能真正揭示和解释知识产权制度对经济增
长的作用机制，尤其是以一国的立法强度指标作为知识产权保护
强度指标，必然导致较大的失真度。由于研究方法的限制和指标
选取的不当，其中国研究分报告得出了与其总体结论相矛盾的

---

❶ Lesser W. , The Effects Of Trips – Mandated Intellectual Property Rights On Economic Activities In Developing Countries, Prepared under WIPO Special Service Agreements, 2001, WIPO.

❷ Economists Explore Link Between Intellectual Property and Development, http：// www. managinginformation. com/news/content_ show_ full. php？ id = 2180.

❸ WIPO – UNU Joint Research Project, Impact of the Intellectual Property System on Economic Growth: Finding Surveys and Analysis in the Asian Region, General Remarks, WIPO, 2007.

"没有发现强化知识产权制度促进中国经济的任何可靠证据"❶
的结论。该结论难免偏颇,而且,该报告未能就知识产权制度对
外国直接投资(FDI)作任何分析。对开放的中国而言,忽略
FDI 对经济增长的影响,显然不符合中国实际。

就国内而言,长期以来我国对知识产权制度的研究主要以法
学为视角,集中于知识产权法律体系的建立和完善。中国的决策
者通常把知识产权看成一个狭义的法律问题而不是广泛的经济问
题。❷ 近年来,对知识产权制度与经济增长的关系问题已开始为
人们所关注,有关研究主要集中在对知识产权制度的正当性研究
和以新经济增长理论为基础的理论分析。❸ 以新经济增长理论为
基础的分析均是传统的宏观定性分析,鲜见实证分析和定量分
析,没有直接揭示知识产权制度对经济增长的影响,难于解析知
识产权制度促进经济增长的内在机制,只能"知其然"而无法
"知其所以然",更无法精确评介知识产权制度的实际绩效,也
无法以此来指导对知识产权制度的改进与完善。

国外在该领域的研究近几年取得了一些可喜的成果。但国外
的相关研究大多是以发达国家为研究背景,尽管能够给人启发、

---

❶ WIPO – UNU Joint Research Project, Impact of the Intellectual Property System on Economic Growth: Finding Surveys and Analysis in the Asian Region, Country Report – China, WIPO, 2007.

❷ 胡祖六:"知识产权保护与中国经济的未来",载《国际经济评论》,2002 年第 7 期。

❸ 冯晓青:"激励论——认知知识产权的一种理论模式",载《知识产权文丛(第 9 卷)》,见郑成思主编:中国方正出版社 2003 年版。冯晓青:"财产权经济学理论与知识产权制度的正当性",载《法律科学》2003 年第 2 期;刘华:"知识产权保护制度与经济增长",载《科技管理研究》2002 年第 2 期;庄子银、杜娟:"发展中国家知识产权保护的理论与经验分析",载《武汉大学学报(社会科学版)》2003 年第 4 期;韩玉雄、李怀祖:"知识产权保护对经济增长的影响:一个基于垂直创新的技术扩散模型",载《当代经济科学》2003 年第 2 期;邹薇:"知识产权保护的经济学分析",载《世界经济》2002 年第 2 期;周寄中、徐倩云:"知识经济中的知识产权制度及其激励功能",载《研究与发展管理》2002 年第 2 期。

提供借鉴，但离解决像中国这样的发展中国家所面临的知识产权制度与经济增长的关系问题尚有距离。而且，由于其以发达国家利益为研究基础，其结论难免有失偏颇。

因此，有关知识产权制度对我国经济增长的影响机制以及贡献度的研究还需深入。

二、研究意义

如温家宝总理所言："未来世界的竞争就是知识产权的竞争"。建立知识产权制度的最终目的是促进经济社会和文化的发展。只有正确认识知识产权制度的功能，客观评价我国知识产权制度的实际绩效，才能真正发挥知识产权制度的作用。我们不能仅仅根据感性的暂时现象，简单武断地评价我国知识产权制度的保护水平和作用。只有充分揭示知识产权制度与经济增长之间的内在机制，才能真正认识理解知识产权制度。以知识产权制度与经济增长的机制为题进行系统全面研究，其理论意义和实际应用价值在于：

（1）通过对知识产权制度测评指标体系的全面分析研究，对已有指标体系进行修正，克服长期存在的测评不全面、不准确之弊端，使知识产权保护强度量化指标更具可比性和有效性，以准确进行知识产权保护水平的国际比较，更为经济学实证研究奠定基础。

（2）通过揭示知识产权制度与经济增长的内在机制，为正确评价和认识知识产权制度奠定经济学理论基础，为优化完善我国知识产权制度提供理论依据。

（3）通过对我国知识产权制度的经济学验证，为正确客观评价我国知识产权制度对经济增长的作用提供实证证据，也为完善我国知识产权制度提供实证基础。

第二节 基本研究思路

如前所述，关于知识产权制度与经济增长关系的研究由来已久，但以往的研究大多只是从现象上描述知识产权制度对经济增长的促进，对知识产权制度与经济增长的内在机制研究则并不多见。近几年来，国外学者对知识产权制度与经济增长的关系进行了一系列的实证研究。一小部分文献直接验证了加强知识产权保护对经济增长的可能影响，其结论总结如下表 1-1 所示。这些文献并没有针对技术进步的特定途径或者经济增长的机制进行验证，但是，非常简单地表明了是否具有积极影响以及何处何时具有积极影响。

表 1-1 知识产权制度与经济增长研究一览表 *

研究者	样本及数据	独立变量	知识产权保护指数	结论
Gould 和 Gruben（1996）	95 个国家；1960～1988 年期间的横截面平均数据	实际人均 GDP 增长率	Rapp 和 Rozek 指数	IP 保护对经济增长具有积极影响，在更开放的国家其影响更大
Thompson 和 Rushing（1996）	12 个国家；1970～1985 年期间的横截面平均数据	实际人均 GDP 增长率	Rapp 和 Rozek 指数	仅在初始人均 GDP 达到特定水平的国家，IP 保护才对经济增长具有积极影响
Thompson 和 Rushing（1999）	55 个国家；对 1971～1990 年期间的横截面数据	实际人均 GDP 增长率；1971～1990 年的全要素生产率（TFP）；Rapp 和 Rozek 指数	Rapp 和 Rozek 指数	对相对富裕的国家，IP 保护对 TFP 具有积极影响，从而对经济增长产生积极影响

---

* Rod Falvey and Neil Foster, The Role of Intellectual Property Rights in Technology Transfer and Economic Growth：Theory and Evidence, *United Nations Industrial Development Organization*, Vienna, 2006.

研究者	样本及数据	独立变量	知识产权保护指数	结论
Park (1999)	60 个国家；对 1960～1990 年期间的横截面数据	实际 GDP 增长率；实物资本投资占 GDP 的比例；人力资本投资占 GDP 的比例；R&D 投资占 GDP 的比例	Ginarte 和 Park 指数	IP 保护对经济增长没有直接影响。在最发达国家，IP 保护通过实物资本投资和 R&D 间接地对经济增长具有积极影响
Falvey, Foster 和 Greenaway (2004)	80 个国家；1975～1994 年间每 5 年的平均数据	实际人均 GDP 增长率	Ginarte 和 Park 指数	在高、低人均 GDP 国家，IP 保护对增长具有积极影响，但在中等收入国家 IP 保护没有影响

　　新经济增长理论认为，技术进步是经济持续增长的主要决定因素，而不仅仅是资本和劳动力。技术进步来自想通过开发新产品❶❷或改进现有产品❸❹获取利润的经济人的活动。技术进步主要表现为技术创新和技术扩散（转移）。技术创新主要体现为研究与开发（R&D）；技术扩散（转移）的途径主要包括外国直接投资（FDI）、国际贸易和技术许可。

　　本研究认为，知识产权制度本身并非为经济增长生产函数中的要素，而是通过作用于研发活动促进技术创新以及作用于外国直接投资、国际贸易和技术许可影响技术扩散，进而间接影响经济增长，其内在机制如图 1-1 所示。

　　❶ Romer, P. M., Endogenous Growth and Technical Change, *Journal of Political Economy*, 1990, (99): 807～827.

　　❷ Grossman, G. M. and E. Helpman, *Innovation and Growth in the Global Economy*, Cambridge, MA: The MIT Press, 1991, Ch. 3.

　　❸ Grossman, G. M. and E. Helpman, *Innovation and Growth in the Global Economy*, Cambridge, MA: The MIT Press, 1991, Ch. 4.

　　❹ Aghion, P. and P. Howitt, A Model of Growth through Creative Destruction, *Econometrica*, 1992, (60): 323～351.

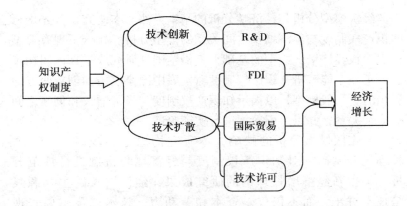

图 1-1 知识产权制度与经济增长内在机制示意图

在整体上，本研究采用理论研究与实证研究相结合、定性分析与定量分析相补充的研究方法。具体而言，本研究拟采用法理学、法经济学、宏观经济学、制度经济学、计量经济学以及数理统计学等学科的方法。研究的基本思路如下。

本研究首先明确以新经济增长理论为理论基础。新经济增长理论揭示了经济增长的主要源泉是知识创新和技术进步，而知识产权制度正是以激励知识创新和技术进步为直接目标。新经济增长理论为知识产权制度经济学研究奠定了基础。

知识产权制度的经济学研究的一个重要前提是，必须有具有可比性的知识产权制度测评指标体系。按照传统的指标体系，在知识产权国际化背景下，特别是在 TRIPs 协议框架下，仅仅以一国（或者地区）的立法中所体现的因素对知识产权制度进行测评，已不具任何可比性，也无实际意义。应对知识产权制度指标体系进行必要的修正。知识产权强度指标应是知识产权立法强度指标与执法强度指标的综合。借鉴已有的立法强度指标并选取适当的执法强度指标，可以获得我国 20 年来知识产权保护强度的时间序列以及各地区的知识产权保护强度，为以下的实证分析做好数据准备。

经济模型分析是经济学分析的基本方法。本研究将首先进行知识产权制度与经济增长之间关系的模型分析。在分析现有典型知识产权经济增长模型的基础上，借鉴国外研究成果，试图初步建立了一个能解析知识产权制度对发展中国家模仿和创新两方面影响的更一般模型，以揭示知识产权制度与经济增长和创新之间的复杂关系，并以跨国数据进行实证验证。

为克服模型分析的缺陷，本研究构想进一步以新经济增长理论为基础，对知识产权制度与经济增长机制进行规范分析。根据新经济增长理论的研究成果，经济增长的主要源泉是技术进步，而不仅仅是资本和劳动力。技术进步主要表现为技术创新（主要以研究与开发（R&D）表征）、技术扩散（主要有国际贸易、FDI 和技术许可三个途径）。因此，对知识产权制度与经济增长机制进行规范研究，不必（事实上也难于）以知识产权制度对经济增长直接作用机制为研究思路，只要通过研究知识产权制度与技术创新以及知识产权制度与技术扩散的作用机理，就能间接揭示知识产权制度与经济增长的内在关系。

在模型分析和规范分析的基础上，进行一定的计量经济学实证分析，以验证上述的分析结论。首先，分别实证分析我国知识产权制度与 R&D、进口额、FDI、技术许可量的关系，以评价知识产权制度对技术创新和技术扩散的影响。其次，在总体上实证分析知识产权制度对我国经济增长的贡献度。同时，作一定的横向跨地区数据分析，以揭示在不同经济发展水平下知识产权保护对经济增长作用的地区差异性。

最后，综合上述模型分析、规范分析和实证分析的结论，对知识产权制度对经济增长的影响作总体分析。知识产权制度与经济增长机制是复杂的，而不是单一的。知识产权制度对经济增长的影响具有两面性，即既具有积极的影响，又具有消极的影响，知识产权制度对经济增长的最终影响是这两方面影响的综合。在此基础上，分析我国知识产权制度未能充分发挥积极作用的原因，并有针对性地提出相应的优化完善我国知识产权制度的政策建议。

基本研究思路如图 1 - 2 所示：

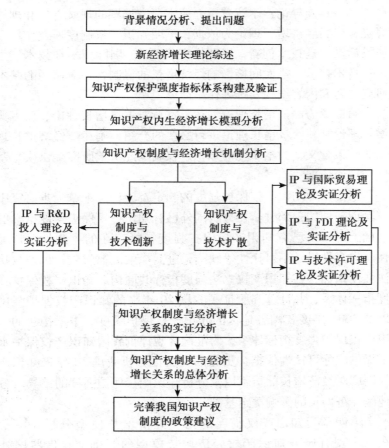

图 1 - 2　基本研究思路图

第三节　本书结构安排

本书共分 11 章。

第一章为导论。本章着重介绍本研究选题的现实背景和理论意义，以新经济增长理论为依据，阐明知识产权制度通过作用于研发活动促进技术创新，以及作用于 FDI、国际贸易和技术许可影响技术扩散，进而间接影响经济增长的机制，并对课题的基本研究思路和内容结构安排等作出简要说明。

第二章为经济增长理论综述。本章对古典增长理论、新古典增长理论和新经济增长理论进行必要的介绍，阐述新经济增长理论的政策含义，为本研究的知识产权制度经济学研究提供模型基础和理论依据。

第三章为知识产权保护强度的测定及验证。本章为本研究中较具创新性的一部分。在分析国外已有知识产权保护强度指标的基础上，指出已有知识产权保护强度指标存在的主观性、片面性、失真性以及不可比性等缺陷，进而探索性地引入知识产权执法强度指标，与知识产权立法强度指标共同构成知识产权保护强度指标体系，并计算和验证了我国 20 年来的知识产权保护强度以及 2004 年度我国各地区的知识产权保护强度。本章构建的知识产权保护强度指标体系，为准确客观评价我国知识产权保护水平提供国际可比性依据，更为后文验证分析我国 20 年来知识产权制度对经济增长的贡献以及分析知识产权保护强度的差异对各地区经济增长的影响奠定基础。

第四章为知识产权制度的内生经济增长模型分析。本章在分析现有典型知识产权经济增长模型的基础上，借鉴国外研究成果，初步建立了一个能解析知识产权制度对发展中国家模仿和创新两方面影响的更一般模型，并以跨国数据进行实证验证。发展中国家在选择知识产权保护水平时，必然会关注有利于模仿的需要与激励本国创新活动的需要之间的权衡，因此，应存在理论上的最优知识产权保护水平。本模型分析的目的就在于揭示知识产权保护水平与经济增长和创新之间的关系。

第五章为知识产权制度与技术创新关系研究。本章在对知识产权制度与技术创新关系的相关研究文献进行综述的基础上，重点实证分析我国知识产权制度与 R&D 支出和专利申请量之间的关系，以评价我国知识产权制度对技术创新的实际影响。

第六章为知识产权制度与技术扩散关系研究。本章在对知识产权制度与技术扩散关系的相关研究文献进行综述的基础上，重点实证分析我国知识产权制度与国际贸易额之间的关系，以评价我国知识产权制度对技术创新的实际影响。

第七章为知识产权制度与外国直接投资关系研究。本章是基于我国外向型经济增长模式特征而开展的专题研究，旨在全面深入剖析知识产权制度对 FDI 的影响。本章在有关 FDI 对经济增长的影响以及知识产权制度对 FDI 的影响的文献综述的基础上，首先利用 Dunning 创立的 OLI 理论，对知识产权制度对 FDI 的影响进行理论分析，然后，建立多元线性回归模型对我国知识产权制度对 FDI 的实际影响进行计量经济学分析。

第八章为知识产权制度与经济增长关系的实证分析。本章在对知识产权制度与经济增长关系实证分析的相关研究文献进行综述的基础上，建立包含知识产权制度的经济增长生产函数，构建知识产权制度对经济增长贡献度的计量经济模型，在总体上实证验证知识产权制度对我国经济增长的贡献度，同时，作一定的横向跨地区数据分析，以揭示在不同经济发展水平下知识产权制度对经济增长作用的地区差异性。

第九章为知识产权制度与经济增长关系总体分析。本章在前几章研究结论的基础上，对知识产权制度与经济增长的关系进行总体分析，全面阐述知识产权制度对经济增长影响的两面性和复杂性，指出知识产权制度对经济增长的最终影响是积极、消极影响的综合，进而客观地分析我国知识产权制度未能充分发挥积极作用的原因。

第十章为完善我国知识产权制度的政策建议。本章在前述研究结论基础上，阐述完善我国知识产权制度的必要性、紧迫性及其背景，提出完善我国知识产权制度的基本原则以及具体的初步政策建议。

第十一章为本书主要结论及展望。本章总结本研究的主要研究结论，并对进一步研究提出展望。

第二章　经济增长理论综述

　　经济增长理论一直是经济学理论中的重要组成部分和永恒的主题。经济增长一直是经济学家们研究的核心问题。经济增长表现为国内生产总值（GDP）或国民收入（GNP）的增加，而人均GDP（或 GNP）的高低是衡量一个国家经济发展水平的主要指标，也是发达国家与发展中国家的主要区别。

　　经济增长理论的发展经历了近 200 年的时间，不同的经济学家试图运用不同的方法、概念和模型来解释经济增长的过程，因而出现了丰富多彩的不同理论。然而，我们仍然可以从这些不同的增长理论中提炼出他们共同回答的关键性问题，它们构成了经济增长理论的主题。

　　经济增长理论的主题可以从理论研究中总结出来，也可从经验研究中找到。按照卡尔多（1963）的总结，经济增长的全部理论与经验研究都是围绕着两个主题展开的：一个是，人均产出持续增长且其增长率并不趋于下降；另一个是，人均产出的增长率在各国之间的差距巨大。用更加精练的方式表述，这两个主题就是：经济持续增长的动力来源到底是什么？经济增长是否会产生收敛的结果？前者代表了经济学家研究经济增长的重要目的，即寻找影响经济增长的主要因素，像增长因素分析主要试图从经验角度计量不同要素对经济增长的贡献度，而不同的增长模型则是从理论上解释了促进经济增长的动力源泉。后者代表了经济学家对经济增长结果的关注，即经济增长在不同国家之间的分布状

况。所有的经济增长理论都是主要针对这两个主题展开的。❶

第一节　古典增长理论

古典增长理论的代表人物主要有亚当·斯密（Adam Smith）、李嘉图（Ricardo）、马尔萨斯（Malthus）。

斯密认为劳动是国民财富的源泉，增加劳动数量，提高劳动质量，就成为国民财富增长的原因。财富的增长，第一靠劳动效率，提高工人的劳动生产率，就需要加强分工；第二靠劳动数量，增加生产工人的数量，就需要增加积累用于雇佣工人的资本。因此，斯密把国民财富的增长归结为分工的发展和资本的积累。斯密还进一步论证了分工和技术进步对提高劳动生产率的作用，"机械的改善，技巧的进步，作业上更妥当的分工，无一非改良所致，亦无一不使任何作业所需的劳动量大减"。❷

李嘉图也把资本积累看做国民财富增长的基本源泉，认为资本积累就是利润转化为资本，国民财富的增长速度取决于利润率。李嘉图对于经济增长的分析是围绕收入分配展开的。在考察了工资、利润和地租的关系、变动规律以及影响这些分配比例变量的外部因素后，他认为长期的经济增长趋势在收益递减规律的作用下而停止。因此，李嘉图更注重斯密增长分析中的劳动量增加和资本积累的作用。

马尔萨斯认为只有增加供给的生产力与刺激需求的手段相结合，才能保证财富的持续增长，有效需求的不足将导致生产普遍过剩的危机。他提出了使财富不断增长的 4 个刺激因素:（1）人口增殖，是需求增加的有力而必要因素，但仅有人口增加而缺乏

---

❶　沈坤荣等:《新增长理论与中国经济增长》，南京大学出版社 2003 年版，第 9～10 页。

❷　[英] 亚当·斯密著，郭大力、王亚南译:《国民财富的性质和原因的研究（上卷）》，商务印书馆 1983 年版，第 235 页。

对劳动的有效需求的国家，财富增长往往最慢；（2）资本积累，是财富持续增长的必要因素，但只有存在对商品的有效需求，增加资本积累才能刺激财富不断增长；（3）土地肥沃，能提供财富增长的最大自然潜力，但单单土地肥沃也不足以刺激财富不断增长；（4）节约劳动的新发明，会使生产便利，但能带来多少利益还要取决于市场是否扩大、对消费者的刺激是否增加。

可见，古典经济学家已经指出了经济增长的动力是劳动、资本和土地。但他们的分析侧重于农业生产占主导地位的经济，土地肥力递减等边际收益递减规律被过分地强化了。同时，尽管已经考虑到技术进步的作用，但技术进步的连续性没有得到应有的重视。

第二节 新古典增长理论

19世纪后半叶，以"边际分析"为特征的新古典经济学得以兴起，标志着西方经济学进入一个新的成长阶段。新古典增长理论是经济增长理论一个重要的里程碑。这种里程碑的意义不仅体现在新古典增长理论的思想性上，更重要的是体现在研究经济增长问题的方法上。代表性的思想就是熊彼得（Schumpeter）的创新经济增长理论。代表性的研究方法则是数学经济模型的引入，数学模型使用为数不多、定义精确的经济变量对经济增长过程作出了相应的解释，这些经济增长模型已成为现代经济增长理论的代表。

一、熊彼得的创新经济增长理论

熊彼得对经济增长过程的分析独辟蹊径，为新经济增长理论中的技术创新模型提供了一个理论基础。他强调企业家的创新是造成经济增长和波动的源泉。熊彼得的创新经济增长理论贯穿企业家的"创新"思想，即企业家的职能就是不断地引进生产要素和生产条件的"新组合"以实现"创新",❶ 从而成为经济增长的内在动力。他认为,创新是指企业家对生产要素实现的新组合,包括引进新产品、采用新生产方法、开辟新市场、获取新资源和建立新组织等。

熊彼得认为,创新引起经济增长的过程是:创新刺激了投资,引起信贷扩张,推动经济产出增加。在此过程中,企业家为谋取超额利润而进行创新,一批企业为分享这种利益而进行模仿,另一批企业为生存而进行更大规模的模仿和适应,因此创新及由此引起的模仿和适应共同推动经济增长。经济增长过程始终伴随着激烈的竞争,一些适应能力差的企业将被淘汰,此时经济增长又表现为一种创造性破坏过程。熊彼得创新经济增长理论的影响在于:指出创新或技术进步是经济系统的内生变量,创新过程伴随着大量的投资;强调创新、模仿和适应在经济增长中的决定作用;强调经济增长过程是一个创造性破坏过程。这些都对后来的新经济增长理论产生影响,如:Segerstrom 的创新、模仿增长模型 (1991)❷ 和 Aghion and Howitt 的技术进步所产生创造性破坏影响的新增长模型 (1992)❸。

二、哈罗德—多马模型

哈罗德 (Harrod,1938) 和多马 (Domar,1946) 发展起来的哈罗德—多马模型是第一个经济增长数学模型。他们力图将凯恩斯的短期静态分析长期化和动态化,试图发展成为长期的动态均衡分析。

---

❶ 〔美〕熊彼得著,顾准译:《资本主义、社会主义和民主主义》,商务印书馆1979 年版,第 164 页。

❷ Segertrom,P.,Innovation,Imitation,and Economic Erowth,*Journal of Political Economy*,1991,(99):807~827.

❸ Aghion,P. and P. Howitt,A Model of Growth through Creative Destruction,Econometrica,1992,(60):323~351.

哈罗德—多马模型主要有 3 个假设：

（1）储蓄率不变，资本产出比不变；

（2）单位产出所需要的资本和劳动量是惟一给定的；

（3）劳动力以不变速度增长，这一增长速度是外生的。

设经济增长率为 g，根据假设（1），资本产出比不变，因而国民收入的增长速度等于资本存量的增长速度。

在均衡时，储蓄等于投资。根据假设（1），储蓄率保持不变，由此我们可以得到下述关系式：

$$g = \frac{\Delta Y}{Y} = \frac{\Delta K}{K} = \frac{I}{K} = \frac{sY}{Y} \times \frac{Y}{K} = \frac{s}{\frac{K}{Y}} = \frac{s}{v} \qquad (2-1)$$

式中　g——增长率；

I——净投资；

K——资本存量；

Y——国民收入；

v——资本产出比（K/Y）；

s——储蓄率。

该式表明，在资本产出比固定不变的前提条件下，国民收入增长率正比于储蓄率，即经济增长率由储蓄决定。

哈罗德—多马模型的结论是，在没有考虑技术进步对经济增长影响的假定下，资本积累在经济增长中具有决定性作用。该模型未考虑技术进步的作用，这与现实不符。

三、柯布—道格拉斯生产函数

柯布—道格拉斯生产函数的一般形式为：

$$Y = AL^{\alpha}K^{\beta} \qquad (2-2)$$

式中　Y——生产量；

L——劳动存量；

K——资本存量；

A、α、β——参数（$0 < \alpha < 1$，$0 < \beta < 1$）。
由于

$$\frac{\partial Y}{\partial L} \times \frac{L}{Y} = \alpha$$

$$\frac{\partial Y}{\partial K} \times \frac{K}{Y} = \beta$$

因此，α、β 分别表示劳动和资本的产出弹性。A 一般解释为外生的技术水平参数。当 $\alpha + \beta = 1$ 时，α 和 β 分别表示劳动和资本在生产过程中的相对重要性，即它们对经济增长的贡献率。

柯布—道格拉斯生产函数突破了哈罗德—多马模型中资本产出比（K/Y）不变和储蓄率不变的假设，也加入了技术水平参数（外生的），而且形式简单，在计量经济学模型中得到广泛采用，本书在后面的计量模型中就采用了柯布—道格拉斯生产函数的变型。

四、索洛增长模型

1987 年，索洛（Solow）因其在经济增长理论中的杰出贡献而获得诺贝尔经济学奖。瑞典皇家科学院的评价是："索洛教授的伟大成就就是他创造了这样一个模型，用它能了解和分析变幻莫测的实际。"这个模型就是著名的索洛增长模型，由索洛提出，它是对哈罗德—多马模型的改进。❶❷

索洛模型假定经济中只有资本和劳动两种生产要素，两种要素可以互相转化，生产函数具有连续性、规模报酬不变，同时还假定劳动力的增长率为给定的 n，技术进步率为常数 g，储蓄率 s 也是外生给定。索洛模型对于经济增长的理论分析可以概括为以

❶ Solow，R.，A Contribution to the Theory of Economic Growth，*Quarterly Journal of Economics*，1956，（70）：86~94.

❷ Solow，R.，Technological Change and the Aggregate Production Function，*Review of Economics and Statistics*，1957，（39）.

下 4 个结论。[1]

第一，索洛模型给出了资本积累的基本方程式：$k = s \cdot f(k) - (n + g + \delta) \cdot k$。其中，$(n + g + \delta) \cdot k$ 表示为打破"零增长率"所必需的投资，零增长率来自劳动力、技术进步率和资本存量折旧率的增长率。

第二，索洛模型认为，由于要素的边际报酬是递减的，所以从长期看，任何一个经济都会逐渐达到一个稳定的均衡路径，这反映在当人均资本量的变化为零时的基础微分方程 $s \cdot f(k^*) = (n + g + \delta) \cdot k^*$ 中。

第三，索洛模型意味着任何经济增长都具有趋同（或收敛）的性质。

第四，索洛模型认为，经济增长的主要推动力是技术进步。索洛模型通过生产函数分解的方法将资本、劳动要素之外的剩余贡献归于技术进步的贡献，称为"索洛剩余"。

索洛对美国要素投入对经济增长的贡献率进行了估算，他发现，1909～1949 年这 40 年中，美国的 GDP 的平均增长率为 2.9%，其中 1.09% 是来自劳动投入的增加，0.32% 来自资本投入的增加，而另外 1.49% 却没有得到解释，这些未被解释的部分就被称为"索洛剩余"，被解释为技术进步的贡献。

索洛模型通过引入技术进步率这一外生变量，成功地解释了经济长期持续增长和各国经济增长率差异明显的卡尔多事实。根据索洛模型，在包含技术进步因素的均衡增长状态，人均资本和人均产出的增长率等于外生的技术进步率，这就证明了劳动生产率和人均资本持续增长的卡尔多事实；同样，如果各国的技术进步率不等，则各国经济增长率就会有差异。

以索洛为代表的新古典增长模型，虽然涉及技术进步在经济

---

[1]　沈坤荣等：《新增长理论与中国经济增长》，南京大学出版社 2003 年版，第 23～24 页。

增长中的作用问题，但是，一直把技术进步作为外生变量对待（模型中未给解释的变量），用余值法测定技术进步，从而使技术进步变得不可解释。外生技术进步因素的存在只是说明了长期经济增长的可能性，但并没有对长期经济增长机制本身作出必要的解释。另外，索洛模型认为，经济增长是会收敛的，穷国会比富国获得更快的经济增长速度，这不能与经验研究一致。所以，经济增长理论的新发展就是要找出解释这种差异性的方法。新经济增长理论正是在这样的背景下产生的。

第三节　新经济增长理论

新经济增长理论，也称为内生增长理论，产生于20世纪80年代中期，以 P. 罗默（Romer, P.）、R. 卢卡斯（Lucas, R.）等为代表。新经济增长理论虽然被称为一个理论，但并不像新古典增长理论那样有一个大家共同接受的基本理论模型。目前还是一些持相同或类似观点的经济学家提出的诸多增长模型组成的松散集合体，尚未形成一个统一的理论体系。

一、新经济增长理论的典型模型

新经济增长理论的典型模型主要有 3 类：

（1）罗默（1986）❶ 的知识外溢模型（边干边学模型）。这个模型将知识作为一个独立的生产要素，并强调知识具有强的正外部性，一个企业的知识资本投入不仅会增加自己的产出，还可以产生出乎意料的外溢效应。所以，由个体投资行为带来的"外部性"使整个经济社会作为一个整体的知识水平得以提高。

❶　Romer, P. , Increasing Returns and Long – run Growth, *Journal of Political Economy*, 1986, （99）: 1002 ~ 1037.

（2）罗默（1990）❶、Grossman 和 Helpman（1991）❷、Aghion 和 Howitt（1992）❸ 发展的 R&D 模型。这些模型最主要的特点是构建了一个专门用于进行 R&D 的部门，从而知识的积累是独立于资本或劳动要素之外的一项重要活动，即中间活动。R&D 部门的产出也称为中间产品。Grossman 和 Helpman 区分了中间部门对经济增长的两种作用：一个是产品种类的增加；另一个是产品质量的提高。而 Aghion 和 Howitt 的模型则将熊彼得的思想复活了。他们的模型具有熊彼得思想的两个特点：R&D 市场是一个不完全竞争的市场；引入了创造性破坏思想。

（3）卢卡斯（Lucas，1988）❹ 的人力资本模型。卢卡斯认为，人力资本对经济增长的贡献比物质资本更为重要，因为人力资本的积累会产生外部性，从而导致规模报酬递增。

新经济增长理论的"新"就在于与新古典增长理论不同，它将经济增长的源泉完全内生化。新经济增长理论研究经济增长的根本原因，强调经济增长不是外部力量（如外生技术进步），而是经济体内部力量（如内生技术进步）作用的产物。不同于新古典增长理论把技术看成是外生的，是某种随机的、偶然的东西，内生增长理论认为，知识或技术进步如同资本和劳动一样是一种生产要素，并且是"内生的"，是由谋求利润极大化的经济体的知识积累推动的。如罗默（Romer，1990）强调，决定经济增长的技术进步是经济系统的内生变量，是经济主体利润极大化的投资决策行为的产物，由专门生产思想的研究部门生产，并且

---

❶ Romer，P.，Endogenous Technological Change，*Journal of Political Economy*，1990，(98)：71～102.

❷ Grossman，G. M. and E. Helpman，*Innovation and Growth in the Global Economy*，Cambridge，MA：The MIT Press，1991.

❸ Aghion，P. and P. Howitt，A Model of Growth through Creative Destruction，*Econometrica*，1992，(60)：323～351.

❹ Lucas，R.，On the Mechanics of Economic Development，*Journal of Monetary Economics*，1988，(22)：3～42.

知识既不是传统的私人物品，也不是一般的公共产品，而是介于两者之间的、具有非竞争性和部分排他性的产品。这种新知识以两种方式进入生产：一方面技术会用于中间产品，并进而通过中间产品数量和种类的增长提高最终产品的产出；另一方面技术进步会增加总的知识量，通过外溢效应提高研究部门的人力资本生产率，进而实现经济的长期增长。

　　新经济增长理论在解释现实经济增长现象方面比新古典增长理论更进一步。在新古典增长理论中，假定人均投资收益率和人均产出增长率是人均资本存量的递减函数，随时间的推移，各国工资率和资本产出比将会趋同，若不存在外生的技术变化，则经济增长就会收敛于一个人均水平不变的稳定状态。此时，除非有正的人口增长率或外生给定的技术变化，否则一国经济就会进入零增长，这种解释无法令人满意。新经济增长理论将知识、人力资本等内生技术变化因素引入经济增长模型，其结果是资本收益率可以不变或递增，人均产出可以无限增长，并且增长率在长期可能随时间变化而单调递增，不同国家的人均产出水平不必趋同，发展中国家的增长也可能持续缓慢甚至无增长。总之，新经济增长理论认为，技术进步的意义在于产生了报酬递增现象，从而解释了经济持续增长的现实现象；由于技术进步在各国之间的差异性，各国经济增长完全可能是不收敛的，从而满意地解释了发达国家与发展中国家经济增长上的差异。

二、新经济增长理论的政策含义

　　新经济增长理论具有重大的政策含义。新古典增长理论认为，长期经济增长完全由外生因素决定，"看不见的手"将引导经济沿着一条最优增长路径移动，因此政府无论采取什么政策，长期增长都不变。新经济增长理论则认为，一国经济长期增长由以人力资本、知识或技术进步为核心的内生变量决定，这些内生变量对政府政策特别是知识产权政策是敏感的，并受政策的影响，从而重新确立了政府政策对经济增长与发展的重要作用。新经济增长理论及其实证研究总结出了一套维持和促进长期经济增长的政策，如补贴教育、支持研究与开发活动、保护知识产权，实行有利于知识积累并在世界范围内传播的贸易政策以及避免政府对市场的扭曲等。罗默（1986）、卢卡斯（1988）认为，如果政府不对技术进步加以倡导，那么分散化的经济增长率就会过低。因此，政府可以通过加强知识产权保护促进研究与开发活动以及运用财政政策对研究与开发活动提供补贴而达到促进经济增长的目的。

新经济增长理论把技术进步纳入经济增长过程，使技术进步成为内生变量。通过技术进步的变化（干中学、受教育、R&D等）促进经济的长期增长，❶❷ 从而使经济增长理论打破了20世纪60年代以来的徘徊局面，焕发了生机，为各国重视教育、重视人才、重视创新提供了理论依据，也为研究知识产权制度如何影响经济增长提供了理论基础。

本章小结

现代经济学家对经济增长问题的研究经历了一个不断深化的过程，从单要素的经济增长模型，如哈罗德—多马模型，到多要素增长模型，如索洛增长模型；从外生的经济增长模型，如新古典模型，到内生的经济增长模型，如新经济增长理论；从注重要素投入到注重全要素生产率的增长，强调技术创新、研究与开发

---

❶ Arrow, K., The Economic Implications of Learning by Doing, *Review of Economic Studies*, 1962, (29).

❷ Jones, C., R&D Based Model of Economic Growth, *Journal of Political Economy*, 1995, (103).

（R&D）对经济增长的作用等。❶

　　新经济增长理论认为，一国经济增长是由以技术进步为核心的内生变量决定的，而技术进步这一内生变量对政府政策特别是知识产权制度是敏感的并深受影响。新经济增长理论为建立知识产权制度提供了理论依据，也为研究知识产权制度如何影响经济增长提供了理论基础。

　　❶　胡乃武等："半个多世纪以来西方经济增长理论的发展"，载《经济学动态》2001 年第 10 期。

第三章　知识产权保护强度的测定及验证

随着知识产权制度的全球化，有关知识产权制度对社会福利、经济增长、技术扩散等方面影响的研究迅速成为知识产权领域和经济学领域研究的热点。开展这方面研究的一个重要前提就是对知识产权制度的测度。但由于知识产权制度是一个与知识产权立法、司法、执法以及知识产权管理、运用等因素密切相关的复杂问题，直接度量知识产权制度存在一定的难度，一直以来缺乏定量的方法进行测度，大多进行的是定性描述和理论模型的分析研究。❶ 这一方面阻碍了以知识产权制度为指标基础的经济学方面的研究，另一方面，也使得国际上的知识产权制度难以进行比较。如何构建一个知识产权制度评价指标体系，既是实证研究的基础，也是各类理论模型得以验证的前提条件。

知识产权制度不仅仅是一个知识产权保护制度，还包括知识产权的创造、管理和运用，因此，全面的知识产权制度评价指标体系应综合知识产权保护指标、创造指标、管理指标以及运用指标等。但是，基于知识产权保护在知识产权制度中的基础性地位和决定性核心作用，并考虑到相关指标的选取和数据的获得，本研究以知识产权保护强度指标代表知识产权制度指

---

❶ Barro R. J., X Sala – I – Martin, Technological diffusion, convergence, and growth, *Journal of Economic Growth*, 1997, （2）: 1 ~ 27. Helpman, E., Innovation, imitation and intellectual property rights. *Econometrica*, 1993, （61）: 1247 ~ 1280. Lai, E., International intellectual property rights protection and rate of product innovation. *Journal of Development Economics*, 1998, （55）: 133 ~ 153. Glass, A., Saggi, K., Intellectual property rights and foreign direct investment. *Journal of International Economics*, 2002, （56）: 387 ~ 410.

标。知识产权保护强度在一定程度上影响和决定了知识产权的创造水平、管理能力和运用程度，相互间具有较强的关联性，因此，以知识产权保护强度指标代表知识产权制度指标具有一定的合理性。

第一节　现有知识产权保护强度的测度方法

根据文献，知识产权保护强度测度指标的建构主要有 3 种方式：（1）问卷调查法，即以对经理和专利律师等从业者意见的调查为基础进行评分，如 Mansfield（1995）和 Sherwood（1997）；（2）立法评分法，即以国家的知识产权立法文本为基础进行评分，如 Rapp & Rozek（1990）和 Ginarte & Park（1997）；（3）综合评分法，即综合上述两种方法，如 Kondo（1995）和 Lesser（2003）。

一、问卷调查法

Mansfield（1995）的研究调查了总共 180 位美国、日本和德国的经理人员和专利律师。他们集中在被认为对知识产权保护特别敏感的化工、制药、机械制造和电子设备行业。受访者需要回答的问题是：说明 14 个技术较为先进的发展中国家的知识产权保护强弱对敏感技术转移方式的影响：（1）投资合资企业；（2）建立全资子公司；（3）许可核心技术。总体上，认为机械制造业的知识产权保护强度相对于化工、制药业更为适当。而且，在一个国家的受访者之间的相关性较强，与日本和德国的受访者相比，美国受访者更可能认为保护强度太弱，这可能是由于国家之间的创新率的差异所致。[1]

　　Sherwood（1997）根据他自己对 18 个发展中国家（大多数在拉丁美洲）状况的评价，也使用以判断为基础的编制方法。每个国家被分为 9 个部分总计 103 分，包括：执行（25 分）、管理（10 分）、版权（12 分）、专利（17 分）、商标（9 分）、商业秘密（15 分）、生命形式（6 分）、条约（6 分）、一般公共义务（3 分）。[2] 每个国家的得分都是完全在每个国家调查获得的，每个部分的减分都有一个说明性理由，但每个部分分值的分配并没有得到讨论。因此，指标体系具有一定的任意性。

二、立法评分法

　　Rapp & Rozek（1990）的研究是量化知识产权保护强度的首度尝试之一。一些学者在其研究中已经引用他们的方法，如 Gould & Gruben（1996）[3]、Thompson & Rushing（1996）[4] 等，而且美国政府也引用作为附加证据以支持其对全球知识产权保护的评价。[5]

　　Rapp & Rozek 以专利法代表知识产权制度，测评 159 个国家

---

　❶　Mansfield, E., Intellectual Property Protection, Direct Investment, and Technology Transfer: Germany, Japan, and the United States. World Bank, *International Finance Corporation*, 1995, Discussion Paper 27.

　❷　Sherwood, R. M., Intellectual Property Systems and Investment Stimulation: The Rating of Systems in Eighteen Developing Countries. *IDEA: The Journal of Law and Technology*, 1997, (37), No. 2: 261~370.

　❸　Gould, D. M. and W. C. Gruben, The Role of Intellectual Property Rights in Economic Growth, *Journal of Development Economics*, 1996, (48): 323~350.

　❹　Thompson, M. A. and F. W. Rushing, An Empirical Analysis of the Impact of Patent Protection on Economic Growth, *Journal of Economic Development*, 1996, (21): 61~79.

　❺　Wichterman, Dana, Intellectual Property Rights and Economic Development: An Issue Brief. *Washington DC: Agency for International Development Center for Development Information and Evaluation*, 1991.

的专利法强度，分为 0～5 级，0 代表一个国家没有专利法，而 5 代表一个国家的法律符合美国商会知识产权委员会建立的最低标准。6 个等级分别是：

0——没有知识产权保护法律（No intellectual property protection laws）；

1——不充分保护的法律（Inadequate protection laws; no law prohibiting piracy）；

2——有严重缺点的法律（Seriously flawed laws）；

3——法律上有缺失，但有某程度的执行（Flaws in laws, some enforcement laws）；

4——还不错的法律（Generally good laws）；

5——完全符合美国商会所要求的最低标准，无论是在法律或执行上（Protection and enforcement laws fully consistent with minimum standards proposed by the U. S. Chamber of Commerce）。❶

Rapp & Rozek 方法的不足主要表现在两个方面：（1）Rapp & Rozek 方法只评价一个国家是否制定了知识产权保护的相关法律，而没有考虑法律条款实施的实际效果；（2）用阶跃型整数来表示知识产权保护强度，既有可能把保护强度相差较大的两个国家纳入同一保护等级，也有可能把两个保护强度相差不大的两个国家纳入两个不同的保护等级。

Ginarte & Park（1997）认为 Rapp & Rozek 的方法太过单纯，而问卷又存在某种程度的限制（资料不具普遍性，样本太少，单一年份）。Ginarte & Park 也以专利法代表知识产权制度，其指标体系包括 5 个指标，每个指标满分 1 分，每个指标下面又分 n 个二级指标，满足其中 1 个二级指标则获得 1/n 分，所以总得分分数范围从 0 分到 5 分，多不为整数，分数越高表示某一国家专利

❶ Rapp Richard, Richard P. Rozek, Benefits and Costs of Intellectual Property Protection in Developing Countries, *Journal of World Trade*, 1990, (75/77): 75～102.

保护强度越高。这 5 个指标分别是：❶

（1）保护范围。在这个分类指标中，要测度以下 7 个方面的可专利性：药品、化学品、食品、动植物品种、医疗器械、微生物、实用新型。满足这项得分，专利法中必须规定上述几项可以被授予专利，而且没有明确不授予专利的条款。满足一项得 1/7 分，满足全部 7 项得 1 分。

（2）国际条约成员资格。3 个主要条约是：①1883 年巴黎公约（以及后来的文本）；②1970 年专利合作条约（PCT）；③1961年植物新品种保护国际条约（UPOV）。加入所有 3 个条约的国家得分为 1，只加入 1 个条约的只得 1/3。巴黎公约为外国提供专利权的国民待遇——非歧视待遇。PCT 的主要目的是便利简化专利申请程序，它允许在任一成员国专利局提出一个有效专利申请。UPOV 规定了一种类似于专利权的育种者权。

（3）保护的丧失。本部分测评排除因 3 种情况导致的保护丧失：①实施要求；②强制许可；③专利无效宣告。一个国家排除所有 3 项记分为 1。

实施要求是指对发明或实用新型专利的实施。例如，国家可能会要求专利产品应该被制造，如果该专利是授予给外国人的，该专利产品应该进口入该国。一些国家规定发明必须在一个特定期间内予以实施。强制许可要求专利权人与第三人共同实施发明，这往往限制了专利权人从其发明中获得适当回报的能力（特别是如果在专利授权后的较短时间内就给予强制许可）。如果专利没有实施，一些国家可以完全宣告专利无效。

（4）执行机制。没有适合的执行机制的法律是无效率的。本部分的有关条件是存在：①诉前禁令；②帮助侵权；③举证责任倒置。具备所有 3 个条件的国家记分为 1。

---

❶ Ginarte，J. C.，W. G. Park，Determinants of patent rights：A cross–national study. *Research Policy*，1997，（26）：283～301.

（5）保护期限。专利期限的长短是确保创新活动获得足够回报的重要因素。如果一个国家达到美国商会规定的最小保护期限就记分为 1。最小保护期限为自专利授权之日起 17 年或者自专利申请之日起 20 年。保护期限小于这一最小期限的国家得分等于其与最小期限的比例，超出最小保护期限的记分为 1。

　　经计算得出 120 个国家在 1960～1990 年期间的指数，后由 Mahadevanvijaya 和 Park（1999）❶ 增加 10 个前社会主义国家并全部更新至 1995 年。

三、综合评分法

　　Kondo（1995）为了衡量专利保护与 FDI 的关系，并认为 Rapp & Rozek 所建构的指数为 0～5 的间断性数值，无法清楚区分两个国家保护程度的强弱，因此其以主成分分析法（Principal Component Analysis）衡量。首先，以 WIPO 和关贸总协定（GATT）所制定的相关条约为基准，用以评价各国的专利法，并将评价基准分成 3 个部分，分别是专利保护期限、排除条款与范围条款（Exclusionary and Scope Provisions）。其中专利保护期限与排除条款都根据各国专利法规定而定，并予以评分；范围条款则是以调查问卷方式，询问美国跨国企业主管关于 15 种范围条款是否会影响其海外投资意愿，并就此评分。最后，将上述 3 个部分所得的分数予以不同比重加权❷，就得到各国专利保护指数，此研究的样本共包括 33 个国家。❸

　　Lesser（2003）编制的知识产权保护指数是以给予生命组织

---

　　❶　Mahadevanvijaya and W. G. Park（1999），Patent Rights Index：Update.

　　❷　保护强度 = 0.594 × 专利保护期限 + 0.585 × 排除条款 + 0.552 × 范围条款。见 Kondo，E. K.，The effect of Patent Protection on Foreign Direct Investment，*Journal of World Trade*，1995，（29）：101.

　　❸　Kondo，E. K.，The effect of Patent Protection on Foreign Direct Investment，*Journal of World Trade*，1995，（29）：97～122.

和改进基因生物的保护代表国家的整个知识产权制度。其认为，对这些客体的保护具有技术复杂性和社会争议性，因此，一个完全覆盖这些领域的保护制度也同样会给予其他创造性客体的实质保护。即，生物技术的保护代表了其他客体的保护。❶

Lesser 认为，很少产品的市场寿命能达到专利的保护期，因此，保护期限不是应该考虑的因素，何况 TRIPs 协议已经对保护期限规定了最低标准。因此，可以将保护期限从知识产权保护指数成分中剔除，而增加保护成本成分，指数成分构成如下：❷

（1）保护客体。TRIPs 协议规定了专利保护客体的最小范围，因此，符合 TRIPs 协议的要求就是一个保护客体指标。符合 TRIPs 协议要求的国家得分为 1，否则为 0。

（2）条约成员资格。除了 UPOV 成员资格，PCT 签字国也被考虑，成员为 1，非成员为 0。加入 PCT 为技术所有者提供许多便利，PCT 成员降低了申请的直接成本和间接成本。国际检索也减少了国家检索的不确定性。巴黎公约的成员资格已不再具有意义，因为大多数国家都已经是 TRIPs 协议的成员，而 TRIPs 协议第 2 条要求成员必须遵守 1967 年公约的第 1~12 条和第 19 条。

（3）管理。专利局的管理包括一系列的重要因素，从效率和透明度到对审查员的适当的培训。当然，其中的工作人员的能力是最为关键的，但是，几乎没有专利局会提供其职员的背景信息。作为权宜之计，只能决定以能否维护一个详尽的网页来作出区别（有网页的为 1，没有为 0）。拥有网页反映了专利局得到的支持较多。

（4）执行。一般很少有现成的对一个国家的法律制度和司法能力的评价指标。选择"透明国际"（Transparency Internation-

❶ Lesser W., The Effects of TRIPs—Mandated Intellectual Property Rights on Economic Activities In Developing Countries, *Prepared under WIPO Special Service Agreements*, WIPO, 2003.

❷ 同上。

al）的 1998 年度"腐败感觉指数"（Corruption Perceptions Index ［CPI］）作为执行指标。这个最近的年度指数对 99 个国家进行评价，分为 0（严重腐败）～10（高度清廉）等级。每个国家的等级是对商人、风险分析师和普通公众对腐败的感觉的 3～14 个单独调查的平均值。所有的指数是有缺陷的，因为这只反映了对腐败的感觉。但是，Kaufman、Kraay 和 Zoido-Lobaton（1999）指出，尽管这种评价是主观的，但对国家管理水平的感觉往往与国家之间制度上的客观差异一样重要。❶

最后，采用因素分析法（Factor Analysis）确定每个指数成分的权重，加权后得到的总值就是知识产权保护指数。

第二节　对现有测度方法的评析

相关的研究为评价国家知识产权保护强度奠定了基础，也已被多数的研究所采用。但是，知识产权保护强度测度的一些基本问题必须深入讨论。

一、测定的范围

第一个基本问题是，哪些知识产权法律应当被用于测定保护强度。Rapp & Rozek、Ginarte & Park 方法是以专利法代表知识产权制度；Lesser 是以给予生物技术的保护代表国家的整个知识产权制度。但是，文化和服务已日益成为经济增长的重要部分，作品和商标的价值对经济增长具有不可忽视的影响，特别在西方国家，版权软件产品、娱乐产品和出版业对经济的贡献是突出的。忽视知识产权保护的这两种形式必然会导致低估它们对经济的影

---

❶　Kaufman，D.，A. Kraay and P. Zoido—Lobaton，Governance Matters. *World Bank*，*Policy Research Working Paper* 2196，October 1999：2. Available at：http：//www. worldbank. org/wbi/gac.

响。类似的，有学者已指出，国家不会同等地对待所有的知识产权。❶ 一些知识产权形式比其他形式对国家经济更为重要。以专利法代表所有知识产权法可能会忽视这一问题。Sherwood 的方法在测度中混合了 5 种不同的知识产权法，将不同的法综合进一个知识产权保护的概念性测度中可能会引出一些理论上和方法上的困难。❷

二、法律的执行

第二个基本问题是关于法律的执行。Rapp & Rozek 重点关注的是"有效制止侵权的法律而不是法律的执行和实施"，❸ 没有在其研究中包括执行因素，尽管 Rapp & Rozek 意识到这一因素。这个问题背后的逻辑是直观简单的，一些国家具备执行这些法律的适宜法律构架和资金来源，而有些国家就可能没有这些资源以充分执行法律。法律条款再完备，若不能得到有效执行，实际的保护效果就会大打折扣。Ginarte & Park 认为忽略执法是合理的，指出"（发展中国家）的主要问题是法律的缺位"。❹ 这在编制该指数时或许是正确的，但是，在已经全面符合 TRIPs 协议的最低要求之后的现在，显然已时过境迁。Sherwood 也意识到这一因素，在其测度中包含了一个执行度成分，但是这并没有能够显著地代表执行知识产权法律的管理机制的运作情况。Sherwood 使用

---

❶ Ostergard，Robert L. Jr.，Intellectual Property Rights：A Universal Human Right?，*Human Rights Quarterly*. 1999，（21），No. 1：156～178.

❷ Zostergard，Jr.，Robert L.，The Measurement of Intellectual Property Rights Protection. *Journal of International Business Studies*，2000 2nd Quarter，（31），Issue 2：349～361.

❸ Lesser W.，The Effects of TRIPs－Mandated Intellectual Property Rights on Economic Activities In Developing Countries，*Prepared under WIPO Special Service Agreements*，WIPO，2003.

❹ Ginarte，J. C.，W. G. Park，Determinants of patent rights：A cross－national study. *Research Policy*，1997，（26）：289.

的执行度成分反映的仅是对潜在执行知识产权法律的评价，而不是对执行机制实际表现的评价。

对执法的测度一般通过两条途径。首先，法庭案例是一个比较理想化的办法，侵权案例被移送法庭的比例、法官和执法人员的态度、损失赔偿等都可以作为指标。不过，因为没有国际化的法庭记录数据库存在，也难以对执法水平进行精确化的评价。其次，对专利系统的投诉是反映专利执法水平以及专利保护强度的有力判据。这种做法的基础是，在很多国家对专利系统执法的投诉会被保存，正是这些投诉对研究立法和执法之间的差距有很大的帮助。

从国外的情况来看，投诉大多是针对立法的，而不是执法。在发达国家，对专利体系的投诉主要集中在专利法律和制度上，而不是更多的在执法上。就是说，专利保护的立法和执法之间的鸿沟还没有形成，基于专利法的评价基本能够反映专利保护强度。但是，在一些发展中国家，例如巴西、印度和墨西哥，由于某些较慢的执法行动和行政活动的影响，这些差距还是值得注意的。

三、测度的再现性

第三个基本问题是测度的再现性。例如，Rapp & Rozek 不能解释得分 2 和得分 3 之间的差异；不适当的（inadequate）法律与有严重缺陷的（seriously flawed）法律之间的差别是什么？还不错的（generally good）法律与完全符合（fully consistent）最低标准的法律之间的区别又是什么？没有清晰的标准，主观性就会产生，就会导致对这种测度有效性和再现性的怀疑。

同样，由于 Sherwood 的研究是以作者的问卷调查为基础的，缺乏大量实证的结果，其再现性必然是有限的。而且，由于采用的方法是定点访谈，因此这种测度方法随时间的变化和国家的不同其再现性也是有限的。Sherwood 方法的第二个问题是，因为很大程度上以其经验为基础，因此这会比其预期的更为主观。例如，在考虑分配给司法独立性多少分值时，就没有一个司法独立性构成的评价基准。是以什么标准来减 5 分而不是 6 分呢？如果以个人感觉为基础进行评价，就无法确定差异。

四、测度的公正性

第四个基本问题是测度的公正性。Rapp & Rozek 采用美国商会（US Chamber of Commerce）制定的最低标准，Mansfield、Kondo 的问卷调查只是针对美国等发达国家的跨国公司，Lesser 选择"透明国际"的"腐败感觉指数"作为执行指标。美国商会制定的标准、针对美国跨国公司的调查数据、透明国际的"腐败感觉指数"必然包含美国等西方国家利益和公司商业利益的倾向，可能是一个包含美国等西方国家利益的扭曲结果。因此，以此为基础的测度的公正性还有待进一步推敲。

五、不同指数间的关联性

另外一个基本问题就是不同指数间的关联性。Mansfield（1995）与 Sherwood（1997）的指数之间具有一定的关联（相关系数为 0.663），但是 Sherwood 指数与两个以立法为基础的指数之间的关联性较弱。[1] Rapp & Rozek 指数与 Sherwood 指数的相关系数仅为 0.307。[2] Ginarte & Park 指数与 Lesser 指数的相关系数也仅为 0.218。

有趣的是，Sherwood（1997）使用类似的修正的方法对 TRIPs 协议的必需条件进行了评定，其得分是 55，与得分最高的

---

[1][2] Zostergard, Jr., Robert L., The Measurement of Intellectual Property Rights Protection. *Journal of International Business* Studies, 2000 2nd Quarter, （31）, Issue 2: 349~361.

韩国相等。主要的扣分（25 分中的 18 分）是因为 TRIPs 协议的有限的执行要求。相反，北大西洋自由贸易区（NAFTA）的知识产权保护的得分为 68。Sherwood（1997）认为 TRIPs 协议的保护强度还是相对弱的，"TRIPs 协议为鼓励一些技术的自愿转移提供了足够的保护，然而，一个活跃的、投资导向的知识产权制度会促进更大量的自愿转移"。❶

第三节　中国知识产权保护强度指标体系的构建

一、Ginarte-Park 方法的缺陷

Ginarte-Park 方法有效地克服了 Rapp-Rozek 方法的不足，也避免了问卷调查法的主观性、弱再现性的缺陷，因此，Ginarte-Park 指数已被大量的研究所采用（Falvey，Foster & Greenaway［2004］❷，Fink & Primo-Braga［2005］❸，Kumar［2001］❹，

❶ Sherwood，R. M.，The TRIPs Agreement：Implications for Developing Countries. *IDEA：The Journal Law and Technology*，1997，（37）：491～545.

❷ Rod Falvey，Neil Foster，David Greenaway，Intellectual Property Rights and Economic Growth. January 2004. Avaliable at：http：//www. nottingham. ac. uk/economics/leverhulme/research_ papers/04_ 12. pdf.

❸ Fink，C. and C. A. Primo Braga，How Stronger Protection of Intellectual Property Rights Affects International Trade Flows，in C. Fink and K. E. Maskus（eds.），*Intellectual Property and Development：Lessons from Recent Economic Research*，Washington，DC：The World Bank / Oxford University Press，2005.

❹ Kumar，N.，Determinants of Location of Overseas R&D Activity of Multinational Enterprises：The Case of US and Japanese Corporations，*Research Policy*，2001，（30）：159～174.

Smarzynska ［2004］❶, Yang & Maskus ［2001］❷, Xu & Chiang
［2005］❸)。但是，Ginarte-Park 方法仍然存在忽视执法因素的问
题。当然，对于司法制度比较健全的西方国家，采用立法指标所
度量出的保护强度与实际的保护强度不会出现显著的差异，但
是，对于司法体系正在完善的转型期国家，如中国，由于立法与
司法尚不完全同步，采用立法指标所度量出的保护强度与实际的
保护强度可能并不一致。在知识产权国际化背景下，特别是在
TRIPs 协议框架下，仅仅以一国（或者地区）的立法中所体现的
知识产权保护范围、参加国际条约数、知识产权保护例外、执法
措施以及保护期限等因素对知识产权保护强度进行测评，已不具
可比性，甚至产生令人困惑的结果。

　　根据 Ginarte-Park 方法，对我国 1985 ~ 2006 年的知识产权保
护强度进行评定，各指标的详细统计及计算结果列于表 3 - 1。
表 3 - 2 给出了亚洲和欧美部分国家的知识产权保护强度（Gin-
arte-Park 指数）。

---

❶　Smarzynska, B., The Composition of Foreign Direct Investment and Protection of
Intellectual Property Rights: Evidence from Transition Economies, *European Economic Re-
view*, 2004, (48): 39 ~ 62.

❷　Yang, G. and K. E. Maskus, Intellectual Property Rights and Licensing: An Econ-
ometric Investigation, *Weltwirtschaftliches Archiv*, 2001, (137): 58 ~ 79.

❸　Xu, B. and E. P. Chiang, Trade, Patents and International Technology Diffusion,
Journal of International Trade and Economic Development, 2005, (14): 115 ~ 135.

表 3 - 1　中国知识产权保护强度（Ginarte-Park 指数）的时间序列（1985 ~ 2006 年）

		1985	1986	1987	1988	1989	1990	1991	1992	1993	1994	1995	1996	1997	1998	1999	2000	2001	2002	2003	2004	2005	2006
保护范围	实用新型	√	√	√	√	√	√	√	√	√	√	√	√	√	√	√	√	√	√	√	√	√	√
	药品	×	×	×	×	×	×	×	×	√	√	√	√	√	√	√	√	√	√	√	√	√	√
	化学制品	×	×	×	×	×	×	×	×	√	√	√	√	√	√	√	√	√	√	√	√	√	√
	食品	×	×	×	×	×	×	×	×	√	√	√	√	√	√	√	√	√	√	√	√	√	√
	动植物品种	×	×	×	×	×	×	×	×	×	×	×	×	×	×	×	×	×	×	×	×	×	×
	微生物	×	×	×	×	×	×	×	×	√	√	√	√	√	√	√	√	√	√	√	√	√	√
	医疗器械	√	√	√	√	√	√	√	√	√	√	√	√	√	√	√	√	√	√	√	√	√	√
	得分	2/7	2/7	2/7	2/7	2/7	2/7	2/7	2/7	6/7	6/7	6/7	6/7	6/7	6/7	6/7	6/7	6/7	6/7	6/7	6/7	6/7	6/7
国际条约成员资格	巴黎公约	√	√	√	√	√	√	√	√	√	√	√	√	√	√	√	√	√	√	√	√	√	√
	PCT	×	×	×	×	×	×	×	×	×	√	√	√	√	√	√	√	√	√	√	√	√	√
	UPOV	×	×	×	×	×	×	×	×	×	×	×	×	×	×	√	√	√	√	√	√	√	√
	得分	1/3	1/3	1/3	1/3	1/3	1/3	1/3	1/3	1/3	2/3	2/3	2/3	2/3	2/3	1	1	1	1	1	1	1	1

续表

		1985	1986	1987	1988	1989	1990	1991	1992	1993	1994	1995	1996	1997	1998	1999	2000	2001	2002	2003	2004	2005	2006
排除保护失效条款	无实施要求	×	×	×	×	×	×	×	×	√	√	√	√	√	√	√	√	√	√	√	√	√	√
	无强制许可	×	×	×	×	×	×	×	×	×	×	×	×	×	×	×	×	×	×	×	×	×	×
	失效无效宣告	×	×	×	×	×	×	×	×	×	×	×	×	×	×	×	×	×	×	×	×	×	×
得分		0	0	0	0	0	0	0	0	1/3	1/3	1/3	1/3	1/3	1/3	1/3	1/3	1/3	1/3	1/3	1/3	1/3	1/3
执行机制	诉前禁令	×	×	×	×	×	×	×	×	×	×	×	×	×	×	×	×	√	√	√	√	√	√
	帮助侵权	×	×	×	×	×	×	×	×	×	×	×	×	×	×	×	×	×	×	×	×	×	×
	举证责任倒置	√	√	√	√	√	√	√	√	√	√	√	√	√	√	√	√	√	√	√	√	√	√
得分		1/3	1/3	1/3	1/3	1/3	1/3	1/3	1/3	1/3	1/3	1/3	1/3	1/3	1/3	1/3	1/3	2/3	2/3	2/3	2/3	2/3	2/3
保护期限得分		3/4	3/4	3/4	3/4	3/4	3/4	3/4	3/4	1	1	1	1	1	1	1	1	1	1	1	1	1	1
总计		1.70	1.70	1.70	1.70	1.70	1.70	1.70	1.70	2.86	3.19	3.19	3.19	3.19	3.19	3.52	3.52	3.86	3.86	3.86	3.86	3.86	3.86

表 3 - 2　欧美和亚洲部分国家的知识产权保护强度（Ginarte-Park 指数）

	1960	1965	1970	1975	1980	1985	1990	1995
美国	3.86	3.86	3.86	3.86	4.19	4.52	4.52	4.86
德国	2.33	2.66	3.09	3.09	3.86	3.71	3.71	3.86
法国	2.76	3.10	3.24	3.24	3.90	3.90	3.90	4.04
意大利	2.99	3.32	3.32	3.46	3.71	4.05	4.05	4.19
加拿大	2.76	2.76	2.76	2.76	2.76	2.76	2.76	3.14
日本	2.85	3.18	3.32	3.61	3.94	3.94	3.94	3.94
韩国	2.80	2.80	2.94	2.94	3.28	3.61	3.94	3.94
新加坡	2.37	2.37	2.37	2.37	2.37	2.57	2.57	3.91
印度	1.85	1.85	1.42	1.62	1.62	1.62	1.48	1.17
马来西亚	2.37	2.37	2.37	2.37	2.57	2.90	2.37	2.84

数据来源：Ginarte, J.C., W.G. Park, Determinants of patent rights: A cross-national study. *Research Policy*, 1997, （26）: 283-301. R. Mahadevanvijaya, W.G. Park, *Patent Rights Index: Update*, 1999.

　　比较表 3 - 1 和表 3 - 2，可以发现，我国在第一次修改《专利法》和加入 PCT 后的 1994 年，知识产权保护强度（Ginarte-Park 即 GP 指数为 3.19）就已经接近部分发达国家的 1990 年的保护强度，已超过其他发展中国家的知识产权保护强度（见图 3 - 1）。

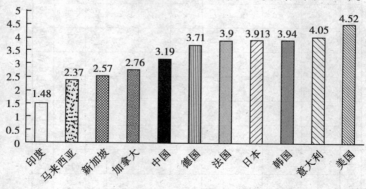

图 3 - 1　我国 1994 年 Ginarte-Park 指数国际比较（1990 年）

至我国在第二次修改《专利法》后的 2001 年，知识产权保护强度（GP 指数为 3.857）已达到绝大多数发达国家 1990 年代的保护强度（只略逊于美国），并已全面超出其他发展中国家的保护强度，见图 3－2。当然，我们不能因此而感到自豪，也不能以此为证据向美国等发达国家主张我国的知识产权保护强度已经达到甚至超过发达国家的保护强度。应该清醒地看到，GP 指数只是对一个国家的知识产权立法水平的衡量，而并非是知识产权保护强度的度量。

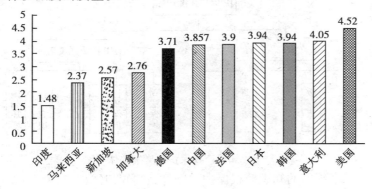

图 3－2　中国 2001 年 GP 指数国际比较（1990 年）

上述结果只能说明，我国的知识产权立法保护强度已经达到甚至超过发达国家的立法保护强度。这与我国的客观情况完全相符。1992 年以后，尤其是为加入 WTO，2000 年、2001 年我国对专利法、商标法、著作权法等知识产权保护的相关法律作了全面的修正，知识产权保护标准已全面符合以 TRIPs 协议为核心的国际标准。但是，由于我国的法律体系本身还不够完备，立法与司法之间还没有同步，加上人们对知识产权保护的意识不可能在朝夕之间得到强化，因此，实际的知识产权保护还停留在较低的水平。❶ 可见，要正确度量我国知识产权保护的实际水平，就必须

---

❶　曲三强："被动立法的百年轮回——谈中国知识产权保护的发展历程"，载《中外法学》1999 年第 2 期。

对 Ginarte-Park 方法进行修正。

二、知识产权保护强度指标体系

知识产权保护强度指标应是知识产权立法强度指标与执法强度指标的综合。知识产权保护强度指标体系的具体构成如图 3-3 所示。

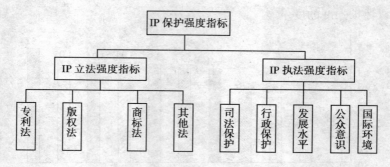

图 3-3   知识产权保护强度指标体系图

一个国家的知识产权保护强度是该国知识产权保护立法强度与执法强度的乘积，可以表示为：

$$P(t) = L(t) \times E(t) \qquad (3-1)$$

$P(t)$ 表示一个国家在 t 时刻的知识产权保护强度，$L(t)$ 表示该国在 t 时刻的知识产权保护立法强度，$E(t)$ 表示该国在 t 时刻的知识产权保护执法强度。设执法强度 $E(t)$ 的值介于 0~1 之间，0 表示法律规定的知识产权保护条款完全没有执行，1 表示法律规定的知识产权保护条款被全部执行。因此，执法强度 $E(t)$ 就是影响知识产权保护实际执行效果的变量，表示法律规定的保护强度被实际执行的比例。

（一）立法强度指标

在理论上，立法强度的度量应该包括专利法、版权法、商标法、商业秘密法以及集成电路布图设计、植物新品种等其他知识产权法律，这样能全面真实反映一个国家的知识产权保护立法强度。但是，鉴于知识产权对一国经济增长的作用主要在于专利，尤其是我国的各单行知识产权法立法和修改基本是同步的，专利法立法强度随时间的变化与其他知识产权单行法立法强度的变化基本一致。例如，1992 年第一次修改《专利法》的同一年，我国加入《伯尔尼公约》和《世界版权公约》，1993 年修改《商标法》、颁布《反不正当竞争法》；2000 年，第二次修改《专利法》的第二年，修改《著作权法》和《商标法》。因此，我们以专利法立法强度代表整个知识产权立法强度。并且，采用 Ginarte-Park 方法测度我国知识产权立法强度时间序列（见表 3 – 1），以便于国际比较。

（二）执法强度指标

知识产权执法强度主要是由一个国家的内外部环境因素决定的，这些内外部环境因素包括社会文化环境、司法制度环境、社会诚信体系以及社会发展现状等，当然，国际社会的监督与制约机制也是强化执法强度的重要保证。❶

决定知识产权执法强度的因素主要包括五个方面：司法保护水平、行政保护水平、经济发展水平、社会公众意识以及国际监督制衡。

1. 司法保护水平及其度量

司法保护是知识产权纠纷得以解决的主要途径，司法水平的高低直接影响知识产权立法强度在现实中的实现。缺乏完善的司法体系、足够的高素质司法人员，必然严重制约知识产权法的良好运行和有序实施。

一般来说，律师占总人口的比例是衡量一个国家司法保护水平的重要指标，在英美等西方发达国家，律师占总人口的比例都超过了 1‰，而其他工业化国家也都超过了 0.5‰。一般认为，

---

❶　韩玉雄、李怀祖："关于中国知识产权保护水平的定量分析"，载《科学学研究》2005 年第 3 期。

当一个国家的律师人数达到 0.5‰时，该国司法保护水平已到了较高的水平。

以"律师比例"作为度量司法保护水平的指标，当律师占总人口的比例达到或超过 0.5‰时，"律师比例"的分值为 1，当律师占总人口的比例小于 0.5‰时，"律师比例"的分值等于实际的比例除以 0.5‰。

2. 行政保护和管理水平及其度量

行政保护和管理是政府切实保障权利人知识产权的关键，高效、廉洁、专业的政府机关及其公务人员是知识产权法实施的保证。政府行政保护和管理水平的高低取决于国家的完善的法律体系。法律体系越完备，行政保护和管理的职责越明晰，监督制约越强，执法不力等腐败现象就越少。

任何国家的法律体系都是在长期的实践中不断发展、完善的。西方发达国家在经过数百年的实践后，法律体系才基本完备。对于转型期的中国，虽然新中国第一部宪法 1954 年就开始实施，但现有的法律体系还存在一定不足，某些领域还存在法律真空，不同法律条款之间的规定相互冲突。

一般而言，立法时间越长，司法、执法实践就越充分，法律体系也就越完备。所以，可以用"立法时间"来度量一个国家法律体系的完备程度。参照世界各国的立法史，假设一个国家法律体系的完善需要经历 100 年时间，❶ 而中国立法的起始点是 1954 年。❷ 当立法时间达到或超过 100 年时，"立法时间"的分值为 1，当立法时间小于 100 年时，"立法时间"的分值等于实

---

❶ 欧美等西方国家的法律体系在经历了 200 多年的法律实践后才逐步完善，但新兴的工业化国家，如日本、新加坡等，因为有西方法律可借鉴，法律体系的完善时间明显缩短。总的来说，100 年这个假设对新兴工业化国家来说是合理的。

❷ 在此，以 1954 年新中国首部宪法的颁布实施为标志，认为中国立法的起始点是 1954 年。当然，中国在清末民初已开始现代成文法的制定，1949 年新中国成立后至 1954 年前也有一些重要立法。

际立法时间除以 100。

3. 经济发展水平及其度量

一个国家的知识产权保护强度应当与其经济发展水平相适应。我们很难想像，一个温饱问题还没有解决的人会把知识产权保护放在较高的地位，在解决温饱与知识产权保护的选择上，解决温饱是必然的选择。可见，当一个国家处在较低的经济发展水平时，知识产权保护的执法力度必然也是低水平的。

采用"人均 GDP"作为度量一个国家经济发展水平的指标。中等收入国家的人均 GDP 为 2 000 美元左右，当人均达到或超过 2 000 美元时，"人均 GDP"的分值为 1，当人均小于 2 000 美元时，"人均 GDP"的分值等于实际人均 GDP（美元）除以 2 000。

4. 社会公众意识及其度量

社会公众的知识产权意识是知识产权法实施的基础。正是由于社会公众知识产权意识的淡薄，在我国知识产权侵权群发，盗版泛滥，高水平的知识产权立法形同虚设。只有尊重和保护知识产权的观念深入公众人心，成为人们自觉遵守的行为规范，知识产权保护才能真正落到实处。所以，社会公众的知识产权意识是影响执法强度的重要因素。

一般认为，社会公众的受教育程度越高，其知识产权意识也越高。因此，可以用"成人识字率"[1]来度量公众知识产权意识。发达国家的"成人识字率"均超过 95%。当"成人识字率"达到或超过 95% 时，"成人识字率"分值为 1，当"成人识字率"小于 95% 时，"成人识字率"分值为实际的比例除以 95%。

5. 国际监督制衡及其度量

知识产权保护不仅是一个国内问题，更是一个国际问题。

---

[1]　成人识字率，即 15 岁及 15 岁以上识字人口占 15 岁及 15 岁以上人口的比例。

IP

WTO 将知识产权作为其三大支柱之一，在 WTO 框架下具体而明确地规定了知识产权保护的最低标准及争端解决机制。WTO 成员在享受双边贸易低关税的同时，也必须履行知识产权保护的相关义务。WTO 的争端解决机制是监督成员知识产权保护执法力度的有力武器，任何成员在执法力度上的偏差都能在争端解决机制下得到及时、有效的调整。以美国为代表的西方发达国家正是采用 WTO 争端解决机制要求我国不断提高知识产权执法强度。

因此，可以用"WTO 成员"作为对国际社会监督制衡的度量指标，若一个国家是成员，则"WTO 成员国"的分值为 1，否则为 0。但是在事实上，一个国家并非一加入 WTO，其执法强度就会突然出现一个跃变，达到完全执法状态，而是在加入 WTO 之前就已不断从弱到强地渐进提高。假设一个国家成为 WTO 成员 5 年后，其执法强度才达到完全状态。对我国而言，自"复关"谈判开始起，中国政府就一直致力于加强知识产权保护，不断努力以适应 WTO 的要求，这是一个逐步加强的过程。所以，假设从 1986 年"复关"谈判开始至入世第五年的 2005 年，"WTO 成员"指标从 0 均匀地变化到 1。

三、中国知识产权保护强度的计算

（一）时间序列的中国知识产权保护强度

借鉴 GP 方法，设定以上 5 个指标对执法强度的权重是相等的，因此，执法强度 $E(t)$ 就等于以上 5 个指标得分的算术平均值。根据上述的度量方法，1985~2004 年中国知识产权保护的执法强度计算结果如表 3-3。[1] 其中，"律师比例""人均 GDP""成人识字率"指标的数据根据国家统计局网站公布数据以及历年《中国统计年鉴》有关数据统计计算获得。

---

[1] 因受相关数据获取的限制，本研究只计算至 2004 年，有待后续研究获取相关数据后逐步更新。

表3-3　1985~2004年中国知识产权保护的执法强度

年度	律师比例 (/万)	律师比例 得分	立法时间 (年)	立法时间 得分	人均GDP* (美元)	人均GDP 得分	成人识字 率(%)	成人识字 率得分	WTO成员 得分	执法强度 $E(t)$
1985	0.128	0.026	32	0.32	106.625	0.053	73.00	0.768	0.000	0.233
1986	0.165	0.033	33	0.33	119.500	0.060	82.80	0.872	0.050	0.269
1987	0.202	0.040	34	0.34	138.000	0.069	75.00	0.789	0.100	0.268
1988	0.237	0.047	35	0.35	169.375	0.085	76.00	0.800	0.150	0.286
1989	0.271	0.054	36	0.36	189.000	0.095	77.00	0.811	0.200	0.304
1990	0.301	0.060	37	0.37	204.250	0.102	77.00	0.811	0.250	0.319
1991	0.403	0.081	38	0.38	234.875	0.117	79.00	0.832	0.300	0.342
1992	0.504	0.101	39	0.39	285.875	0.143	81.00	0.853	0.350	0.367
1993	0.602	0.120	40	0.40	367.375	0.184	81.50	0.858	0.400	0.392
1994	0.698	0.140	41	0.41	490.375	0.245	80.60	0.848	0.450	0.419
1995	0.748	0.150	42	0.42	606.750	0.303	80.80	0.851	0.500	0.445
1996	0.819	0.164	43	0.43	697.000	0.349	81.50	0.858	0.550	0.470
1997	0.800	0.160	44	0.44	756.750	0.378	82.20	0.865	0.600	0.489

* 人均GDP美元值接当年人民币值除以8直接简单转换。

续表

年度	律师比例(/万)	律师比例得分	立法时间(年)	立法时间得分	人均GDP(美元)	人均GDP得分	成人识字率(%)	成人识字率得分	WTO成员得分	执法强度E(t)
1998	0.811	0.162	45	0.45	754.750	0.377	82.80	0.872	0.650	0.502
1999	0.885	0.177	46	0.46	818.875	0.409	83.50	0.879	0.700	0.525
2000	0.926	0.185	47	0.47	885.750	0.443	84.20	0.886	0.750	0.547
2001	0.960	0.192	48	0.48	956.375	0.478	86.80	0.914	0.800	0.573
2002	1.064	0.213	49	0.49	1026.750	0.513	88.37	0.930	0.850	0.599
2003	1.103	0.221	50	0.50	1138.875	0.569	89.05	0.937	0.900	0.625
2004	1.117	0.223	51	0.51	1320.125	0.660	89.68	0.944	0.950	0.657

数据来源：《中国统计年鉴》。

　　根据 $P(t) = L(t) \times E(t)$ 以及计算所得的执法强度，计算得出 1985~2004 年我国知识产权保护强度，如表 3-4 所示。为更直观地观察中国知识产权立法强度、执法强度以及保护强度的时间序列变化，作中国知识产权保护强度曲线图，见图 3-4。

表 3-4　1985~2004 年中国知识产权保护强度

年度 t	立法强度 $L(t)$	执法强度 $E(t)$	保护强度 $P(t)$	年度 t	立法强度 $L(t)$	执法强度 $E(t)$	保护强度 $P(t)$
1985	1.702	0.233	0.397	1995	3.190	0.445	1.419
1986	1.702	0.269	0.458	1996	3.190	0.470	1.499
1987	1.702	0.268	0.456	1997	3.190	0.489	1.559
1988	1.702	0.286	0.487	1998	3.190	0.502	1.602
1989	1.702	0.304	0.517	1999	3.524	0.525	1.850
1990	1.702	0.319	0.542	2000	3.524	0.547	1.927
1991	1.702	0.342	0.582	2001	3.857	0.573	2.209
1992	1.702	0.367	0.625	2002	3.857	0.599	2.311
1993	2.857	0.392	1.121	2003	3.857	0.625	2.412
1994	3.190	0.419	1.335	2004	3.857	0.657	2.536

　　可见，我国的知识产权保护强度随时间推移逐年提高，其中 1992 年前后及 2001 年前后出现两个快速上升的阶段，这与 1992 年、2001 年我国大范围修订知识产权法的事实是一致的；我国的知识产权立法强度已接近西方发达国家水平，但由于执法强度不足，最终的知识产权保护强度大打折扣。1985 年的执法强度仅为 0.397，意味着 1985 年的知识产权立法强度只得到了 40% 的执行；至 2004 年，我国知识产权立法强度已高达 3.857，但同期的执法强度也只为 0.657，意味着高水平的知识产权立法强度只得到 2/3 的执行，达到 2.536，与发达国家相比还具有一定的差距，相当于

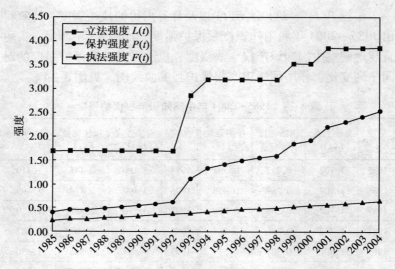

图 3-4   中国知识产权保护强度曲线（1985～2004）

加拿大 1990 年的水平，远低于美国等发达国家，❶ 见图 3-5。这与中国的知识产权保护现实状况是相符的，也很好解释美国等发达国家对我国知识产权保护现状不满的原因。

另外，以知识产权执法强度修正 GP 指数，解决了 GP 指数存在的一个不合实际的缺点，即在一国立法未作修改的情况下，如果简单地以知识产权立法强度表征保护强度，其知识产权保护强度就显示为无任何变化，这显然与实际情况是不相符合的。例如，图 3-4 显示，我国 1985～1992 年期间的知识产权立法强度曲线为一水平线，恒等于 1.702，如果就此认为我国在该期间的知识产权保护强度无任何提高，显然是不合实际的。事实上，我国作了大量的努力，不断加强知识产权执法力度，知识产权保护

---

❶　对于发达国家而言，由于其高度发达的经济、完备的法律体系、良好的公众法制意识，其知识产权立法往往能得到切实全面的实现（知识产权执法强度 $E(t) \approx 1$），因此，可以认为其知识产权保护强度近似于知识产权立法强度。

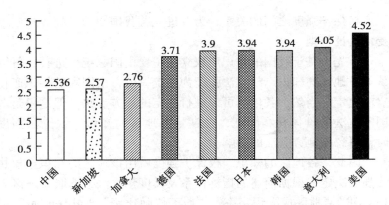

图 3 - 5　中国 2004 年知识产权保护强度国际比较（1990 年）

强度的提高是有目共睹的。图 3 - 4 表明，我国的知识产权保护强度在该期间尽管不高，但却从 0. 397 逐年提高到 0. 625，提高幅度高达 57% 多，进步是明显的，一定程度上反映了我国在加强知识产权执法强度上的努力，这符合我国的知识产权保护实际。

当然，在知识产权执法强度的度量指标的选取上，可能还需深入研究。例如，以"律师比例"作为度量司法水平的指标是否科学恰当。的确，能直接真实反映司法水平的应该是司法系统的完善程度、法官业务素质的高低。但是，由于缺乏可获得的相应数据，只好选取能间接反映司法水平的"律师比例"指标。

（二）中国内地各地区知识产权保护强度的度量

对于一个地区差异不大的国家而言，该国的知识产权保护强度在各地区应无太大差异。然而，对于中国这样的地区经济、文化差异悬殊的国家，各地区的知识产权保护强度显然是有一定的差异，其原因在于各地区（不包括港、澳、台地区，下同）对全国统一的知识产权立法的执行存在客观上的差异。因此，有必要对中国各地区的知识产权保护强度作出度量，以掌握知识产权保护的地区差异度，更能进一步验证各地区的经济增长与各自知识产权保护强度之间的关系，为改进完善我国知识产权保护制度提供实证依据。

首先，基于我国的知识产权立法主要由国家统一进行，可以认为各地区的知识产权立法强度为一统一值，由国家的知识产权立法决定。当然，各地区可以进行一定的地方立法，但这仅是对国家立法的具体化，因此，在度量各地区的知识产权立法强度时，可忽略地方立法的影响。

因此，各地区的知识产权保护强度就由该地区的知识产权执法强度决定。根据前述的指标体系及其度量方法，选取"地区人均 GDP""地区成人识字率""地区律师比例""立法时间"以及"WTO 成员"指标，进行地区知识产权执法强度测定。其中，"立法时间"和"WTO 成员"指标统一为国家的立法时间和WTO 成员得分。以 2004 年为时间点，计算获得的各地区知识产权保护强度结果如表 3-5 所示。其中，"地区人均 GDP""地区成人识字率"数据来源于《中国统计年鉴》，"律师比例"数据为 2005 年数据，根据《中国律师年鉴（2005 年）》计算而得。

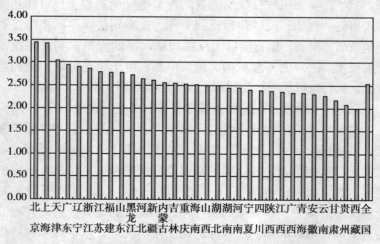

图 3-6　2004 年中国各地区知识产权保护强度比较

表 3－5　2004 年中国各地区知识产权保护强度

地区	人均 GDP（美元）	人均 GDP 得分	成人识字率（%）	成人识字率得分	律师比例（／万）	律师比例得分	立法时间得分	WTO 成员得分	执法强度 E（2004）	保护强度 P（2004）
北京	4632.25	1.00	95.52	1.00	7.75	1.00	0.51	0.95	0.892	3.440
上海	6913.38	1.00	93.46	0.98	5.69	1.00	0.51	0.95	0.889	3.428
天津	3943.75	1.00	94.61	1.00	2.46	0.49	0.51	0.95	0.790	3.045
广东	2463.38	1.00	93.08	0.98	1.90	0.38	0.51	0.95	0.764	2.947
辽宁	2037.13	1.00	95.64	1.00	1.54	0.31	0.51	0.95	0.753	2.906
浙江	2992.75	1.00	86.60	0.91	1.70	0.34	0.51	0.95	0.742	2.864
江苏	2588.13	1.00	86.85	0.91	1.22	0.24	0.51	0.95	0.724	2.791
福建	2152.25	1.00	84.75	0.89	1.26	0.25	0.51	0.95	0.721	2.780
山东	2115.63	1.00	87.44	0.92	1.11	0.22	0.51	0.95	0.720	2.778
黑龙江	1737.13	0.87	95.19	1.00	1.04	0.21	0.51	0.95	0.708	2.729
河北	1614.75	0.81	93.24	0.98	0.82	0.16	0.51	0.95	0.682	2.632
新疆	1399.88	0.70	92.95	0.98	1.26	0.25	0.51	0.95	0.678	2.616
内蒙古	1413.13	0.71	89.54	0.94	0.97	0.19	0.51	0.95	0.661	2.548
吉林	1366.50	0.68	96.15	1.00	0.79	0.16	0.51	0.95	0.660	2.546
重庆	1201.00	0.60	87.72	0.92	1.48	0.30	0.51	0.95	0.656	2.530
海南	1181.25	0.59	92.65	0.98	1.11	0.22	0.51	0.95	0.650	2.506
山西	1143.75	0.57	94.25	0.99	1.08	0.22	0.51	0.95	0.648	2.500

地区	人均 GDP（美元）	人均 GDP 得分	成人识字率（%）	成人识字率得分	律师比例（/万）	律师比例得分	立法时间得分	WTO 成员得分	执法强度 E（2004）	保护强度 P（2004）
湖　北	1312.50	0.66	88.53	0.93	0.87	0.17	0.51	0.95	0.644	2.486
湖　南	1139.63	0.57	92.56	0.97	0.85	0.17	0.51	0.95	0.635	2.448
河　南	1183.75	0.59	91.92	0.97	0.76	0.15	0.51	0.95	0.634	2.446
宁　夏	985.00	0.49	84.35	0.89	1.32	0.26	0.51	0.95	0.621	2.395
四　川	1014.13	0.51	88.47	0.93	0.93	0.19	0.51	0.95	0.617	2.379
陕　西	969.63	0.48	89.44	0.94	0.98	0.20	0.51	0.95	0.616	2.377
江　西	1023.63	0.51	90.94	0.96	0.63	0.13	0.51	0.95	0.611	2.356
广　西	899.50	0.45	91.91	0.97	0.69	0.14	0.51	0.95	0.603	2.326
青　海	1075.75	0.54	77.92	0.82	0.97	0.19	0.51	0.95	0.602	2.324
安　徽	971.00	0.49	84.92	0.89	0.74	0.15	0.51	0.95	0.598	2.305
云　南	841.63	0.42	83.63	0.88	0.97	0.19	0.51	0.95	0.591	2.280
甘　肃	746.25	0.37	80.58	0.85	0.71	0.14	0.51	0.95	0.565	2.178
贵　州	526.88	0.26	83.02	0.87	0.44	0.09	0.51	0.95	0.537	2.072
西　藏	972.38	0.49	55.97	0.59	0.28	0.06	0.51	0.95	0.518	2.000
全　国	1320.13	0.66	89.68	0.94	1.12	0.22	0.51	0.95	0.657	2.536

数据来源：《中国统计年鉴》《中国律师年鉴》。

　　计算结果表明，我国各地区的知识产权保护强度存在一定程度的差异性，最高得分为 3.44，最低得分为 2.0，高于全国知识产权保护强度的有 14 个地区，主要是京、津、沪以及沿海发达地区，低于全国知识产权保护强度的有 17 个地区，主要是中西部不发达地区。知识产权保护强度最高的北京和上海，其保护强度得分分别为 3.44 和 3.428，约高于全国保护强度 35%，与发达国家的保护强度基本相当。应当说，各地区的知识产权保护强度的差异性基本反映了我国知识产权保护的实际情况，各地区的经济、文化的差异导致知识产权执法力度的差异，大体呈现"东高西低"的趋势。各地区知识产权保护强度的差异又一定程度地影响各地区的经济增长，对此，下文将作进一步分析。

第四节　中国知识产权保护强度的验证

　　知识产权保护强度指标体系的建立和具体指标的选择是复杂而艰巨的，一方面受到知识产权保护强度的可度量性的限制，另一方面更受到相关数据的可获得性的牵制。一个国家的知识产权保护强度往往首先是公民、企业以及国际社会通过一定的现象所感受到的，是一种主观感受，例如，盗版猖獗现象使人认为知识产权保护不力等。当然，这种主观判断在一定程度上反映了知识产权保护强度的高低，但缺乏再现性、客观性，也不适于国际上、地区间的比较以及进一步的经济学研究。因此，上述建立的知识产权保护强度指标体系和计算获得的我国知识产权保护强度时间序列以及我国各地区的知识产权保护强度，为正确认识我国的知识产权保护状况、验证知识产权保护对我国经济社会发展的贡献提供了定量实证分析的基础。为此，有必要对上述计算结果进行可信度的验证。

　　知识产权保护强度由立法强度和执法强度决定，具体而言，知识产权保护强度由一个国家或地区的内外因素决定，包括立法保护范围、保护限制、保护期限、执行机制以及司法保护水平、行政保护水平、经济发展水平、社会公众意识和国际监督制衡等。由这些因素所决定的知识产权保护强度进而影响社会经济生活的各个方面，也即社会必然会对知识产权保护强度的变化产生相应的反应，这些变化主要表现为知识产权纠纷诉讼量、专利申请量、商标注册申请量、行政机关查处知识产权违法案件量的变化。

　　一般认为，随着知识产权保护强度的提高，社会对知识产权保护更有信心、更有明确的法律预期，权利人维护自身权利的积极性也随之提高，专利申请量、商标注册申请量应当随之增大。因此，可以专利申请量、商标注册申请量以及知识产权纠纷诉讼量的变化来验证知识产权保护强度数据的可信性。

一、中国知识产权保护强度时间序列的验证

　　表 3－6 列出了我国 1985～2004 年期间全国地方法院受理一审知识产权案件量、专利申请量以及商标注册申请量，图 3－7 显示了知识产权保护强度与法院受理一审知识产权案件量、专利申请量以及商标注册申请量的变化曲线。

表 3－6　中国知识产权保护强度与知识产权一审案件量、专利申请量、商标注册申请量（1985～2004 年）

年度 t	保护强度 $P(t)$	一审案件数（千）	专利申请量（十万）	商标注册申请量（十万）
1985	0.397	0.347	0.14372	0.49243
1986	0.458	0.684	0.18509	0.50970
1987	0.456	0.846	0.26077	0.44069
1988	0.487	1.501	0.34011	0.47549
1989	0.517	1.982	0.32905	0.48411
1990	0.542	1.602	0.41469	0.57272
1991	0.582	1.814	0.50040	0.67604
1992	0.625	2.494	0.67135	0.90795

续表

年度 t	保护强度 $P(t)$	一审案件数 （千）	专利申请量 （十万）	商标注册 申请量（十万）
1993	1.121	2.943	0.77276	1.32323
1994	1.335	3.204	0.77735	1.42617
1995	1.419	3.756	0.83045	1.72146
1996	1.499	3.861	1.02734	1.51804
1997	1.559	3.644	1.14208	1.48755
1998	1.602	4.093	1.21989	1.57683
1999	1.850	4.282	1.34239	1.70715
2000	1.927	4.811	1.70682	2.23177
2001	2.209	5.265	2.03573	2.70417
2002	2.311	6.201	2.52631	3.71936
2003	2.412	6.983	3.08487	4.52095
2004	2.536	9.323	3.53807	5.87925
与保护强度 的相关系数	1	0.949	0.929	0.894

数据来源：《中国统计年鉴》《中国知识产权年鉴》。

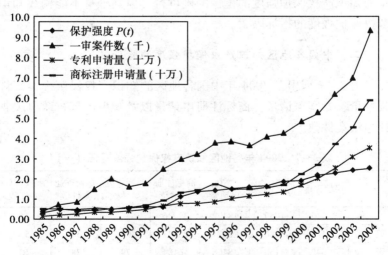

图3－7　中国知识产权保护强度与知识产权一审案件量、专利
申请量、商标注册申请量关系

结果表明，知识产权保护强度的变化趋势与法院受理一审知识产权案件量、专利申请量以及商标注册申请量的变化趋势高度一致。例如，知识产权保护强度从 0.397 逐年递增至 2.536，知识产权案件数也逐年增加，从 1985 年的 347 件增加到 2004 年的 9 323件；专利申请量从 1985 年的 14 372 件逐年增长至 2004 年的 353 807 件；商标注册申请量从 1985 年的 49 243 件逐年增长至 2004 年的 587 925 件。经相关性检验，我国知识产权保护强度与一审案件数的相关系数高达 0.949，与专利申请量的相关系数高达 0.929，与商标注册申请量的相关系数高达 0.894，均为高度正相关。这一结果，一方面验证了我们建立的知识产权保护强度指标体系及其强度指数的可信性，同时也验证了大量的研究直接以专利申请量作为一个国家的知识产权保护强度的可行性。但是，需要指出的是，专利申请量是知识产权保护强度的影响结果（输出量），而非知识产权保护强度的决定因素（输入量），以其作为知识产权保护强度的镜像的确可行，但其本身不能构成知识产权保护强度的指标因素。

二、中国各地区知识产权保护强度的验证

　　表 3-7 列出了 2004 年中国各地区的知识产权民事一审案件收案量、专利申请量、商标注册申请量以及知识产权行政机关查处违法案件数。

表 3-7　2004 年各地区知识产权保护强度验证（一）

	保护强度	民事一审收案	专利申请量	商标注册申请量	商标查处案件数	专利查处案件数	版权查处案件数
北　京	3.440	1059	18402	39436	38	23	45
上　海	3.428	586	20471	25937	94	38	253
天　津	3.045	166	8406	6104	179	28	10
广　东	2.947	2644	52201	92729	275	459	632
辽　宁	2.906	282	14695	13213	906	22	179

续表

	保护强度	民事一审收案	专利申请量	商标注册申请量	商标查处案件数	专利查处案件数	版权查处案件数
浙　江	2.864	718	25294	74604	929	231	13
江　苏	2.791	647	23532	43527	412	135	789
福　建	2.780	291	7498	30627	210	46	385
山　东	2.778	488	18388	28403	644	682	287
黑龙江	2.729	89	4919	8552	509	42	964
河　北	2.632	187	5647	14276	1090	65	437
新　疆	2.616	66	1492	5050	167	304	7
内蒙古	2.548	54	1457	4662	95	262	11
吉　林	2.546	84	3657	6796	104	10	260
重　庆	2.530	108	5171	7219	99	14	105
海　南	2.506	37	375	2434	69	35	41
山　西	2.500	90	1949	4998	2056	20	136
湖　北	2.486	245	7960	10407	323	81	240
湖　南	2.448	183	7693	12532	813	113	414
河　南	2.446	217	6318	14251	477	136	2477
宁　夏	2.395	30	399	926	9	19	15
四　川	2.379	359	7260	20620	407	147	13
陕　西	2.377	104	3217	6814	293	6	311
江　西	2.356	148	2685	7108	231	86	26
广　西	2.326	69	2202	4812	175	21	715
青　海	2.324	10	124	520	5	2	0
安　徽	2.305	133	2943	9430	448	28	220
云　南	2.280	122	2132	4955	264	20	46
甘　肃	2.178	52	910	2720	54	32	75
贵　州	2.072	54	1486	2643	263	64	160
西　藏	2.000	1	62	259	42	2	420
与保护强度的相关系数	1	0.535	0.638	0.559	0.059	0.216	−0.020

数据来源:《中国知识产权年鉴》。

经相关性检验，知识产权保护强度与民事一审案件收案量、专利申请量、商标注册申请量的相关系数分别为 0.535、0.638、0.559，为弱正相关；而知识产权保护强度与知识产权行政机关查处商标违法案件数、查处专利违法案件数、查处版权违法案件数的相关系数分别为 0.059、0.216、－0.020，为无相关性。这一结果表明，各地区的知识产权保护强度指数在一定程度上反映了各地区的知识产权保护实际，但可信度不大。其原因可能是直接采用民事一审案件收案量、专利申请量、商标注册申请量的绝对值，忽略了各地区规模大小的差异，导致数据失真，因此，修正为采用人均相对值重新验证，验证结果见表 3－8。

表 3－8　2004 年各地区知识产权保护强度验证（二）

	保护强度	人均民事一审收案（/千）	人均专利申请量（/千）	人均商标注册申请量（/千）	人均商标查处案件数（/千）	人均专利查处案件数（/千）	人均版权查处案件数（/千）
北　京	3.440	7.093	123.255	264.139	0.255	0.154	0.301
上　海	3.428	5.723	199.912	253.291	0.918	0.371	2.471
天　津	3.045	0.244	12.345	8.965	0.263	0.041	0.015
广　东	2.947	7.928	156.525	278.048	0.825	1.376	1.895
辽　宁	2.906	1.183	61.640	55.424	3.800	0.092	0.751
浙　江	2.864	1.703	59.981	176.912	2.203	0.548	0.031
江　苏	2.791	2.388	86.866	160.676	1.521	0.498	2.913
福　建	2.780	0.762	19.644	80.238	0.550	0.121	1.009
山　东	2.778	2.801	105.557	163.048	3.697	3.915	1.648
黑龙江	2.729	0.120	6.618	11.505	0.685	0.057	1.297
河　北	2.632	0.396	11.964	30.246	2.309	0.138	0.926
新　疆	2.616	0.102	2.309	7.816	0.258	0.471	0.011
内蒙古	2.548	0.154	4.150	13.278	0.271	0.746	0.031
吉　林	2.546	0.196	8.536	15.864	0.243	0.023	0.607
重　庆	2.530	0.118	5.633	7.864	0.108	0.015	0.114
海　南	2.506	0.038	0.386	2.505	0.071	0.036	0.042
山　西	2.500	0.150	3.240	8.308	3.418	0.033	0.226

续表

	保护强度	人均民事一审收案（/千）	人均专利申请量（/千）	人均商标注册申请量（/千）	人均商标查处案件数（/千）	人均专利查处案件数（/千）	人均版权查处案件数（/千）
湖　北	2.486	0.366	11.884	15.537	0.482	0.121	0.358
湖　南	2.448	0.220	9.264	15.092	0.979	0.136	0.499
河　南	2.446	0.444	12.923	29.149	0.976	0.278	5.066
宁　夏	2.395	0.367	4.878	11.320	0.110	0.232	0.183
四　川	2.379	1.150	23.254	66.047	1.304	0.471	0.042
陕　西	2.377	0.119	3.687	7.810	0.336	0.007	0.356
江　西	2.356	0.379	6.878	18.207	0.592	0.220	0.067
广　西	2.326	0.156	4.988	10.899	0.396	0.048	1.619
青　海	2.324	0.365	4.526	18.978	0.182	0.073	0.000
安　徽	2.305	0.359	7.943	25.452	1.209	0.076	0.594
云　南	2.280	0.466	8.141	18.919	1.008	0.076	0.176
甘　肃	2.178	0.965	16.883	50.464	1.002	0.594	1.391
贵　州	2.072	0.918	25.272	44.949	4.473	1.088	2.721
西　藏	2.000	0.005	0.316	1.319	0.214	0.010	2.140
相关系数	1.000	0.696	0.749	0.726	0.003	0.127	-0.004

　　经修正后的结果显示，知识产权保护强度与人均民事一审案件收案量、人均专利申请量、人均商标注册申请量的相关系数显著提高，分别为 0.696、0.749、0.726，为强正相关；而知识产权保护强度与人均知识产权行政机关查处商标违法案件数、查处专利违法案件数、查处版权违法案件数的相关系数分别为 0.003、0.127、-0.004，仍为无相关性。这一结果表明，在采用人均民事一审案件收案量、人均专利申请量、人均商标注册申请量指标，克服各地区规模差异性，更真实反映各地区的知识产权保护状况后，我国 2004 年各地区的知识产权保护强度指数的可信度得到一定的验证。因此，一些研究也往往采用地区人均专利申请量作为衡量该地区的知识产权保护强度指标。

验证结果还表明，知识产权保护强度与知识产权行政机关查处商标违法案件数、查处专利违法案件数、查处版权违法案件数不存在相关关系。其原因是很好理解的，知识产权行政机关查处违法案件数量的增加，可能是因知识产权强度的提高（譬如执法力度提高）而导致，也有可能是因知识产权强度不足（譬如知识产权意识薄弱）而引起。在我国，知识产权违法案件的多发区主要集中在一些知识产权保护强度相对不足的经济欠发达地区，如河南、四川、贵州、陕西等地区，但在知识产权保护强度相对较高的沿海经济发达地区，查处知识产权违法案件数也不少，如广东、江苏、浙江、福建等地区。因此，知识产权行政机关查处知识产权违法案件数不能反映地区知识产权保护强度。

本章小结

构建一个知识产权保护强度指标体系，对知识产权保护强度进行客观的测定，既是经济学实证研究的基础，也是各类理论模型得于验证的前提条件，还是知识产权保护强度国际比较的依据。在知识产权立法国际化的背景下，仅仅以一国（或者地区）的立法中所体现的知识产权保护范围、参加国际条约数、知识产权保护例外、执法措施以及保护期限等因素对知识产权保护强度进行测评，已不具任何可比性，具有较大的失真度，也无实际意义。以此进行知识产权保护强度国际比较，必然得出令人困惑的结果，也必然会影响经济学实证研究的可信度。

本章研究认为，知识产权保护强度应是知识产权立法强度与执法强度的综合。本研究选取司法保护水平、行政保护水平、经济发展水平、社会公众意识以及国际监督等指标以度量知识产权执法强度，综合立法强度指标，构建知识产权保护强度新指标体系；以此为基础，计算我国纵向的时间序列（20 年）知识产权保护强度以及横向的各地区知识产权保护强度（2004 年），并对其可信度进行验证。

本章研究获得的我国 20 年的知识产权保护强度计算结果表明：我国的知识产权保护强度随时间推移逐年提高，我国的知识产权立法强度已接近西方发达国家水平，但由于执法强度不足，最终的知识产权保护强度有所折扣。至 2004 年，我国知识产权立法强度已高达 3.857，但同期的执法强度只为 0.657，意味着高水平的知识产权立法强度只得到 2/3 的执行，达到 2.536，与发达国家相比还具有一定的差距，相当于加拿大 1990 年的水平，远低于美国等发达国家。这与我国的知识产权保护现实状况是相符的，也很好解释美国等发达国家对我国知识产权保护现状不满的原因。

本章研究获得的各地区知识产权保护强度计算结果表明：我国内地各地区的知识产权保护强度存在一定程度的差异，高于全国知识产权保护强度的有 14 个地区，主要是京、津、沪以及沿海发达地区，低于全国知识产权保护强度的有 17 个地区，主要是中西部不发达地区。知识产权保护强度最高的北京和上海，其保护强度分别为 3.44 和 3.428，约高于全国保护强度 35%，与发达国家的保护强度基本相当。各地区的知识产权保护强度的差异性基本反映了我国知识产权保护的实际情况，各地区的经济、文化的差异导致知识产权执法力度的差异，大体呈现"东高西低"的趋势。

本章构建的知识产权保护强度指标体系，为后文验证分析我国 20 年来知识产权制度对经济增长的贡献以及分析知识产权保护强度的差异对各地区经济增长的影响奠定了基础。

第四章　知识产权制度的内生经济
增长模型分析

第一节　知识产权内生经济增长模型述评

对知识产权的经济学分析应当首推阿罗（Arrow）的开创性研究，他把知识产权当做资源优化配置的工具，关注知识的创造和扩散与社会福利的关系。阿罗（1962）认为："从福利的角度，已获得的信息应该免费地（除去传递信息的成本）为公众获得。这保证了信息得到最优的使用，可是却不能为研究投入提供激励。……在自由企业经济中，发明和创新行为是通过运用这些发明来创造产权支持的。准确地讲，就这一制度成功的程度而言，存在投资利用不足的问题。产权可能通过专利或其他的法律设施而体现在企业上，而如果企业已经得到这些信息并用来增加利润，则产权也体现为某些无形资产。"

而诺德豪斯（Nordhaus）是第一个用严格的经济模型来解释知识产权制度设计（以专利制度为代表）的静态与动态利益冲突的，❶ 从诺德豪斯开始，出现了很多研究知识产权保护及其社会福利影响的规范经济学文献。

---

❶ Nordhaus, William D. Invention, Growth and Welfare: *A Theoretical Treatment of Technological Change*. Cambridge, MA: MIT Press, 1969.

一、最优专利保护期模型（诺德豪斯模型）

（一）基本模型

诺德豪斯模型沿用了传统新古典经济学的基本假设，所不同的是引入了发明和知识的生产。假定生产函数是柯布—道格拉斯形式的，即：

$$Q = AK^{\alpha}L^{1-\alpha} \qquad (4-1)$$

诺德豪斯模型将整个生产过程分成 3 个阶段。在第一阶段，众多同质的厂家处于完全竞争状态，它们的平均成本等于边际成本，且恒为常数。在第二阶段，有一个厂家成功地进行了技术创新并获得了专利保护。诺德豪斯模型假定这一阶段的市场结构是完全垄断的，原因在于技术创新使得该厂家的平均成本低于其他厂家，从而将其他厂家逐出市场，而且整个市场的产量不变，仍为 q_0，另外，由于第一阶段是处于完全竞争状态，因此产品价格等于 c_0，第二阶段的时间长度等于专利保护期限。在第三阶段，专利保护到期，其他厂家都能无偿地使用专利，市场结构又恢复到完全竞争状态。与第一阶段完全竞争状态不同的是，由于专利技术被普遍采用，整个社会的生产成本和市场价格都要低于第一阶段的水平，因此整个社会的消费者剩余得到增加。

企业从事技术创新所获得的净收益可以用下式表示：

$$V = \int_0^{\infty} \pi(t)e^{-rt}\mathrm{d}t - \int_0^{\infty} I(t)e^{-rt}\mathrm{d}t \qquad (4-2)$$

式中　V——采用一种新工艺或者从事一种新产品生产而带来的利润净收益；

　　　π——从事创新活动所带来的现金流；

　　　I——由于采用新工艺或者生产新产品引起的投资支出流；

　　　r——折现率。

经分析推导可得到企业的净收益模型：

IP

$$V = q_0 c_0 k R^\alpha (1 - e^{-rt})/r - R, \qquad k > 0, \alpha \in (0,1), R \geqslant 0$$
$$(4-3)$$

式中　q_0——第一阶段的产量；

c_0——第一阶段的价格；

L——专利保护期限；

R——企业的研发支出。

·对式（4-3）求一阶导数，令 $\partial V/\partial R = 0$，就得出满足一阶必要条件的、在一定专利保护期限下的、能给创新者带来最大收益的研发支出 $\hat{R}$：

$$\hat{R} = \left[\alpha q_0 c_0 k (1 - e^{-rL})/r \right]^{1/(1-\alpha)} \qquad (4-4)$$

从式（4-4）可知，研发支出 $\hat{R}$ 随着专利保护期 L 的增加而增加，这符合对知识产权保护的传统认识。

诺德豪斯模型的重点是考察使社会福利最大化的专利保护期限问题，即怎样的专利保护期限能最大限度地符合社会利益。专利实施的社会福利 V^s 为消费者福利 V^c 与生产者剩余 V^p 之和，即：

$$V^s = V^c + V^p \qquad (4-5)$$

其中，

$$V^c = (c_0 - c_1)(q_0 - q_1) e^{-rL}/2r \qquad (4-6)$$
$$V^p = \left[\alpha q_0 c_0 k (1 - e^{rL})/r \right]^{1/(1-\alpha)} (1/\alpha - 1) = \hat{R}(1/\alpha - 1)$$
$$(4-7)$$

从式（4-6）、式（4-7）可知，专利技术实施的消费者收益和生产者收益是不相等的，而且是消费者收益随专利保护期 L 的增加而单调减少，而生产者收益则随专利保护期 L 的增加而单调增加。因此，最优的专利保护期应该是使社会总收益最大化条件下的保护期。令 $\partial V^s = \partial L = 0$，就可得出使社会福利最大化的专利保护期限 $\hat{L}$。

（二）基本结论

诺德豪斯模型的基本结论是：（1）知识产权制度只不过是

在资源的当前配置与未来生产之间寻找一种最优折中，因此，从社会最优的角度看，专利期限应该是有界的，而且存在一个最优的专利期限；（2）对于那些相对比较简单的创新，需求弹性越大，延长专利期限的社会成本越大，对于创新的激励并不会相应增加，相反，由于专利保护带来的垄断造成的损失也越大，因此，越是容易的创新，其专利期限应该越短；（3）不同的创新面临不同的市场需求、不同的产业条件和不同的技术要求，对创新的激励也应该不同，因此，固定专利期限不是最优的，差别性的专利保护期更能增进社会福利；（4）专利期限与专利覆盖范围负相关，即专利覆盖的范围越小，其所享有的期限应该相应越长。

（三）评论

诺德豪斯模型首次用数学模型解释了知识产权制度的静态收益和动态收益，成为知识产权制度经济学分析的开创性文献，奠定了知识产权经济学研究的基础。

但是，如同各种开创性的模型一样，诺德豪斯模型在理论假定、分析框架等方面存在的缺陷使其在解释能力上具有局限性。一是只考虑单个企业的技术行为，而没有考虑企业为获得专利而展开的相互竞争和企业重复研发造成的投资浪费等；二是没有考虑企业针对不同的知识产权制度而采取的不同技术策略，比如充当技术领先者还是技术跟随者等；三是没有考虑专利制度的执行成本，如专利申请成本、侵权诉讼成本、仲裁成本等。而以上这些技术、竞争策略在专利敏感行业非常普遍和重要，并始终影响着市场均衡的形成。这些缺陷造成诺德豪斯模型与现实经济的脱离，而退化成一种过于抽象的理论。

二、封闭经济条件下的水平创新模型 *

(一) 基本模型

1. 基本假定

假定最终产品市场是完全竞争的，且最终产品无差异，可用于消费，也可投入中间品的研发和生产。假定最终产品的生产函数是：

$$Y = L^{1-\alpha} \int_0^A x(i)^\alpha \mathrm{d}i, \qquad 0 < \alpha < 1 \qquad (4-8)$$

式中 Y——最终产品数量；

L——固定的劳动供给量；

$x(i)$——第 i 种中间产品数量；

A——中间品品种数，它随创新而增长。

假定中间品市场是垄断竞争的：卖方为中间品的创新者，买方为最终产品的生产者。假定创新没有不确定性，为了获得预期的垄断利润，创新者投资 β 单位的最终产品可以得到一个新中间产品的设计图，并以单位边际成本（生产一单位最终产品的成本）生产，以最大化利润的售价 $1/\alpha$ 出售。

假定模仿过程为：

$$\dot{A}_c = \mu(A - A_c), \qquad \mu > 0 \qquad (4-9)$$

式中 A_c——已被模仿的产品种数；

$(A - A_c)$——尚未被模仿的产品种数；

μ——知识产权保护强度，数值越大表示保护越弱；

$\dot{A}_c$——模仿率，即创新者丧失市场力的风险率。

假定 $\mu \equiv l\delta$，其中 l 为自然模仿率（完全没有知识产权保护时的模仿率），它取决于技术特性、人力资本水平、企业家精神、

* Yum K. Kwan, Edwin L. -C. Lai, Intellectual property rights protection and endogenous economic growth, *Journal of Economic Dynamics & Control*, 2003, (27): 853 – 873.

市场进入壁垒、反垄断法等外部条件。$0 < \delta < 1$，是政府提供的知识产权保护程度，δ 越高保护水平越低，$\delta = 0$ 代表完全保护，$\delta = 1$ 代表没有保护，δ 取决于专利长度和宽度，知识产权立法和执行程度等。为研究知识产权政策 δ 的影响，我们设 l 为常数，因此知识产权保护的加强可以用 μ 的下降来表示。

假定产品一旦被模仿，竞争就会使价格降到边际成本。由此可以把中间品分为两类：当 $i \in (0, A_c)$，$x(i)$ 为已被模仿的完全竞争产品，表示为 x_c；当 $i \in (A_c, A)$，$x(i)$ 为未被模仿的垄断产品，表示为 x_m. $x_m < x_c$，反映了资源配置的垄断扭曲，为简化分析，假设模仿是无成本的。因此资源约束条件为：

$$Y = C + \beta \dot{A} + A_c x_c + (A - A_c) x_m \qquad (4-10)$$

式中　C ——最终产品的总消费；

　　$\beta \dot{A}$ ——对中间产品的研发投入；

$A_c x_c + (A - A_c) x_m$ ——中间品的数量。

潜在创新者根据 μ 和未来各时期的即期利润决定是否创新。假定创新市场的进入是自由的，则均衡状态下创新者净利润的当前贴现值为 0，即创新的回报 r_m 等于经过模仿风险校正的真实利润率：

$$r_m = r + \mu \qquad (4-11)$$

如果创新市场进入无障碍，则企业价值等于创新成本，因此其净利润的当前贴现值为 0。如果创新市场进入有障碍，则创新者净利润的当前贴现值为正，且障碍越多，净利润的贴现值越大。

假定拥有企业的代表性消费者的效用函数为标准的拉姆齐形式：

$$U = \int_0^\infty \left[\frac{c(t)^{1-\theta} - 1}{1 - \theta} \right] e^{-\rho t} \mathrm{d}t, \theta > 0 \qquad (4-12)$$

消费者选择消费路径 $c(t)$ 以使效用最大化，消费者最优解为：

$$\gamma_c = \frac{\dot{C}}{C} = \frac{1}{\theta}(r_m - \mu - \rho) \qquad (4-13)$$

2. 动态均衡

设定 g 是中间产品被模仿的比例，则 $g = A_c/A$，且 $g \in [0, 1]$；设 $h = C/(\beta A)$，则 h 代表经过规模修正的消费 C。经推导可以得到决定经济长期均衡的两个微分方程：

$$\begin{cases} \dot{g} = \mu(g^{-1} - 1) + \gamma_1 g + \gamma_2 h + \gamma_3 \\ \dot{h} = \gamma_c + \gamma_1 g + \gamma_2 h + \gamma_3 \end{cases} \qquad (4-14)$$

其中：$\gamma_1 \equiv -\gamma_m [\alpha^{-1/(1-\alpha)} - \alpha^{-1} - 1] < 0$；

$$\gamma_2 \equiv 1; \qquad \gamma_3 \equiv -r_m(1+\alpha)/\alpha < 0。$$

令 $\dot{g} = 0, \dot{h} = 0$，可以得出长期均衡时的解：

$$g^* = \frac{\mu}{\gamma_c + \mu}, \qquad h^* = -\frac{\gamma_1}{\gamma_2}, \qquad g^* = \frac{\gamma_c + \gamma_3}{\gamma_2}$$

$$(4-15)$$

图 4-1 以相位图的形式描述经济的动态过渡。相位图显示经济是按鞍形路径收敛于 E 点的。在可以达到稳态的鞍形路径上，如果经济初始状态为点 X，h 和 g 都小于稳态，则在过渡时 h 和 g 沿着鞍形路径同时上升，直到 E 点。Y 点的情况正好相反。

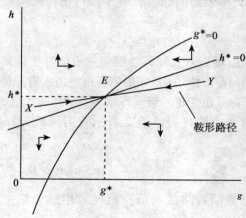

图 4-1　动态过渡过程

3. 稳定状态附近的比较动态分析

分析 μ 的变化对 g 和 h 的影响，可利用式（4－13）和式（4－15）得到：

$$\frac{\partial g^*}{\partial \mu} = \frac{\theta\gamma_c + \mu}{(\gamma_c + \mu)^2 \theta} > 0, \qquad \frac{\partial h^*}{\partial \mu} = -\frac{\gamma_1}{\gamma_2}\frac{\partial g^*}{\partial \mu} + \frac{1}{\theta\gamma_2} > 0$$

$$(4-16)$$

因而，稳定状态时的 g^* 和 h^* 是随 μ 的上升而增长的。

为研究 μ 的变化对 g 和 h 轨迹变化的全部影响，通过在稳定状态点附近将微分方程组线性化，经过推导可以得到微分方程：

$$\begin{cases} g(t) = g^* + [g(0) - g^*]e^{\lambda t} \\ h(t) = h^* + [g(0) - g^*]ve^{\lambda t} \end{cases} \quad (4-17)$$

将微分方程（4－17）对 μ 求偏导，可以得到 μ 的变化导致 (g, h) 的一阶导数的变化：

$$\frac{\partial g(t)}{\partial \mu} = (1 - e^{\lambda t})\frac{\partial g^*}{\partial \mu} \geqslant 0 \qquad (4-18)$$

$$\frac{\partial h(t)}{\partial \mu} = \frac{\partial h^*}{\partial \mu} - ve^{\lambda t}\frac{\partial g^*}{\partial \mu} = F(t)\cdot\frac{\partial g^*}{\partial \mu} + \frac{1}{\theta\gamma_2} \geqslant 0$$

$$(4-19)$$

其中：$F(t) \equiv \{-\gamma_1\gamma_2(1 - e^{\lambda t} + \gamma_2\lambda)/\{\gamma_2(\gamma_2 - \lambda)\}\} > 0$

从式（4－18）和式（4－19）可以得到：当 $t = 0$ 时，$\partial g(0)/\partial \mu = 0$，这意味着：当知识产权保护加强（$\mu$ 下降）时，模仿率 g 并未发生跳跃性变化；而 $\partial h(0)/\partial \mu > 0$，则意味着：知识产权保护加强（$\mu$ 下降）使 h 发生了向下的跳跃，这种跳跃在相位图上表现为整个鞍形路径的向下平移（见图4－2）。

假设初始位置在 x 点，鞍形路径 $h(g, \mu)$ 与特定的 μ 值相关。假定知识产权保护加强了，即 μ 下降为 μ'，则 $h(0) \equiv h(g(0), \mu)$ 不再位于均衡路径上，均衡初始的 h 会从 x 到 y 发生一个向下的不连续的跳跃，跳跃的幅度由 $\partial h(0)/\partial \mu$ 决定。因为 x 是任意的，这意味着整个鞍形路径将发生如图4－2的下移。

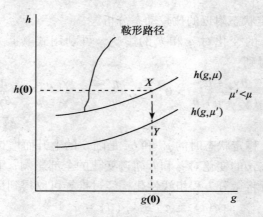

图 4 - 2 μ 变化时鞍形路径平移

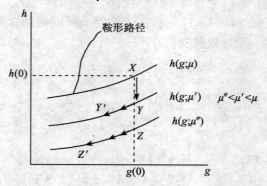

图 4 - 3 μ 变化时 g 和 h 的动态变化

当 $t > 0$ 时，可以得到 $\partial g(t)/\partial \mu > 0$ 且 $\partial h(t)/\partial \mu > 0$。这样加强知识产权保护（$\mu$ 下降），g 和 h 将在所有时点上向下移动，并收敛于新的稳态（Y'，Z'）。图 4 - 3 显示出相位图的比较动态变化，图 4 - 4 和图 4 - 5 显示出知识产权保护加强时 g 和 h 随时间变化的轨迹。

下面分析 μ 的变化对创新率 $\dot{A}/A$ 的影响。经推导可以得到：

$$\frac{\dot{A}}{A} = \gamma_1 g - \gamma_2 h + \beta_3 \qquad (4 - 20)$$

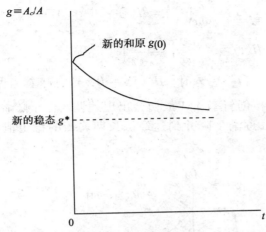

图 4 - 4 $t = 0$ 时加强 **IP** 保护导致 g 随时间的变化

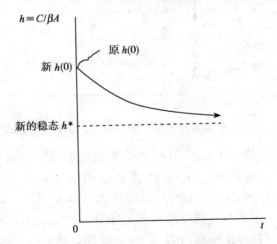

图 4 - 5 $t = 0$ 时加强 **IP** 保护导致 h 随时间的变化

其中：$\beta_3 \equiv (L/\beta) \alpha^{2\alpha/(1-\alpha)} (1 - \alpha^2) > 0$

将式（4 - 20）对 μ 求偏导，可以得到：

$$\frac{\partial}{\partial \mu}\left(\frac{\dot{A}}{A}\right) = H(t) - \frac{1}{\theta} < 0 \qquad (4-21)$$

其中：$H(t) \equiv -\frac{\partial g^*}{\partial \mu}\left[\frac{\gamma_1 \lambda}{\gamma_2 - \lambda}\right]e^{\lambda t} < 0$

显然，当 $t \rightarrow +\infty$ 时，$H(t) \rightarrow 0$，这意味着当保护加强时（μ 下降时）创新率 $\dot{A}/A$ 最初会出现超调。由于随着 t 的增加，$\partial(\dot{A}/A)/\partial\mu$ 逐渐下降并到达经济长期均衡的稳定值：$-1/\theta = \partial\gamma_c/\partial\mu$。

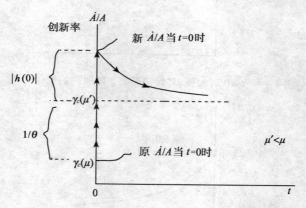

图 4-6　加强 IP 保护（μ 下降）对创新率的影响

图 4-6 描述了在 $t=0$ 时加强知识保护导致创新率的变化。设知识产权保护状态 μ 下经济初始的稳定状态时创新率为 $\gamma_c(\mu)$，当加强知识产权保护使保护水平为 μ'（$\mu' < \mu$）时，经济将到达一个更高的稳态增长率 $\gamma_c(\mu') = \gamma_c(\mu) + 1/\theta$。经济中的创新率起初发生幅度为的 $|h(0)|$ 超调，然后逐渐收敛于新的稳态增长率。

4. 加强知识产权保护的当前损失与未来收益

从以上分析可以得出：加强知识产权保护由于研发投入的骤然扩张而导致当前消费产生立即的下降，但同时研发投资的增加会导致更快的创新和更高的增长，这会促进未来消费的增长。从中可以发现：当前消费与未来消费存在某种替代关系，更准确地说，加强知识产权保护将使稳态消费路径产生向下的整体平移，但更快的增长率使消费路径更陡峭。

因为 $h \equiv C/(\beta A)$ 并不是真实的消费额，因此图 4-5 不能反映消费的真实变化。为了研究均衡消费路径，回到消费者的最优化等式 (4-13)，它要求均衡消费以 $\gamma_c[\mu] = (\gamma_m - \mu - \rho)/\theta$ 的速率增长，且由于 $C(t) = C(0)\exp(\gamma_c[\mu]t)$，因此可以得出：消费的增长率随 μ 的下降而上升。为强调与 μ 的相关性，将 $h(t)$ 写作 $h[t; \mu]$，这样均衡消费路径可以表示为：$C(t) = \beta A(0)h[0; \mu]\exp(\gamma_c[\mu]t)$。此式两边取对数且对 μ 求偏导，得到：

$$\frac{\partial \ln C(t)}{\partial \mu} = \frac{1}{h(0)}\frac{\partial h[0; \mu]}{\partial \mu} + \frac{\partial \gamma_c[\mu]}{\partial \mu} \cdot t \qquad (4-22)$$

上式右边第一项代表 $t=0$ 时消费水平的平移幅度，且从式 (4-19) 得到：$\partial h[0; \mu]/\partial \mu > 0$，因此，消费路径向下平移，这代表了加强知识产权所导致的当前消费损失；第二项代表消费路径的斜率，且 $\partial \gamma_c[\mu]/\partial \mu = -1/\theta$，这是加强知识产权导致消费增长的得益。可以用图 4-7 表示 $C(t)$ 在知识产权加强之前和之后随时间变化的轨迹。

加强知识产权保护的边际成本来自当前消费的下降，边际收益来自消费增长率的提高。

（二）基本结论

加强知识产权保护通过降低经济中对创新产品的模仿率，提高了每个创新者获取垄断收益的预期平均收益期间，企业通过维持垄断定价补偿了研究开发的成本，提高了预期利润率，从而使代表性个人更愿意牺牲当前消费而投资于更积极的创新活动。同时企业垄断权利的延长也导致产品价格的提升，这会降低当前的社会总消费，但创新利润的提高吸引了更多的企业进入对中间品

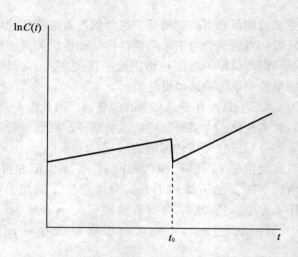

图 4 - 7　t_0 时加强 IP 保护导致 C (t) 随时间变化

的研发市场，这会导致均衡创新率的提高，并使作为企业拥有者的消费者在未来有更多的财富去消费更多的产品，这是知识产品保护的动态收益。

综上所述，通过对中间产品进行品种创新的内生增长模型的动态一般化分析，可以发现：加强知识产权保护通过降低社会模仿率，维护企业对中间产品创新的垄断，提高了企业在均衡时的创新率；以牺牲当前消费为代价，促进了经济的未来增长。

（三）评论

该模型揭示了知识产权制度作用于长期经济增长的潜在可能性，但由于企业的创新和经济的长期增长取决于多方面条件的共同影响，因此这种可能性的实现还需得到诸多要素的保障，特别是：宏观经济的稳定性、充足的人力资源、现代企业制度和企业家精神、高科技企业的融资渠道、完善的竞争法规和市场机制等。此外，知识产权保护对于增长效应的显著性还会受制于本地企业技术发展现状和国际经济活动的影响。

该模型最大的问题是，没有考虑开放经济条件下的国际经济活动对经济增长的影响，而只局限于在一国封闭经济条件下。在封闭经济中，一国可以通过加强知识产权保护，以牺牲当前消费为代价来促进经济的长期增长，但是，在开放经济条件下，国际经济活动可能使一国难以收获加强本国知识产权保护的全部动态收益。

三、开放经济条件下的垂直创新技术扩散模型 *

将世界经济划分为两大阵营：发达国家（领导国）和发展中国家（跟随国）。发达国家拥有技术上的优势，它们通过技术创新来实现产品的升级换代，以获取垄断利润；发展中国家在技术上处于劣势，只能通过不断的模仿并利用劳动力价格上的优势与发达国家抗衡，以分享垄断利润。

领导国不断创新，跟随国不断模仿的过程构成了技术扩散的基本模型。本模型继承了 Grossman 和 Helpman（1991）中产品质量改进的思想和 Aghion 和 Howitt（1992）中的"创造性毁灭"的思想，在模型中增加了跟随国知识产权保护力度这一因素，只考虑领导国的创新活动和跟随国的模仿活动，而不考虑领导国内部的创新竞赛。

假设领导国只进行创新，跟随国只进行模仿；两国都具有垄断竞争的中间品市场和完全竞争的最终消费品市场结构，社会的技术进步主要通过非耐用中间产品的质量的不断改进来体现；跟随国的 R&D 活动致力于模仿出具有最高质量等级的中间品，以分享垄断利润，而领导国只有垄断利润被瓜分后才有动力去开发更高质量等级的中间品，以期获得全部垄断利润；跟随国的模仿 R&D 活动是有成本的[1]，模仿成本与跟随国知识产权保护力度相

　＊　韩玉雄、李怀祖："知识产权保护对经济增长的影响：一个基于垂直创新的技术扩散模型"，载《当代经济科学》2003 年第 2 期。

　[1]　就平均而言，模仿活动的成本是创新成本的 65%，参见 Mansfield 等（1981）。

关，知识产权保护力度越强，模仿成本就越高。

（一）基本模型

假设两个国家都具有 Marro & Sala-I-Martin（1995）生产函数形式：

$$Y_i = A_i L_i^{1-\alpha} \sum_j^{n_i} q^{m_j \alpha} X_{ij}^{\alpha} \qquad (4-23)$$

式中　i——领导国和跟随国；

　　　L——非技术性劳动力供应量；

　　　X_{ij}——i 国第 j 种中间品的产量；

　　　n_i——i 国中间品的种类数，且有 $n_s + n_N \equiv n$ 表示两国总的中间品种类数，并正规化为 1；

　　　q——每次成功的创新活动使新产品质量提高的倍数，$q > 1$，产品初始质量为 1；

　　　q^{m_j}——第 j 种中间品当前的最高质量等级。

对于领导国，中间品的质量成功改进一次所需的 R&D 费用支出为：

$$\eta_{Nj} = \omega\zeta \qquad (4-24)$$

式中　ω——领导国的相对工资率水平；

　　　ζ——中间品质量成功改进一次所需投入研究的劳动力数量。

对于跟随国，模仿成本受知识产权保护力度的影响，加强知识产权保护力度相当于降低了 R&D 部门的有效劳动力数量，从而造成资源浪费效应（Glass & Saggi，2002）。采用一种线性模式给出知识产权保护力度对 R&D 费用支出的影响，即跟随国成功模仿一次所需的 R&D 费用支出为：

$$\eta_{Sj} = k\zeta \qquad (4-25)$$

其中，$k > 0$ 是一个表示跟随国知识产权保护力度的控制变量。

假定领导国 R&D 部门只致力于对已被跟随国成功模仿的 n_s

种中间品进行创新，而跟随国 R&D 部门只致力于对已被领导国成功创新的 n_N 种中间品进行模仿。

通过推导，可以得到：

$$n_N = \frac{kH_N - (H_S - h_{SX})}{kh_{NX} + h_{SX}} \qquad (4-26)$$

$$n_S = \frac{H_S - k(H_N - h_{NX})}{kh_{NX} + h_{SX}} \qquad (4-27)$$

$$H_{NR} = \frac{H_N h_{SX} + H_S h_{NX} - h_{NX} h_{SX}}{kh_{NX} + h_{SX}} \qquad (4-28)$$

$$H_{SR} = \frac{k(H_N h_{SX} + H_S h_{NX} - h_{NX} h_{SX})}{kh_{NX} + h_{SX}} \qquad (4-29)$$

$$\lambda_N = \frac{H_N h_{SX} + H_S h_{NX} - h_{NX} h_{SX}}{[H_S - k(H_N - h_{NX})]\zeta} \qquad (4-30)$$

$$\lambda_S = \frac{H_N h_{SX} + H_S h_{NX} - h_{NX} h_{SX}}{[kH_N - (H_S - h_{SX})]\zeta} \qquad (4-31)$$

$$r_N = \frac{qh_{NX}}{\omega\zeta} - \frac{H_N(kh_{NX} + h_{SX})}{[kH_N - (H_S - h_{SX})]\zeta} \qquad (4-32)$$

$$r_S = \frac{\omega h_{SX}}{k\zeta} - \frac{H_S(kh_{NX} + h_{SX})}{[H_S - k(H_N - h_{NX})]k\zeta} \qquad (4-33)$$

式中　　H_{NR}、H_{SR} ——分别为领导国和跟随国 R&D 部门的劳动力数量；

λ_N、λ_S ——分别为领导国创新活动的成功率和跟随国模仿活动的成功率；

H_N、H_S ——分别为领导国和跟随国的技术性劳动力数量；

h_{NX}、h_{SX} ——分别为领导国和跟随国投入第 j 种中间品生产部门的劳动力数量。

（二）模型分析及基本结论

从式（4-26）～式（4-33）的结果可以看出，稳态经济中模型中的 8 个状态变量都受跟随国知识产权保护力度 k 的影响。

1. 稳态创新速度和模仿速度

可以求出稳态的创新速度和模仿速度 V^* 为：

$$V^* = \frac{H_N h_{SX} + H_S h_{NX} - h_{NX} h_{SX}}{(k h_{NX} + h_{SX})\zeta} \tag{4-34}$$

不难导出下列不等式恒成立：

$$H_N h_{SX} + H_S h_{NX} - h_{NX} h_{SX} > 0 \tag{4-35}$$

式（4-34）对知识产权保护力度 k 求偏导后可得：

$$\frac{\partial V^*}{\partial k} = -\frac{h_{NX}(H_N h_{SX} + H_S h_{NX} - h_{NX} h_{SX})}{(k h_{NX} + h_{SX})^2 \zeta} \tag{4-36}$$

结论1：加强跟随国知识产权保护力度将导致稳态时领导国创新速度和跟随国模仿速度的降低。

2. R&D 部门的劳动力数量

式（4-28）、式（4-29）分别对知识产权保护力度 k 求偏导，整理后可得：

$$\frac{\partial H_{NR}}{\partial k} = -\frac{h_{NX}(H_N h_{SX} + H_S h_{NX} - h_{NX} h_{SX})}{(k h_{NX} + h_{SX})^2} \tag{4-37}$$

$$\frac{\partial H_{SR}}{\partial k} = \frac{h_{SX}(H_N h_{SX} + H_S h_{NX} - h_{NX} h_{SX})}{(k h_{NX} + h_{SX})^2} \tag{4-38}$$

结论2：加强跟随国知识产权保护力度将导致稳态时领导国 R&D 部门的劳动力投入量减少，但跟随国 R&D 部门的劳动力投入量增加。

3. 两国的中间品种类和 R&D 成功率

根据式（4-26）、式（4-27），可以导出知识产权保护力度对两国中间品种类的影响：

$$\frac{\partial n_N}{\partial k} = \frac{H_N h_{SX} + H_S h_{NX} - h_{NX} h_{SX}}{(k h_{NX} + h_{SX})^2} > 0 \tag{4-39}$$

$$\frac{\partial n_S}{\partial k} = \frac{H_N h_{SX} + H_S h_{NX} - h_{NX} h_{SX}}{(k h_{NX} + h_{SX})^2} > 0 \tag{4-40}$$

结论3：加强跟随国知识产权保护力度将导致稳态时领导国

所生产的中间品种类增加，而跟随国所生产的中间品种类减少。

在均衡条件下，领导国的创新速度 V_N 和跟随国的模仿速度 V_S 相等，以 V^* 表示稳态的创新速度和模仿速度。即：

$$V^* = \lambda_N n_S = \lambda_S n_N \qquad (4-41)$$

稳态时，领导国的创新速度等于跟随国的模仿速度，根据式 $(4-41)$，可以看出两国所生产的中间品种类与其 R&D 活动的成功率成正比例关系，对任何 k 值都成立。故结论 3 也意味着 $\partial \lambda_N / \partial k > 0, \partial \lambda_S / \partial k < 0$，即结论 4。

结论 4：加强跟随国知识产权保护力度将导致稳态时领导国 R&D 活动的成功率上升，而跟随国 R&D 活动的成功率下降。

可见，导致领导国创新速度和跟随国模仿速度降低的机理是不一样的。对于领导国，加强跟随国知识产权保护力度将导致创新成功率上升，但 R&D 部门的劳动力数量下降，两种效应综合的结果是创新速度下降；而对于跟随国，加强知识产权保护力度将导致模仿成功率下降，但 R&D 部门的劳动力数量上升，两种效应综合的结果是模仿速度下降。

4. 稳态经济增长率

根据 Marro 和 Sala-I-Martin（1995）的推导，总产出增长率 $g_Y = v_N(q^{\alpha/1-\alpha}) - 1$。在稳态中，消费支出与总产出同步增长，即稳态的经济增长率 g^* 为：

$$g^* = V^*(q^{\alpha/1-\alpha} - 1) \qquad (4-42)$$

上式表明，稳态经济增长率与稳态创新速度和模仿速度保持同步，根据结论 1，得到结论 5。

结论 5：加强跟随国知识产权保护力度将降低领导国和跟随国的稳态经济增长率。

领导国创新速度的降低是导致稳态经济增长率降低的根源。结论 5 表明，加强跟随国知识产权保护力度将导致整个经济在一个低效率的系统中运行，就长期而言，这对领导国经济增长和跟随国经济增长都将造成负面影响。

总结论：加强跟随国知识产权保护力度，将导致稳态时领导国创新速度和跟随国模仿速度的降低，从而降低稳态经济增长率。也就是说，就稳态而言，加强跟随国知识产权保护力度，对领导国经济增长和跟随国经济增长都将造成负面影响，但影响机理各不相同。对于领导国，加强跟随国知识产权保护力度将导致创新成功率上升，但 R&D 部门的劳动力数量下降，两种效应综合的结果是创新速度下降，经济增长率下降；而对于跟随国，加强知识产权保护力度将导致模仿成功率下降，但 R&D 部门的劳动力数量上升，两种效应综合的结果是模仿速度下降，经济增长率下降。

　　（三）评论

　　这一模型是一个在开放经济条件下的技术扩散模型，考虑了加强知识产权保护的收益在技术领导国与跟随国之间的分配，符合世界经济一体化的现实。但是，该模型将模仿作为国际技术扩散的惟一渠道，忽视了重要的 FDI 和技术许可这两种技术扩散途径，没有真实体现现实条件，这必然会得出误导性的结论，与现实情况和实证研究不一致。

　　因此，应该在开放经济条件下的技术扩散模型中引入跨国经营（包括 FDI 和国际技术许可），探讨在不同的国际技术扩散渠道下，加强跟随国知识产权保护力度对企业创新、南北工资水平和经济增长的长期影响。

四、包含 FDI 的技术扩散模型 *

　　假定世界上只有两个自由贸易的国家（南方和北方），一个北方企业投入创新成本后开发一个新产品，它就能享有获取大量预期利润的机会。南方和北方都有极大的专利寿命，但是，专利法在北方执行良好，在南方却大打折扣。因此，模仿只发生在南

　　* Edwin L. -C. Lai, International Intellectual Property Rights Protection and the Rate of Product Innovation, *Journal of Development Economics*, 1998, (55): 133~153.

方而不发生在北方。假定模仿是没有成本的,南方用于创新的劳动力效率极低,均衡条件下,只有北方企业进行创新。

模型只有一个输入变量——劳动力。在北方,它被用于研发和生产;在南方,它只用于生产。方便起见,设北方已经开发创新产品(表示为 n),每个创新表现为企业将一种新产品引入经济。由于南方工资水平低,因此,均衡时,北方企业会通过 FDI(跨国经营的方式)转移生产到南方。本研究中,对全资、合资以及技术许可等跨国经营方式不作区分,而假定 3 种生产转移方式对北方创新者的长期收益是相同的。由于南方工资水平低,因此,北方企业一旦已经跨国经营生产,就停止在北方生产。

在此,假设跨国经营是国际技术转移到南方的惟一途径,即新产品的生产在未被创新者转移到南方之前不会被南方企业模仿;在生产转移到南方后,产品在南方生产的单位劳动需求与北方相同,则生产转移的惟一动力是南方更低的劳动力价格。

（一）基本模型

根据 Grossman 和 Helpman（1991b）,假定世界上的代表性个人通过选择即时消费 $E(\tau)$ 来最大化 t 时的跨期效用:

$$W = \int_t^\infty e^{-\rho(\tau-t)} \frac{U(\tau)^{1-\sigma}-1}{1-\sigma} \mathrm{d}\tau \qquad (4-43)$$

跨期预算约束为:

$$\int_t^\infty e^{-r(\tau-t)} E(\tau) \mathrm{d}\tau = \int_t^\infty e^{-r(\tau-t)} I(\tau) \mathrm{d}\tau + A(t) \qquad (4-44)$$

式中　σ——消费的跨期替代弹性且 $0 \leqslant \sigma \leqslant 1$;

　　　ρ——消费者的时间偏好;

　　　r——名义利率;

　　　$U(\tau)$——τ 时的即时效用;

　　　$E(\tau)$——τ 时的即时消费;

　　　$I(\tau)$——τ 时的即时收入;

　　　$A(t)$——t 时的资产现值。

在每一时期 τ,$A(\tau)$、$I(\tau)$、r 和产品价格都是给定的。

假定代表性个人的即时效用函数为：

$$U(t) = \left\{ \int_0^n [x(z)]^\alpha \mathrm{d}z \right\}^{\frac{1}{\alpha}} \quad (0 < \partial < 1) \qquad (4-45)$$

式中　$x(z)$——商品 z 的消费量；

　　$n = n(t)$——t 时世界上最新研发的产品数。

可以推出模型的动态最优化的解为：

$$r = \rho - (1 - \sigma)\left(\frac{1 - \alpha}{\alpha}\right)\frac{\dot{n}}{n} + \frac{\dot{E}}{E} \qquad (4-46)$$

其中，$\dfrac{\dot{E}}{E}$ 是产品总消费的增长率。定义稳态下的创新增长率

$\dfrac{\dot{n}}{n} = g$，且 $\dfrac{\dot{E}}{E} = \dfrac{\dot{n}}{n}$。因此式（4-46）可以转化为：

$r = \rho + \phi g$，其中 $\phi = 1 - (1 - \sigma)\left(\dfrac{1 - \alpha}{\alpha}\right) \leqslant 1$。

则代表性消费者的静态最优化问题是：

$\max\limits_{x(z)} \quad U(t)$

s. t.

$$\int_0^n x(z)p(z)\mathrm{d}z = E(t) \qquad (4-47)$$

标准的静态最优解为：

$$x(z) = \frac{p(z)^{-\varepsilon}}{\int_0^n p(u)^{1-\varepsilon}\mathrm{d}u}E \qquad (4-48)$$

式中　$\dfrac{\varepsilon = 1}{1 - \alpha}$——商品的替代弹性，且 $\varepsilon > 1$。

由于消费者对所有商品的偏好都是均匀的，则 $x(z)$ 对在同一国家生产的所有商品都是相等的。

在 t 时世界上有 n 种产品，其中 n_s 种产品被跨国经营，n_N 种产品仍在北方生产，因此，$n = n_s + n_N$。此外，$n_s = n_i + n_m$，其中 n_i 为南方模仿的产品数、n_m 为北方跨国企业生产的产品数。由于需求函数中所有商品都是均匀的，x_N 代表对北方企业生产的任意

产品的需求，x_m 代表对南方子企业生产的任意产品的需求，则当 n 种产品的价格已知时，x_N 和 x_m 可由需求函数（4-48）决定。假定运输成本为零，并且没有贸易壁垒，那么生产者总能将产品销售到世界任何地方。以 π_N 代表北方企业的即期利润，π_m 代表产品未被模仿的跨国企业的即期利润；南方和北方的工资率分别以 w_s 和 w_N 代表。L_S 和 L_N 分别是南方和北方外生给定的劳动力资源。在均衡增长路径上，$\dfrac{\dot{n}_s}{n_s} = \dfrac{\dot{n}_i}{n_i} = \dfrac{\dot{n}_m}{n_m} = \dfrac{\dot{n}}{n} = \dfrac{\dot{E}}{E} = g$，并且，$g$、

$\dfrac{n_s}{n}$、$\dfrac{n_i}{n}$、$\dfrac{n_m}{n}$ 都是常数。

假定每种产品生产的规模报酬不变，也没有固定生产成本和运输成本。可以得到北方创新企业或跨国企业的产品定价为：

$$p(z) = \frac{c(z)}{\alpha} \qquad (4-49)$$

式中　$c(z)$——产品 z 的单位生产成本。

为不失一般性，假定生产的单位劳动需求为 1，则

$$c(z) = w \qquad (4-50)$$

式中　w——生产产品 z 的国家的工资率。

式（4-47）对时间求导，并代入需求函数式（4-48），结合垄断价格函数式（4-49）和生产成本函数式（4-50），及稳态条件 $\dfrac{\dot{E}}{E} = \dfrac{\dot{w}}{w}$，可以得到稳态的效用增长率：

$$\frac{\dot{U}}{U} = \left(\frac{1-\alpha}{\alpha}\right)g = \left(\frac{1-\alpha}{\alpha}\right)\frac{\dot{E}}{E} \qquad (4-51)$$

假定南方企业对跨国子企业的模仿率为 $\dfrac{\dot{n}_i}{n_m}$，以 $i\delta$ 表示；跨国经营的比率为 $\dfrac{\dot{n}_S}{n_N}$，以 ω 表示。$i\delta$ 是"风险率"，即跨国经营产品在下一期被模仿的可能性；同样，ω 是北方生产的产品在下一期被跨国经营的"风险率"。跨国经营率 ω 是内生的，由北方企

业的最优化决定。模仿率 $i\delta$ 由两部分组成，i 由技术特性外生决定（在给定技术复杂度的前提下技术多快被反向工程模仿）；δ 代表南方政府决定的政策参数，δ 越小知识产权保护越强，$\delta = 0$ 代表完全保护，$\delta = 1$ 代表没有保护。这可作如下解释：对所有的模仿企图，只有一部分成功地逃过南方专利当局的监督，较小的 δ 意味着南方追究专利违法者的较低标准，南方政府对非法模仿的产品只是部分地执行专利法。未被模仿的所有企业在任何时候被模仿的几率相同，因此，所有跨国企业面临相同的 $i\delta$。

在 $i\delta$ 已知的情况下，北方企业决定在每个时刻是否将生产国际化。假定所有企业都是无差异的。均衡时的 ω 值使北方企业在选择国际化生产或继续在北方生产时无差异。如果 ω 低于均衡值，每家企业跨国经营利润的 PDV 值将超过继续在北方生产。这样，更多的北方企业将生产转移至南方，则 ω 会一直上升。如果 ω 高于均衡值，则将生产转移回北方更有利，随着企业回到北方，ω 会逐渐下降。因此 ω 会达到稳态均衡。

假定北方企业（产品开发）创新成本为：

$$C_{\mathrm{d}} = a_{\mathrm{d}} \frac{w_N}{n} \qquad (4-52)$$

式中　a_{d}——创新的成本参数；

　　　$1/n$——以前创新对当前创新效率的知识溢出效应，即北方产品研发的效率增长了 n 倍，这是北方所有过去创新的累积性知识变量（Rome，1990）。

假定模仿的成本为 0，一旦产品被模仿，则产品价格将降低至边际成本，即南方模仿的产品价格 $p_s = w_s$。

当产品在北方生产，北方的创新和生产者根据式（4-49）和式（4-50）确定一个垄断价格，因此北方产品的价格是：

$$p_N = \frac{w_N}{\alpha} \qquad (4-53)$$

当生产通过跨国经营转移到南方后，跨国企业的垄断定价为：

$$p_m = \frac{w_S}{\alpha} \qquad (4-54)$$

由需求函数式（4-48），生产成本函数式（4-50）、垄断价格函数式（4-53）和式（4-54）可以推出跨国企业的利润 π_m 和北方企业的利润 π_N 之间的关系为：

$$\frac{\pi_m}{\pi_N} = \left(\frac{w_S}{w_N} \right)^{1-\varepsilon} \qquad (4-55)$$

在均衡情况下，$\frac{w_S}{w_N} < 1$，否则北方企业没有将生产转移至南方的激励。由于 $\varepsilon > 1$，则均衡时 $\pi_m > \pi_N$ 一定成立。

北方跨国企业在模仿率 $i\delta$ 条件下的预期贴现值为：

$$\Pi_m = \frac{\pi_m}{r + i\delta} \qquad (4-56)$$

以 Π_N 表示未跨国经营的北方企业的利润贴现值，显然，$\Pi_N = \Pi_m$。因此得到：

$$\frac{\pi_N}{\pi_m} = \frac{r}{i\delta + r} \qquad (4-57)$$

最后，北方企业自由进入和利润最大化意味着，在稳态均衡中，未来预期利润的贴现值必须等于创新成本，即：

$$\frac{\pi_N}{r} = \Pi_N = \frac{a_d}{n} w_N \qquad (4-58)$$

（二）模型分析及结论

1. 跨国经营是国际生产转移的惟一途径时

经过一系列推导，可以得到跨国经营均衡状态的 g 和 ω 的简化型函数：

$$\left[\frac{\omega}{g} \left(\frac{g + i\delta\alpha^{-\varepsilon}}{g + i\delta} \right) \left(\frac{L_N - a_d g}{L_S} \right) \right]^{\alpha} = \frac{r}{i\delta + r} \qquad (4-59)$$

北方企业自由进入条件的 g 和 ω 的简化型函数：

$$\left(\frac{1-\alpha}{\alpha}\right)\left(L_N - a_\text{d}g\right)\left(\frac{\omega}{g} + 1\right) = a_\text{d}e \qquad (4-60)$$

至此，已得到有两个未知参数 g 和 ω 的两个等式式（4 – 59）和式（4 – 60），可进行关于这两个变量的比较静态分析。

将式（4 – 60）中 $\frac{\omega}{g}$ 的表达式代入式（4 – 59）可以得到：

$$\left[\left(\frac{g + i\delta\alpha^{-\varepsilon}}{g + i\delta}\right)\left(\frac{a_\text{d}r\left(\frac{\alpha}{1-\alpha}\right) - L_N + a_\text{d}g}{L_S}\right)\right]^\alpha = \frac{r}{i\delta + r}$$

$$(4-61)$$

其中 $r = \rho + \phi g$。如果北方在封闭经济下能保持正增长（不转移生产），则 $L_N > a_\text{d}\rho\dfrac{\alpha}{1-\alpha}$ 成立。❶根据分析，g 的增长引起上式中左边对右边的比率增大，而 δ 的下降导致上式中左边对右边的比率增大。根据隐函数定理，这意味着 δ 的下降导致 g 的增长，即加强南方的知识产权保护提高了北方的创新率。此外，从式（4 – 60）可以得到，g 的上升导致 ω/g 的上升，这意味着 ω 同时也上升，即南方加强知识产权保护提高了企业跨国经营比率。

对此的直观解释是：北方企业为了利用南方更低的工资水平优势而将生产转移到南方，但需要权衡跨国经营后因为被模仿而丧失垄断力的风险。南方更强的知识产权保护分两个阶段提高了北方的创新率：首先，它增加了垄断的预期收益期限，同时由于增长的劳动力需求完全被南方消化，创新在未增加成本的情况下提高了回报；其次，由于跨国经营的回报增加，企业转移到南方的比例会增加（跨国经营率提高），这降低了北方劳动力需求、北方工资水平和成本，从而进一步增加了创新的回报。

---

❶ 不转移生产到南方，北方的均衡条件是 $\dfrac{1-\alpha}{\alpha}(L_N - \alpha_\text{d}g) = \alpha_\text{d}(\rho + \phi g)$，可得 $L_N > \alpha_\text{d}\rho\dfrac{\alpha}{1-\alpha}$。

由式（4-55）和式（4-57）得到：

$$\frac{w_S}{w_N} = \left(\frac{\pi_N}{\pi_m}\right)^{\frac{1}{\varepsilon-1}} = \left(\frac{\rho+\phi g}{i\delta+\rho+\phi g}\right)^{\frac{1}{\varepsilon-1}} \qquad (4-62)$$

δ 的下降导致 g 上升，这都使南方的相对工资水平上升。加强知识产权保护会使更多的生产转移到南方，这增加了南方的劳动力需求。因此，加强知识产权保护会导致南方相对工资水平的提高。

结论1：如果跨国经营是国际生产转移的途径，则南方加强知识产权保护提高了北方的创新率，同时导致更多企业将生产从北方转移到南方，并使南方的相对工资上涨。

存在另一种可能的情形：由于（模仿）产品违反了北方的专利法（北方知识产权保护更完善），导致模仿产品只能在南方销售。在这种情形下，跨国企业的产品被模仿后，仅在南方市场丧失利润，而在北方的利润仍可以维持。对此有必要作进一步的研究。

2. 模仿是国家生产转移的惟一途径时

假设模仿替代 FDI，是北南生产转移的惟一途径，且设对北方产品的模仿率为 $j\delta$，由于不存在跨国经营，则 $\omega=0$，$n_m=0$。因此，模仿产品种类总数为 n_S，且有：$j\delta=\dfrac{n_S}{n_N}$。稳态时 $g=\dfrac{\dot{n_S}}{n_S}$，$n=n_S+n_N$。类似于前面，同样可以得到北方自由进入的条件是：$\dfrac{\pi_N}{j\delta+r}=\Pi_N=\dfrac{a_d}{n}w_N$，由于 $\dfrac{n}{n_N}=\dfrac{n_S}{n_N}+1=\dfrac{j\delta}{g}+1$ ，本式的简化型为：

$$\left(\frac{1-\alpha}{\alpha}\right)(L_N-a_d g)\left(\frac{j\delta}{g}+1\right)-a_d(\rho+\phi g+j\delta) \qquad (4-63)$$

为使跨期预算有限，消费者的贴现率应超过增长率，这样必须设 $r>g$，因此有 $\dfrac{\partial}{\partial\delta}\left(\dfrac{r+j\delta}{g+j\delta}\right)<0$。结合式（4-63）式可以得出：$\delta$ 下降将导致 g 下降。因此，南方加强知识产权保护会导致北方产品创新率下降。

上述结论的直观解释是：如果南方只能通过模仿北方生产的产品来获取技术，则加强知识产权保护会带来两种相互抵消的影响。首先，它降低了模仿率并延长了北方创新者的预期垄断期限，这增加了创新的回报；其次，由于企业在北方生产时间延长，这提高了北方劳动力需求及北方工资，从而提高了创新成本，进而减少了创新的利润。根据 Grossman 和 Helpman 的结论，后一种影响占主导作用（$r > g$），因此，创新率会下降。

以 x_s 代表对南方模仿者生产的产品的需求，根据式（4 – 47）和 $p_s = w_s$，南方相对于北方的产品需求为：

$$\frac{x_s}{x_N} = \left(\frac{w_s}{w_N / \alpha}\right)^{-\varepsilon} \qquad (4 - 64)$$

由于 $L_s = n_s x_s$，$L_N = n_N x_N$，且 $\frac{n_s}{n_N} = \frac{j\delta}{g}$，容易得到：

$$\frac{w_s}{w_N} = \left(\frac{L_s}{L_N} \frac{g}{j\delta}\right)^{-1/\varepsilon} \frac{1}{\alpha} \qquad (4 - 65)$$

从式（4 – 63）可知，δ 下降导致 g 下降，这会导致 $\frac{j\delta}{g}$ 下降，从而使 $\frac{w_s}{w_N}$ 下降。因此，知识产权保护的加强会使南方相对北方的工资下降。这与前面的结论相反。在这里，由于模仿是生产转移至南方的惟一途径，南方加强知识产权保护降低了南方生产产品的数量，从而降低了南方劳动力的需求，最终导致南方相对工资的降低。

结论 2：如果模仿是国际生产转移的惟一途径，则南方加强知识产权保护会降低北方的创新率，降低生产从北方转移到南方的比率，降低南方相对于北方的工资水平。

表 4 – 1 是对结论 1 和结论 2 的概括综合。

表 4 – 1　加强知识产权保护的影响

变量	产品转移途径	
	跨国经营	模仿
模仿率	上升	下降
生产转移率	上升	下降
南方相对工资水平	上升	下降

3. 模仿和跨国经营都是生产转移的途径时

进一步分析更普遍的情形，即生产转移途径的模仿和跨国经营（先于模仿）同时存在的情形。假定知识产权保护水平在跨国经营前后相同，则当跨国经营率相当高（$\omega \geq \rho$）或模仿率（先于跨国经营）较低时，更强的知识产权保护效果类似于仅存在跨国经营的情况。因此，可得到结论 3。

结论 3：如果模仿和跨国经营都是生产转移的途径，当跨国经营率足够高或 FDI 前的模仿率较小时，南方更强的知识产权保护导致北方创新率上升，生产转移率上升，南方的相对工资水平上升。

总结论：南方知识产权保护的影响很大程度上取决于从北方到南方的国际生产转移途径是模仿还是跨国经营（先于模仿）。如果模仿是生产转移的途径，那么，加强知识产权保护会降低创新率、生产转移率和南方相对于北方的工资水平；如果跨国经营是生产转移的途径，知识产权保护就有相反的影响。在跨国经营率足够高或者模仿率（先于跨国经营）足够低的条件下，即使两个途径同时存在，后者的影响将占主导。因此，那些只将模仿作为北方到南方的生产转移途径的研究文献就会存在误导。在全球经济增长中，关于提高南方对北方产品的模仿率的效应、国际技术扩散和世界收入分配等方面，与那些研究文献具有很大的差异。

（三）评论

该模型分析了南方知识产权保护对北方创新率、北方对南方的 FDI 的影响，得出南方知识产权保护是鼓励北方 FDI 的激励，这一理论结论能得到不同情形下的经验验证。但是，还有一些影响北方至南方 FDI 的其他重要因素，例如，技术的标准化程度约束了 FDI 的程度，因为只有在设备材料、零配件等在本国标准化后的产品才适宜转移至另一个国家；❶ 另外，另一国家强加的关税和配额等贸易壁垒，将促使产品的 FDI 速度。

该模型存在以下缺陷。首先，该模型是关于一个知识密集型生产部门的一般均衡模型，模型假定在该部门南北劳动力供应都是常量。由于未考虑非知识密集型部门，就不能分析知识产权保护对在两种部门之间资源配置的影响，而这种影响的结果会对创新率和技术转移率带来影响。其次，模型并未分析知识产权保护对南方福利的影响，而这正是政策制定者非常关心的问题。再者，模型采用的产品周期理论忽略了南方本身存在的内生创新的可能性。显然，南方加强知识产权保护在遏止南方本国模仿的同时也激励本国创新。寻找一个更一般的模型，能分析知识产权保护对南方模仿率和创新率两方面的影响，以及南方企业在模仿和创新之间如何进行选择。

第二节　一个包含内生创新的最优知识产权保护水平模型

近年来，发展中国家的知识产权保护问题已成为一个热点问题。对这一问题的争论常常被置于南北框架内讨论，占主导的观点就是南方发展中国家会因加强知识产权保护而受损。导致这种

---

❶　Vernon，Raymond：International Investment and International Trade in the Product Cycle，*Quarterly Journal of Economics*，1966，（80）：190～207.

损失的原因是：加强南方发展中国家知识产权保护力度，将导致稳态时南方发展中国家模仿成功率的降低；❶ 加强南方知识产权保护强化了北方发达国家创新企业的市场竞争力并提高了其产品在发展中国家的价格。❷

上述在南北框架内的讨论都忽略了发展中国家本身存在的内生创新的可能性。显然，南方加强知识产权保护在遏止南方本国模仿的同时也激励本国创新。即使没有来自北方发达国家的压力，发展中国家为本国经济增长也依然会加强知识产权保护。因为在较强的知识产权保护下，本国创新活动受到激励，创新能力会不断增强。在理论上，一个发展中国家应存在一个最优知识产权保护水平，能最佳地平衡模仿北方先进技术与激励本国创新之间的关系。因此，建立一个能解析知识产权保护对发展中国家模仿和创新两方面影响的更一般模型，是研究发展中国家知识产权保护与创新和经济增长之间内在关系的关键。

一、理论模型 *

假设一个发展中国家可以选择知识产权保护水平 β, $\beta \in [0, 1]$，β 越大，表示保护越强，$\beta = 0$ 表示没有保护，$\beta = 1$ 表示完全保护。

❶ 韩玉雄、李怀祖："知识产权保护对经济增长的影响：一个基于垂直创新的技术扩散模型"，载《当代经济科学》2003 年第 2 期。Edwin L. -C. Lai（1998），International Intellectual Property Rights Protection and the Rate of Product Innovation，*Journal of Development Economics*，Vol. 55，pp. 133 ~ 153.

❷ Chin, J. C. and G. M. Grossman：Intellectual Property Rights and North – South Trade, in：Jones, R. W., Krueger, A. O. （Eds.），*The Political Economy of International Trade：Essays in Honor of Robert E. Baldwin. Blackwell*，Cambridge，MA.，1990. Deardorff, Alan V., Welfare Effects of Global Patent Protection, *Economica*, 1992, (59)：35 ~ 51.

* 本理论模型主要参考了美国科罗拉多大学 Thitima Puttitanum 的博士论文 Essays on Intellectual Property Rights, Innovation, and Technology Transfer, University of Colorado, 2003.

该国的经济发展水平（技术能力）为 θ，$\theta \in (0,1]$；θ 越大，表示经济发展水平越高和技术能力越强。

为建立一个包含模仿行为和创新行为的模型，假设一个发展中国家只有两个部门，一个外企部门和一个本地部门，分别命名为 A 和 B。

外企部门 A 由一家北方外国企业 F 和一家本地企业 D 组成。外国企业 F 拥有知识产权，因此能生产出比本地企业质量更高的产品，产品质量为 u^F；本地企业 D 也在 A 中进行生产，并只通过模仿北方的技术提高其产品质量，其模仿能力有赖于该国的知识产权强度，其产品质量为：

$$u^D(\beta;\theta) = u_o + u^F\phi(\theta)[1 - \alpha(\beta)] \qquad (4-66)$$

其中，$\forall \theta, 0 \leq \phi(\theta) \leq 1, \phi(\theta) > 0, \alpha(\beta) \geq 0, \alpha'(\beta) \geq 0$，$\alpha(1) = 1$，而且，$0 \leq u_o \leq u^F(1 - \phi(1))$。$\phi(\theta)$ 是 D 的模仿能力，随着 θ 的提高而提高；$\alpha(\beta)$ 是模仿难度，随着 β 的提高而提高，$\beta = 1$ 时，模仿难度最大，即如果知识产权完全保护，企业 D 就不能模仿 F 的技术。如果知识产权保护越弱，企业 D 通过模仿获得的质量改进越大，但是，即使没有知识产权保护，企业 D 也无法达到与 F 相同的技术水平。A 中的所有企业的单位固定成本为 $c^A \in [0, u_o]$。

本地部门 B 由两家本地企业 L 和 M 组成，其中企业 L 从事创新活动以提高产品质量，另一家 M 企业只模仿新技术。企业 L 的产品质量为 $v(z;\theta)$，其中 $z \geq 0$ 是 L 企业在质量改进上的投入（R&D 投入），而且，$\forall \theta, \partial v(z;\theta)/\partial z > 0, \partial v(\infty;\theta)/\partial z = 0$，$\partial(\partial v(z;\theta)/\partial z)/\partial z < 0, \partial v(z;\theta)/\partial \theta > 0, \partial(\partial v(z;\theta)/\partial z)/\partial \theta > 0$。L 企业的产品质量随着投入的增加而提高，但提高速率递减；L 企业的产品质量也随着技术水平的提高而提高，而且提高速率递增。

企业 M 也在 B 内生产，其产品质量为：

$$v^M(\beta;\theta) = v(z;\theta) - \gamma(\beta)(v(z;\theta) - v_0) \qquad (4-67)$$

其中，$\forall\theta, v_0 \geqslant 0, \gamma(0) > 1/\partial v(0;\theta)/\partial z, \gamma'(\beta) > 0, \gamma(1) = 1$。$\gamma(\beta)$ 为模仿难度，随着 β 的提高而提高。$\beta = 0$ 时，模仿难度最小，为技术本身存在的技术模仿难度 $\gamma(0)$；$\beta = 1$ 时，模仿难度最大，即如果知识产权完全保护，企业 M 就不能模仿企业 L 的技术，其产品质量为 v_0。为不失一般性，令 $v_0 \equiv 0$，因此：

$$v^M(\beta;\theta) = v(z;\theta)(1 - \gamma(\beta)) \qquad (4-68)$$

B 中的所有企业的单位固定成本为 $c^B = 0$。

加强该国知识产权保护使两个部门的模仿都更加困难，但是对国家社会福利的影响却是不同的。在外企部门，更少的模仿意味着本地企业产品质量的降低以及相对于外国企业的更弱的市场竞争力和外国企业产品更高的价格。这就使消费剩余和本国社会剩余减少，导致社会福利损失。而在本地部门中，更少的模仿意味着对投资于高质量技术或产品的本国创新企业的激励，导致更多的有效投资和更高的社会剩余，增进社会福利。因此，发展中国家在选择其最优知识产权保护水平的依据就是均衡在外企部门的社会福利损失和在本地部门的社会福利收益。

按照博弈论，整个博弈过程可描述为：政府首先选择知识产权保护水平 β，然后企业 L 选择其 R&D 投入 z，这样，所有企业的产品质量就能确定，接着，博弈就转移至产品价格竞争阶段，企业 F 和企业 D 在 A 中同时选择它们产品的价格进行竞争，企业 L 和企业 M 在 B 中同时选择它们产品的价格进行竞争，最后，消费者据此作出购买选择。

（一）企业的均衡价格

在价格竞争阶段，每一部门有惟一纳什均衡解，企业 F、企业 D、企业 L 和企业 M 的均衡价格分别为：

$$p^F = c^A - u_0 + u^F[1 - \phi(\theta)[1 - \alpha(\beta)]] \qquad (4-69)$$

$$p^D = c^A \qquad (4-70)$$

$$p^L = c^B + \gamma(\beta;\theta)v(z;\theta) \qquad (4-71)$$

$$p^M = c^B \qquad (4-72)$$

在 A 中所有消费者从企业 F 购买，在 B 从企业 L 购买。

（二）本地企业 L 的最优 R&D 投入均衡条件

接着，我们确定企业 L 对 z 的均衡选择 $z^*(\beta;\theta)$。企业 L 的产品利润为：

$$\pi^{\mathrm{L}} = N\big[\,(c^{\mathrm{B}} + \gamma(\beta)v(z;\theta)) - c^{\mathrm{B}}\,\big] - z = N\gamma(\beta)v(z;\theta) - z \tag{4-73}$$

令 $\partial\pi^{\mathrm{L}}/\partial z = 0$，可得出利润最大化时的最优 R&D 投入 $z^*(\beta;\theta)$：

$$\frac{\partial\pi^{\mathrm{L}}}{\partial z} = N\gamma(\beta)\frac{\partial v(z;\theta)}{\partial z} - 1 = 0 \tag{4-74}$$

因此，最优 $z^*(\beta;\theta)$ 的均衡条件为：

$$N\gamma(\beta)\frac{\partial v(z^*(\beta;\theta);\theta)}{\partial z} = 1 \tag{4-75}$$

（三）本地企业创新与知识产权保护水平和技术能力水平之间的关系

采用隐函数微分法则，可得：

$$\frac{\partial z^*(\beta;\theta)}{\partial\beta} = -\frac{\gamma'(\beta)(\partial v(z^*(\beta;\theta);\theta)/\partial z)}{\gamma(\beta)(\partial(\partial v(z^*(\beta;\theta);\theta)/\partial z)/\partial z)} \tag{4-76}$$

$$\frac{\partial z^*(\beta;\theta)}{\partial\theta} = -\frac{\partial(\partial v(z^*(\beta;\theta);\theta)/\partial z)/\partial\theta}{\partial(v(z^*(\beta;\theta);\theta)/\partial z)/\partial z} \tag{4-77}$$

对于式（4-76），注意到 $\gamma(\beta) > 0, \gamma'(\beta) > 0, \partial v(z;\theta)/\partial z > 0, \partial(\partial v(z;\theta)/\partial z)/\partial z < 0$，因此：

$$\frac{\partial z^*(\beta;\theta)}{\partial\beta} > 0 \tag{4-78}$$

对于式（4-77），注意到 $\partial(\partial v(z;\theta)/\partial z)/\partial\theta > 0, \partial(\partial v(z;\theta)/\partial z)/\partial z < 0$，因此：

$$\frac{\partial z^*(\beta;\theta)}{\partial\theta} > 0 \tag{4-79}$$

因此，可以得出：本地企业的最优创新投入随知识产权保护水平和技术能力水平递增。具体而言，本地企业的最优创新投入 z 的大小取决于竞争者的模仿程度和本身的质量改进效果，前者由知识产权保护水平 β 决定，后者由技术能力水平 θ 决定。知识产权保护水平 β 越高，本地企业的最优创新投入 z 越大；经济发展水平（技术能力水平）θ 越高，本地企业的最优创新投入 z 越大。

（四）本国社会剩余

本国社会剩余 $W(\beta)$ 为：

$$W(\beta) = u^{\mathrm{F}}\phi(\theta)\left[1 - \alpha(\beta)\right] - c^{A} + u_0 + Nv(z(\beta;\theta);\theta) - z(\beta;\theta) \tag{4-80}$$

其中，$0 \leqslant \beta \leqslant 1$。

（五）最优知识产权保护水平的均衡条件

政府的目标是选择 β 以最大化本国社会剩余，设对任一给定的 θ，β 的最优选择为 $\beta^*(\theta)$。

$$\frac{\partial W(\beta(\theta))}{\partial \beta} = -u^{\mathrm{F}}\phi(\theta)\frac{\partial \alpha(\beta(\theta))}{\partial \beta} + \left[N\frac{\partial v(z(\beta(\theta);\theta);\theta)}{\partial z} - 1\right] \times \frac{\partial z(\beta(\theta);\theta)}{\partial \beta} \tag{4-81}$$

提高知识产权保护水平 β 通过式（4-81）右边的两项影响本国社会剩余 W。第一项表示在外企部门 A 中的消费者剩余的减少。更高的 β 使本国企业模仿外国企业先进技术更为困难，降低了与外国企业的竞争力，提高了外国企业的均衡价格，导致本国消费者剩余减少。第二项表示本地部门 B 中 L 企业改进质量所获得的净收益的增加，这增进了福利。对 $\beta(\theta)$ 的选择就是对这两者的平衡。最优知识产权保护水平的均衡条件为：

$$\frac{\partial W(\beta^*(\theta))}{\partial \beta} = -u^{\mathrm{F}}\phi(\theta)\frac{\partial \alpha(\beta^*(\theta))}{\partial \beta} +$$

$$\left[N\frac{\partial v(z(\beta^*(\theta);\theta);\theta)}{\partial z} - 1\right]\frac{\partial z(\beta^*(\theta);\theta)}{\partial \beta} = 0 \tag{4-82}$$

即：

$$u^F \phi(\theta) \frac{\partial \alpha(\beta^*(\theta))}{\partial \beta} = \left[N \frac{\partial v(z(\beta^*(\theta);\theta);\theta)}{\partial z} - 1 \right] \times$$

$$\frac{\partial z(\beta^*(\theta);\theta)}{\partial \beta} \tag{4-83}$$

（六）最优知识产权保护水平与发展水平的关系

因为 $\beta^*(\theta)$ 使 $W(\beta)$ 最大化，因此，$\dfrac{\partial \beta^*(\theta)}{\partial \theta}$ 的符号与

$\dfrac{\partial(\partial W(\beta^*(\theta))/\partial \beta)}{\partial \theta}$ 相同。

$$\frac{\partial(\partial W(\beta^*(\theta))/\partial \beta)}{\partial \theta} = \left[N \frac{\partial v(z(\beta^*(\theta);\theta);\theta)}{\partial v} - 1 \right] \times$$

$$\frac{\partial(\partial z(\beta^*(\theta);\theta)/\partial \beta)}{\partial \theta} - u^F \frac{\partial \phi(\theta)}{\partial \theta} \frac{\partial \alpha(\beta^*(\theta))}{\partial \beta} \tag{4-84}$$

因此，

$$\frac{\partial \beta^*(\theta)}{\partial \theta} \begin{cases} > 0 \quad 如果 \quad u^F \frac{\partial \phi(\theta)}{\partial \theta} \frac{\partial \alpha(\beta^*(\theta))}{\partial \beta} < \\[2mm] \left[N \frac{\partial v(z(\beta^*(\theta);\theta);\theta)}{\partial v} - 1 \right] \times \\[2mm] \frac{\partial(\partial z(\beta^*(\theta);\theta)/\partial \beta)}{\partial \theta} \\[4mm] < 0 \quad 如果 \quad u^F \frac{\partial \phi(\theta)}{\partial \theta} \frac{\partial \alpha(\beta^*(\theta))}{\partial \beta} > \\[2mm] \left[N \frac{\partial v(z(\beta^*(\theta);\theta);\theta)}{\partial v} - 1 \right] \times \\[2mm] \frac{\partial(\partial z(\beta^*(\theta);\theta)/\partial \beta)}{\partial \theta} \end{cases}$$

$$\tag{4-85}$$

式中 $u^F \dfrac{\partial \phi(\theta)}{\partial \theta} \dfrac{\partial \alpha(\beta^*(\theta))}{\partial \beta}$ ——提高发展水平 θ 在外企部门 A

的模仿效应；

$\left[N \dfrac{\partial v(z(\beta^*(\theta);\theta);\theta)}{\partial v} - 1 \right] \times$

$$\frac{\partial(\partial z(\beta^*(\theta);\theta)/\partial\beta)}{\partial\theta}$$——提高 θ 在本地部门 B 的创新

效应。

当起始于低水平的 θ 时，提高 θ 可能对模仿外国技术的收益的影响比促进本国创新的收益的影响更大，因此，模仿效应就可能占优于创新效应，应当降低知识产权保护水平；当 θ 高于特定水平时，本国创新效应增强至优于模仿效应，此时起应当提高知识产权保护水平。因此，最优知识产权保护水平 $\beta^*(\theta)$ 随着发展水平的提高起初降低然后提高。

为更清楚直观地揭示最优知识产权保护水平与发展水平的关系，根据本研究前述假设，下面以一个特例加以说明。

假设 $\alpha(\beta)=1+\ln\left(\frac{1+\beta}{2}\right)$，$\gamma(\beta)=\frac{1+\beta}{2}$，$u^F=1$，

$u_0=0$，$\phi(\theta)=\frac{1}{3}(1+2\theta)$，$v(z;\theta)=2\frac{\ln(1+z)}{1-\theta}$，

$N=1$，$\theta\in\left(0,\frac{4}{5}\right]$。由此，可以得到：

$$\frac{\partial v(z;\theta)}{\partial z}=2\frac{1}{1-\theta}\frac{1}{1+z} \qquad (4-86)$$

$$\alpha'(\beta)=\frac{1}{1+\beta} \qquad (4-87)$$

由 $N\gamma(\beta)\frac{\partial v(z^*(\beta;\theta);\theta)}{\partial z}=1$，可得：

$$z^*(\beta;\theta)=\frac{\beta+\theta}{1-\theta} \qquad (4-88)$$

$$\frac{\partial z^*(\beta;\theta)}{\partial\beta}=\frac{1}{1-\theta}>0 \qquad (4-89)$$

$$\frac{\partial z^*(\beta;\theta)}{\partial\theta}=\frac{1+\beta}{(1-\theta)^2}>0 \qquad (4-90)$$

可见，本地企业的最优创新投入 $z^*(\beta;\theta)$ 随知识产权保护水平和技术能力水平递增，换言之，加强知识产权保护能促进发展

中国家创新。

由 $u^F \phi(\theta) \dfrac{\partial \alpha(\beta^*(\theta))}{\partial \beta} = \left[N \dfrac{\partial v(z^*(\beta^*(\theta);\theta);\theta)}{\partial z} - 1 \right] \times$

$\dfrac{\partial z^*(\beta^*(\theta);\theta)}{\partial \beta}$ ，可得：

$$\frac{1}{3}(1 + 2\theta)\frac{1}{1 + \beta^*} = \left(2\frac{1}{1 - \theta}\frac{1}{1 + \dfrac{\beta^* + \theta}{1 - \theta}} \right)\frac{1}{1 - \theta}$$

$$(4 - 91)$$

整理后可得：

$$\beta^*(\theta) = \frac{2}{3}\theta^2 - \frac{1}{3}\theta + \frac{2}{3} \qquad (4 - 92)$$

可见，最优知识产权保护水平 $\beta^*(\theta)$ 呈 U 型，$\theta < \dfrac{1}{4}$ 时随 θ 降低，$\theta > \dfrac{1}{4}$ 时随 θ 提高。图 4 - 8 表示本特例中的 $\beta^*(\theta)$ 曲线。

综上，从本理论模型可得出以下两个结论：

（1）一个国家的创新水平随着其知识产权保护和经济发展水平的提高而提高；❶

（2）一个国家的最优知识产权保护水平随着其经济发展水平起初下降然后提高。

二、实证验证

（一）对知识产权保护强度与经济发展水平之间关系的实证验证

采用 Ginarte 和 Park 编制的专利保护指数（GP 指数）代表各国的知识产权保护强度，以各国的人均 GNP 代表其经济发展水平。由于 GP 指数的最新年度为 1995 年，本研究只能以 1995

---

❶ 更确切地说是 R&D 支出随着 β 和 θ 的提高而增大。

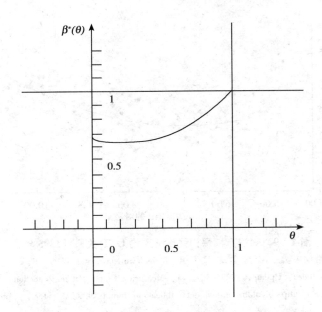

**图 4 - 8　最优知识产权保护水平 $\beta^*(\theta)$ 与
发展水平 θ 关系曲线**

年的相关数据进行实证分析。当然，在理论上完全可以将 GP 指数更新至最近，但还考虑到 TRIPs 协议自 1995 年生效，因此，以 1995 年为验证时点，各国的知识产权立法还未受 TRIPs 协议的约束，反而更能反映各国基于本国经济发展水平而确定的知识产权保护水平。

　　经整理，获得 108 个样本国家的数据，见附表一。因此，可作出知识产权保护强度与人均 GNP 关系的散点图及其二次回归趋势线，见图 4 - 9。从图 4 - 9 可直观地发现，知识产权保护强度与经济发展水平呈 U 型关系，这与上述理论结论相符。

　　为进一步检验其二次回归方程的显著性和解释变量的显著性，利用 Eviews3.1 分析软件，以 GP 指数（IP）为被解释变量，以人均 GNP 的自然对数（LNGNP）和人均 GNP 的自然对数的平

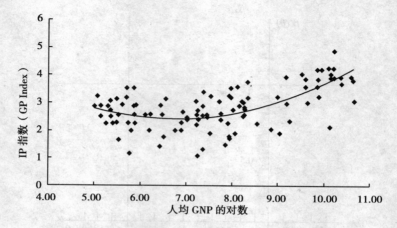

图 4 - 9　知识产权保护强度与人均 GNP 关系（1995 年）

　　数据来源：GP 指数来源于 R. Mahadevanvijaya and W. G. Park：Patent Rights Index：Update，1999. 转引自：Measuring Global Patent Protection，available at：http：//oldfraser. lexi. net/publications/forum/1999/03/patent ＿ protection. html.

　　人均 GNP 数据来源于中国国家统计局网站，http：//www. stats. gov. cn/tjsj/qtsj/index. htm.

方（SQ）为解释变量进行线性回归，分析结果见表 4 - 2。

表 4 - 2　知识产权保护强度与经济发展水平回归分析结果

解释变量	回归系数	标准差	t 统计量
C	7. 516	1. 307	5. 750
LNGNP	- 1. 517	0. 346	- 4. 390
SQ	0. 113	0. 022	5. 131
R^2 值	0. 432	调整后的 R^2 值	0. 421
F 统计量	39. 980	样本数	108

　　从分析结果得出检验的 F 统计量 F = 39. 980，对于给定的显著性水平 α = 0. 05，查 F 分布百分位数表得 $F_{0.05}$（2，105） = 3. 09。因为 $F > F_{0.05}$（2，105），所以总体回归方程是显著的，

即 IP 与 LNGNP 和 SQ 之间的线性关系是显著的，也即知识产权保护强度与经济发展水平之间的二次非线性关系（U 型关系）是显著的。

从分析结果还得出解释变量 LNGNP 和 SQ 的显著性检验的 t 统计量分别为 $t_1 = -4.390$ 和 $t_2 = 5.131$，对于给定显著性水平 $\alpha = 0.05$，查 t 分布百分位数表得 $t_{0.05/2,105} = 1.98$。因为 $|t_1| > t_{0.05/2,105}$，$|t_2| > t_{0.05/2,105}$，所以解释变量 LNGNP 和 SQ 对被解释变量 IP 的影响是显著的。

因此，二次回归方程通过显著性检验，可表示为：

$$IP = 7.516 - 1.517 LNGNP + 0.113(LNGNP)^2 \qquad (4-93)$$

其拐点为 LNGNP = 6.7012，换算为人均 GNP 是 813.38 美元，即当人均 GNP 小于 813.38 美元时，知识产权保护水平随经济发展水平的提高而降低，但当人均 GNP 大于 813.38 美元时，知识产权保护水平就随经济发展水平的提高而提高。这一人均 GNP 值远低于 108 个样本国的平均人均 GNP 值 6 887.96 美元，这说明大多数国家的知识产权保护水平是随着经济发展水平的提高而提高的。

（二）对创新能力与知识产权保护强度和经济发展水平之间关系的实证验证

衡量创新能力的指标有两个，一个是创新输入指标，即 R&D 投入额；另一个是创新输出指标，主要采用的是本国居民的专利申请量。由于受数据取得的限制，本研究采用本国居民专利申请量作为衡量一国创新能力的数量指标，数据来源于 WIPO 的工业产权统计（WIPO Industrial Property Statistics）。❶ 同样，采用 GP 指数代表各国的知识产权保护强度，以各国的人均 GNP 代表其经济发展水平。经整理，获得 78 个国家的 1995 年数据，见附表二。

---

❶　http：//www.wipo.int/ipstats/en/statistics/patents/filed/source.html.

为验证创新能力与知识产权保护水平和经济发展水平之间的关系，利用 Eviews3.1 分析软件以本国居民专利申请量的自然对数（LNRPA）为被解释变量，以 GP 指数（IP）和人均 GNP 的自然对数（LNGNP）为解释变量，对样本数据进行二元线性回归分析，分析结果见表 4 - 3。

从分析结果得出检验的 F 统计量 $F = 34.851$，对于给定的显著性水平 $\alpha = 0.05$，查 F 分布百分位数表得 $F_{0.05}$（2，75）= 3.11。因为 $F > F_{0.05}$（2，75），所以总体回归方程是显著的，即 LNRPA 与 LNGNP 和 IP 之间的线性关系是显著的，也即本国居民专利申请量与知识产权保护强度和经济发展水平之间的二元一次线性关系是显著的，可表示为：

$$LNRPA = -4.175 + 1.027IP + 0.808LNGNP \quad (4-94)$$

从分析结果还得出解释变量 IP 和 LNGNP 的显著性检验的 t 统计量分别为 $t_1 = 2.909$ 和 $t_2 = 4.274$，对于给定显著性水平 $\alpha = 0.05$，查 t 分布百分位数表得 $t_{0.05/2,75} = 2.00$。因为 $t_1 > t_{0.05/2,75}$，$t_2 > t_{0.05/2,75}$，所以解释变量 IP 和 LNGNP 对被解释变量 LNRPA 的影响是显著的。并且，IP 和 LNGNP 的系数分别为 1.027 和 0.808，符号为正，表明被解释变量 LNRPA 随解释变量 IP 和 LNGNP 线性递增。也就是，国家创新能力随着知识产权保护水平和经济发展水平的提高而提高，这与上述理论结论一致。

表 4 - 3　创新能力与知识产权保护强度和经济发展水平回归分析结果

解释变量	回归系数	标准差	t 统计量
C	-4.175	1.224	-3.411
IP	1.027	0.353	2.909
LNGNP	0.808	0.189	4.274
R^2 值	0.482	调整后的 R^2 值	0.468
F 统计量	34.851	样本数	78

三、结论

通过对知识产权保护与创新和经济增长之间关系的理论和实证分析，可以得出如下结论：发展中国家的创新能力随其知识产权保护水平的增强而增强，而且一个国家的最优知识产权保护水平并非单调性地取决于其经济发展水平，而是起始降低然后提高。108 个国家的数据实证验证了知识产权保护与经济发展水平之间的 U 型关系，78 个国家的数据实证验证了知识产权保护对创新能力的促进作用。

对于发展中国家，维持低水平的知识产权保护的确有利于对外国技术的模仿，削弱外国企业的市场竞争力，有益于本国消费者。但是，为了鼓励本国企业的创新，发展中国家又需要强化知识产权保护。发展中国家加强知识产权保护有其促进创新的内在动力，而并非仅仅是因为来自发达国家的压力而强化知识产权保护。

发展中国家在选择知识产权保护水平时必然会关注有利于模仿的需要与激励本国创新活动的需要之间的权衡。对于经济发展水平较低（创新能力较弱）的国家，模仿效应大于创新效应，因此加强知识产权保护的动力不足。因此，发达国家不应一味简单地要求发展中国家加强知识产权保护，而应通过帮助发展中国家增强创新能力和促进经济增长以提高加强知识产权保护的内在动力，从而寻求发达国家与发展中国家之间的共同利益。

本章小结

本章在分析现有典型知识产权经济增长模型的基础上，借鉴国外研究成果，初步建立了一个能解析知识产权保护对发展中国家模仿和创新两方面影响的更一般模型，并进行实证验证。

本理论模型分析得出两大结论：其一，一个国家的创新水平随着其知识产权保护和经济增长水平的提高而提高；其二，一个国家的最优知识产权保护水平随着其经济增长水平起初下降然后提高。其理论解释为：当起始于经济增长低水平时，提高经济增长水平可能对模仿外国技术的收益的影响比促进本国创新的收益的影响更大，因此，模仿效应就可能占优于创新效应，此时应当降低知识产权保护水平；当经济增长水平高于特定水平时，本国创新效应增强至优于模仿效应，此时起应当提高知识产权保护水平。因此，最优知识产权保护水平随着经济增长水平的提高起初降低然后提高，两者呈 U 型关系。换言之，存在一个理论上的拐点，当经济增长水平小于该拐点时，加强知识产权保护强度只会阻碍经济增长，只有当经济增长水平超过该拐点后，加强知识产权保护强度才会促进经济增长。

本章采用计量经济学方法，以 108 个国家为样本，实证验证了知识产权保护与经济增长水平之间的 U 型关系并通过显著性检验，其拐点为人均 GNP 813.38 美元。本章还以 78 个国家为样本，实证验证了知识产权保护对创新能力的促进作用，同样通过显著性检验。

附表一　108 个国家知识产权指数和人均 GNP（1995 年）

序号	国家	GP指数	人均 GNP（美元）	序号	国家	GP指数	人均 GNP（美元）
1	阿尔及利亚	3.38	1580	55	马达加斯加	2.28	240
2	安哥拉	1.65	250	56	马拉维	3.24	160
3	阿根廷	3.2	8030	57	马来西亚	2.84	3890
4	澳大利亚	3.86	19190	58	马里	2.57	250
5	奥地利	4.24	26680	59	马尔他	1.89	8350
6	孟加拉国	1.99	330	60	毛里塔尼亚	2.57	450
7	比利时	3.9	25370	61	毛里求斯	2.89	3420
8	贝宁	2.86	350	62	墨西哥	2.52	3800
9	玻利维亚	1.98	870	63	摩洛哥	2.38	1120
10	博茨瓦纳	1.9	3180	64	新西兰	3.86	14460
11	巴西	3.05	3690	65	尼泊尔	2.52	210
12	保加利亚	2.57	1370	66	荷兰	4.24	24040
13	布基纳法索	2.24	220	67	尼加拉瓜	2.24	360
14	布隆迪	2.86	150	68	尼日尔	2.24	190
15	喀麦隆	2.57	660	69	尼日利亚	3.05	210
16	加拿大	3.24	19460	70	挪威	3.91	31490
17	中非共和国	2.57	350	71	巴基斯坦	1.99	490
18	乍得	2.71	210	72	巴拿马	3.53	2950
19	智利	2.74	3880	73	巴拉圭	2.46	1740
20	哥伦比亚	3.24	1880	74	秘鲁	2.37	2320
21	刚果	2.57	650	75	菲律宾	2.66	1010
22	哥斯达黎加	1.47	2570	76	波兰	3.23	2810
23	捷克共和国	3.19	4180	77	葡萄牙	2.98	9790
24	丹麦	3.71	31800	78	罗马尼亚	2.71	1400
25	多米尼加	2.4	1430	79	俄罗斯	3.04	2270
26	厄瓜多尔	2.71	1400	80	卢旺达	2.86	200

序号	国家	GP.指数	人均GNP（美元）	序号	国家	GP指数	人均GNP（美元）
27	埃及	1.99	980	81	南非	3.57	3330
28	萨尔瓦多	2.53	1570	82	塞拉利昂	2.52	170
29	斐济	2.61	2340	83	沙特阿拉伯	2.05	6970
30	芬兰	4.19	20840	84	塞内加尔	2.57	500
31	法国	4.04	24960	85	新加坡	3.91	27190
32	加蓬	2.57	3860	86	斯洛伐克	3.19	2940
33	德国	3.86	27420	87	西班牙	4.04	13670
34	加纳	2.9	370	88	斯里兰卡	3.12	700
35	希腊	2.32	10380	89	苏丹	3.52	300
36	格林纳达	1.7	2830	90	斯威士兰	2.19	1380
37	危地马拉	1.08	1400	91	瑞典	4.24	24000
38	圭亚那	1.42	620	92	瑞士	3.8	41370
39	海地	3.19	300	93	叙利亚	2.46	1110
40	洪都拉斯	1.76	670	94	坦桑尼亚	2.9	170
41	匈牙利	3.75	4140	95	泰国	2.24	2710
42	冰岛	2.12	24720	96	多哥	2.24	310
43	印度	1.17	320	97	特立尼达	3.01	3780
44	印度尼西亚	2.27	990	98	突尼斯	1.9	1830
45	爱尔兰	2.99	15320	99	土耳其	1.79	2770
46	以色列	3.57	14820	100	英国	3.57	18710
47	意大利	4.19	18970	101	美国	4.86	27410
48	牙买加	2.86	1570	102	乌干达	2.57	250
49	日本	3.94	39720	103	乌克兰	3.04	1350
50	约旦	1.33	1560	104	乌拉圭	2.26	5120
51	肯尼亚	2.91	270	105	委内瑞拉	2.75	3040
52	韩国	3.94	9650	106	越南	3.13	240

续表

序号	国家	GP指数	人均GNP（美元）	序号	国家	GP指数	人均GNP（美元）
53	立陶宛	2.57	1730	107	赞比亚	3.52	350
54	卢森堡	3.05	41930	108	津巴布韦	2.9	630

数据来源：GP 指数来源于 R. Mahadevanvijaya and W. G. Park，Patent Rights Index：Update，1999. 转引自：Measuring Global Patent Protection，available at：http：// oldfraser. lexi. net/publications/forum/1999/03/patent_ protection. html.

人均 GNP 数据来源于中国国家统计局网站，http：//www. stats. gov. cn/tjsj/qtsj/index. htm.

附表二　78 个国家本国居民专利申请量、知识产权指数和人均 GNP（1995 年）

序号	国家	本国居民专利申请量	人均GNP（美元）	GP指数	序号	国家	本国居民专利申请量	人均GNP（美元）	GP指数
1	阿根廷	700 *	8030	3.2	40	立陶宛	106	1730	2.57
2	奥地利	1728	26680	4.24	41	卢森堡	88 *	41930	3.05
3	澳大利亚	8197	19190	3.86	42	摩洛哥	89	1120	2.38
4	孟加拉国	70	330	1.99	43	马达加斯加	21	240	2.28
5	比利时	732	25370	3.9	44	马尔他	11	8350	1.89
6	保加利亚	368	1370	2.57	45	毛里求斯	3	3420	2.89
7	玻利维亚	17	870	1.98	46	马拉维	1	160	3.24
8	巴西	2707	3690	3.05	47	墨西哥	432	3800	2.52
9	加拿大	2431	19460	3.24	48	马来西亚	141	3890	2.84
10	瑞士	2890	41370	3.8	49	荷兰	2123	24040	4.24
11	智利	171	3880	2.74	50	挪威	1080	31490	3.91
12	哥伦比亚	141	1880	3.24	51	尼泊尔	3	210	2.52
13	捷克	626	4180	3.19	52	新西兰	1284	14460	3.86
14	德国	38103	27420	3.86	53	巴拿马	16	2950	3.53

序号	国家	本国居民专利申请量	人均GNP（美元）	GP指数	序号	国家	本国居民专利申请量	人均GNP（美元）	GP指数
15	丹麦	1234	31800	3.71	54	秘鲁	29 *	2320	2.37
16	阿尔及利亚	28	1580	3.38	55	菲律宾	163 *	1010	2.66
17	厄瓜多尔	8	1400	2.71	56	巴基斯坦	21	490	1.99
18	埃及	408	980	1.99	57	波兰	2595	2810	3.23
19	西班牙	2047	13670	4.04	58	葡萄牙	81	9790	2.98
20	埃塞俄比亚	3 *	110	0	59	罗马尼亚	1811	1400	2.71
21	芬兰	2058	20840	4.19	60	俄罗斯	17551	2270	3.04
22	法国	12419	24960	4.04	61	沙特阿拉伯	28	6970	2.05
23	英国	18630	18710	3.57	62	瑞典	3941	24000	4.24
24	希腊	425	10380	2.32	63	新加坡	200 *	27190	3.91
25	危地马拉	5	1400	1.08	64	斯洛伐克	269	2940	3.19
26	洪都拉斯	7	670	1.76	65	萨尔瓦多	3	1570	2.53
27	海地	3 *	300	3.19	66	叙利亚	43	1110	2.46
28	匈牙利	1096	4140	3.75	67	泰国	634 *	2710	2.24
29	印度尼西亚	75 *	990	2.27	68	突尼斯	31	1830	1.9
30	爱尔兰	840	15320	2.99	69	土耳其	206	2770	1.79
31	以色列	1266	14820	3.57	70	特立尼达	24	3780	3.01
32	印度	1545	320	1.17	71	乌克兰	4804	1350	3.04
33	冰岛	19	24720	2.12	72	美国	123962	27410	4.86
34	意大利	7872 *	18970	4.19	73	乌拉圭	35	5120	2.26
35	牙买加	7	1570	2.86	74	委内瑞拉	224 *	3040	2.75
36	日本	333770	39720	3.94	75	越南	23	240	3.13

续表

序号	国家	本国居民专利申请量	人均GNP（美元）	GP指数	序号	国家	本国居民专利申请量	人均GNP（美元）	GP指数
37	肯尼亚	15 *	270	2.91	76	南非	5549	3330	3.57
38	韩国	59228	9650	3.94	77	赞比亚	4	350	3.52
39	斯里兰卡	76	700	3.12	78	津巴布韦	55	630	2.9

注：带 * 的数据为 1994 年或 1996 年数据。

数据来源：GP 指数来源于 R. Mahadevanvijaya and W. G. Park, Patent Rights Index：Update，1999. 转引自：Measuring Global Patent Protection，available at：http：// oldfraser. lexi. net/publications/forum/1999/03/patent_ protection. html.

人均 GNP 数据来源于中国国家统计局网站，http：//www. stats. gov. cn/tjsj/qtsj/index. htm.

本国居民专利申请量数据来源于 WIPO 的工业产权统计（WIPO Industrial Property Statistics），http：//www. wipo. int/ipstats/en/statistics/patents/filed/source. html.

第五章　知识产权制度与技术
创新关系研究

第一节　相关研究文献综述 *

　　加强知识产权保护的主要收益在于通过使创新者因其创新活动获得适当的回报来激励能促进创新和增进长期增长的 R&D。Kanwar 和 Evenson（2003）直接检验了知识产权制度（以 GP 指数表示）是否促进了 R&D 支出。[1] 他们对 32 个国家在1981～1995 年期间的数据进行面板模型估计，发现加强知识产权保护对 R&D 投入占 GDP 的比例具有积极且显著的影响。结合已被证实的结论，R&D 投入能积极影响 TFP 以及产量增长（例如 Coe 和 Helpman ［1995]），[2] 这些结论为知识产权制度在经济增长中的重要性提供了直接的证据。

　　技术和知识具有典型的无形性，这意味着对其的测度方法不是直接的。在实证研究文献中已采用了一些方法，[3] 每种方法各有利弊。R&D 支出常被采用，因为 R&D 是创新活动的主要输

　　* Rod Falvey and Neil Foster, The Role of Intellectual Property Rights in Technology Transfer and Economic Growth: Theory and Evidence, United Nations Industrial Development Organization, Vienna, 2006.

　　[1] Kanwar, S. and R. E. Evenson, Does Intellectual Property Protection Spur Technological Change?, *Oxford Economic Papers*, 2003, (55): 235～264.

　　[2] Coe, D. T. and E. Helpman, International R&D Spillovers, *European Economic Review*, 1995, (39): 859～887.

　　[3] Keller, W., International Technology Diffusion, *Journal of Economic Literature*, 2004, (42): 752～782.

入。但是，这种方法忽略了创新的风险性，R&D 计划的大部分是不成功的，而只代表偶然发现新技术的可能性。作为创新活动产出的指标，专利数也常被采纳。专利数的缺陷在于忽略了专利的价值，大多数专利的价值非常低，而且，事实上许多创新成果并没有申请专利。尽管专利被认为是受保护的工业创新中最重要的形式。Mansfield 等（1981）❶ 发现，如果没有专利保护，大约一半的发明创造不会产生，在制药产业则大部分不会产生，而只有不到 1/4 的非药品发明受专利保护影响。其他的一些研究也得出类似的结论，包括 Scherer 等（1959）❷、Taylor 和 Silberston（1973）❸ 以及 Cohen 等（1997）❹。但是，专利保护只在某些产业才更为有效，有研究表明，发达国家大多数企业并不认为专利是确保 R&D 回报的特别有效方式。❺ 例如，Mansfield（1986）❻的研究显示，如果没有专利保护，65% 的药品发明和 30% 的化学发明就不会产生，但是，在大多数产业专利保护并不重要。导

❶ Mansfield, E. , M. Schwartz and S. Wagner, Imitation Costs and Patenting: An Empirical Study, *The Economic Journal*, 1981, (91): 907 ~ 918.

❷ Scherer, F. M. , S. E. Herzstein, A. W. Dreyfoos, W. G. Whitney, O. J. Bachman, C. P. Pesek, C. J. Scott, T. G. Kelly and J. J. Galvin, *Patents and the Corporation: A Report on Industrial Technology under Changing Public Policy*, Cambridge, MA: Harvard University, 1959.

❸ Taylor, C. T. and Z. A. Silberston, *The Economic Impact of the Patent System*, Cambridge: Cambridge University Press, 1973.

❹ Cohen, W. M. , R. R. Nelson and J. Walsh, Appropriability Conditions and Why Firms Patent and Why They Do Not in the U. S. Manufacturing Sector, *Working Paper*, Pittsburgh: Carnegie Mellon University, 1997.

❺ Cohen, W. M. , Empirical Studies of Innovative Activity, in P. Stoneman (ed.), *Handbook of the Economics of Innovation and Technical Change*, Oxford: Basil Blackwell, 1995.

❻ Mansfield, E. , Patents and Innovation: An Empirical Study, *Management Science*, 1986, (2): 173 ~ 181.

致这一有限作用的一个原因是专利保护不能有效地遏止进入速度。[1]

Mazzoleni 和 Nelson (1998)[2] 认为，那些认为知识产权制度相对不重要的调查结论是有问题的，是过分地被夸大了，因为只考虑到在特定产业内的企业，那些研究忽视了强化知识产权保护对新企业、小企业、任何产业外的组织（如大学）以及对新产业的发展（如生物技术）的作用。更有甚者，Cohen 和 Levinthal (1989)[3] 认为，在一些情形中，过分强的知识产权制度会限制创新进程，因为研究者会发现如果不对现有专利侵权就难以进行更进一步的技术发明。关于知识产权制度对发展中国家创新的重要性的研究很少。Primo Braga 等 (2000)[4] 指出，专利授权的新颖性标准不利于促进在发展中国家典型的、小型的、附加的和适应性的发明。

有少量的计量经济学研究使用国内专利申请量数据检验知识产权制度促进创新的作用。多数研究表明，至少当用专利申请量进行检验时，加强知识产权保护对国内创新的提高很少或没有影

[1] Scherer, F. M., S. E. Herzstein, A. W. Dreyfoos, W. G. Whitney, O. J. Bachman, C. P. Pesek, C. J. Scott, T. G. Kelly and J. J. Galvin, *Patents and the Corporation*: *A Report on Industrial Technology under Changing Public Policy*, Cambridge, MA: Harvard University, 1959.

[2] Mazzoleni, R. and R. R. Nelson, The Benefits and Costs of Strong Patent Protection: A Contribution to the Current Debate, *Research Policy*, 1998, (27): 273~284.

[3] Cohen, W. M. and D. A. Levinthal, Innovation and Learning: The Two Faces of R&D, *The Economic Journal*, 1989, (99): 569~596.

[4] Primo Braga, C. A., C. Fink and C. P. Sepulveda, Intellectual Property Rights and Economic Development, *World Bank Discussion Paper No.* 412, Washington, DC: The World Bank, 2000.

响（Lerner［2001❶，2002❷］；Branstetter 等［2004］❸）。Lerner
（2001，2002）和 Branstetter 等（2004）同时还发现国内创新对
知识产权制度没有明显的响应，而外国专利申请量却对知识产权
制度的改善有响应，这说明加强知识产权保护的收益是通过技术
转移实现的。

　　Schneider（2005）❹ 对知识产权保护、高科技进口以及 FDI
对创新和人均 GDP 增长率的重要性进行了检验。以有关国家居
民的美国专利申请量为创新的指标，对 47 个发达国家和发展中
国家1970~1990 年期间的面板数据进行估计，结果表明创新与
知识产权保护显著相关。将样本分为发达国家和发展中国家两
组，Schneider 发现，知识产权制度在发达国家对创新具有积极
影响，而在发展中国家影响却是消极的并且常常是显著的。

　　但是，本研究上一章的研究认为，加强知识产权保护对发展
中国家的创新具有积极影响。通过建立的一个包含内生创新的模
型，表明一个国家的国内创新的提高取决于该国的知识产权制度
和经济发展水平，一国的知识产权保护水平会随经济发展水平先
扬后抑。78 个国家的数据实证验证了知识产权制度对创新能力
的促进作用。

---

　　❶ Lerner, J., 150 Years of Patent Protection, *NBER Working Paper No.* 7478,
Cambridge, MA: National Bureau of Economic Research, 2001.

　　❷ Lerner, J., Patent Protection and Innovation over 150 Years, *NBER Working Paper No.* 8977, Cambridge, MA: National Bureau of Economic Research, 2002.

　　❸ Branstetter, L. G., R. Fisman and C. F. Foley, Do Stronger Intellectual Property
Rights Increase International Technology Transfer? Empirical Evidence from U. S. Firm – Level
Panel Data, *World Bank Policy Research Working Paper No.* 3305, Washington, DC: The
World Bank, 2004.

　　❹ Schneider, P., International Trade, Economic Growth and Intellectual Property
Rights: A Panel Data Study of Developed and Developing Countries, *Journal of Development
Economics*, 2005, (78): 529~547.

第二节　我国知识产权制度与技术
创新关系的实证分析

R&D 支出和专利申请量是创新活动的投入和产出测度指标，研究知识产权制度与技术创新的实证关系，可以分别检验知识产权保护强度与 R&D 支出和专利申请量的关系。以下分别就我国知识产权保护强度与 R&D 支出和专利申请量的关系进行简单的相关性分析。

一、我国知识产权保护强度与 R&D 支出关系的实证分析

根据本研究计算所得的我国时间序列知识产权保护强度以及统计年鉴公布的年度 R&D 支出数据，整理获得我国1987～2004年知识产权保护强度及 R&D 支出额，详见表5-1和图5-1。

表 5 -1　我国 1987～2004 年知识产权保护强度及 R&D 支出额一览表*

年份	R&D 支出（百亿元）	知识产权保护强度 I
1987	0.7403	0.456
1988	0.895	0.487
1989	1.1231	0.517
1990	1.2543	0.542
1991	1.5946	0.582
1992	1.9803	0.625
1993	2.4801	1.121
1994	3.0626	1.335
1995	3.4869	1.419
1996	4.0448	1.499

---

* 尽管笔者已获取至2007年的年度R&D支出数据，但由于本研究构建的知识产权保护强度指标只计算至2004年，故而在此只能验证至2004年。下文有关实证分析也同样验证至2004年。

续表

年份	R&D 支出（百亿元）	知识产权保护强度 I
1997	5.0916	1.559
1998	5.5112	1.602
1999	6.7891	1.850
2000	8.9566	1.927
2001	10.4249	2.209
2002	12.8764	2.311
2003	15.3963	2.412
2004	19.6633	2.536
相关系数		0.9127

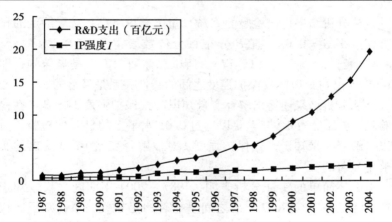

图 5－1　我国 1987～2004 年知识产权保护强度
与 R&D 支出额关系图

从图中可以直观地发现，随着我国知识产权保护强度的逐年提高，我国的 R&D 支出也逐年提高。经计算，两者的相关系数为 0.9127，呈高度正相关关系。

为进一步检验 R&D 支出与知识产权保护强度线性关系的显著性和解释变量的显著性，以 R&D 支出（R&D）为被解释变量，以知识产权保护强度（I）为解释变量进行一元线性回归，分析结果见表 5 - 2。

表 5 - 2　R&D 支出与知识产权保护强度一元回归分析结果

解释变量	回归系数	标准差	t 统计量
常数项	- 3. 7943	1. 211	- 3. 133
知识产权保护强度 I	6. 9490	0. 778	8. 935
R^2 值	0. 833	调整后的 R^2 值	0. 823
F 统计量	79. 832	样本数	18

从分析结果得出，调整后的 R^2 值达 0. 823，说明回归拟合度较好。

从分析结果得出检验的 F 统计量 $F = 79. 832$，对于给定的显著性水平 $\alpha = 0. 01$，查 F 分布百分位数表得 $F_{0.01}$（1，17）= 8. 40。因为 $F > F_{0.01}$（1，17），所以总体回归方程是显著的，即 R&D 支出与知识产权保护强度之间的线性关系是显著的。

从分析结果还得出解释变量知识产权保护强度 I 的显著性检验的 t 统计量为 8. 935，足以通过 0. 01 水平上的显著性检验，所以，解释变量知识产权保护强度 I 对被解释变量 R&D 支出的影响是显著的。

上述简单的实证分析表明，1987 ~ 2004 年期间，我国知识产权保护强度与 R&D 支出之间呈显著的正相关关系，知识产权保护强度的提高促进了 R&D 支出的增加。

二、我国知识产权保护强度与专利申请量关系的实证分析

根据本研究计算所得的我国时间序列知识产权保护强度以及统计年鉴公布的年度专利申请量数据，整理获得我国1985 ~ 2004年知识产权保护强度及专利申请量，详见表 5 - 3 和图 5 - 2。

表 5 – 3　我国 1985 ~ 2004 年知识产权保护强度及专利申请量一览表

年份	知识产权保护强度 I	专利申请量 P（十万件）
1985	0. 397	0. 14372
1986	0. 458	0. 18509
1987	0. 456	0. 26077
1988	0. 487	0. 34011
1989	0. 517	0. 32905
1990	0. 542	0. 41469
1991	0. 582	0. 50040
1992	0. 625	0. 67135
1993	1. 121	0. 77276
1994	1. 335	0. 77735
1995	1. 419	0. 83045
1996	1. 499	1. 02735
1997	1. 559	1. 14208
1998	1. 602	1. 21989
1999	1. 850	1. 34239
2000	1. 927	1. 70682
2001	2. 209	2. 03573
2002	2. 311	2. 52631
2003	2. 412	3. 08487
2004	2. 536	3. 53807
相关系数		0. 9290

　　从图 5 – 2 可以更为直观地发现，我国专利申请量与知识产权保护强度具有较强的相关性，专利申请量随着知识产权保护强度的逐年增强而增大。经计算，两者的相关系数为 0. 929，表明两者高度正相关。

　　同样，为进一步检验我国专利申请量与知识产权保护强度线性关系的显著性和解释变量的显著性，以专利申请量 P 为被解释变量，以知识产权保护强度（I）为解释变量进行一元线性回归，

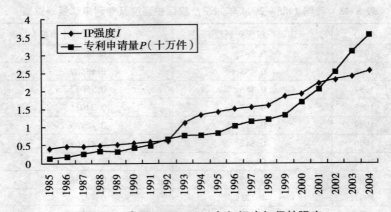

图 5 - 2　我国 1985~2004 年知识产权保护强度
与专利申请量关系图

分析结果见表 5 - 4。

表 5 - 4　专利申请量与知识产权保护强度一元回归分析结果

解释变量	回归系数	标准差	t 统计量
常数项	− 0.4269	0.1691	− 2.524
知识产权保护强度 I	1.2144	0.1140	10.651
R^2 值	0.8631	调整后的 R^2 值	0.8555
F 统计量	113.453	样本数	20

　　从分析结果得出，调整后的 R^2 值达 0.8555，说明回归拟合
度较好。

　　从分析结果得出检验的 F 统计量为 113.453，说明总体回归
方程是显著的，即专利申请量与知识产权保护强度之间的线性关
系是显著的。

　　从分析结果还得出解释变量知识产权保护强度 I 的显著性检
验的 t 统计量为 10.651，足以通过 0.01 水平上的显著性检验，
所以，解释变量知识产权保护强度 I 对被解释变量专利申请量 P

的影响是显著的。

上述简单的实证分析表明，1985～2004 年期间，我国知识产权保护强度与专利申请量之间呈显著的正相关关系，知识产权保护强度的提高促进了专利申请量的增加。

本章小结

技术创新是促进经济增长的主要动力之一，知识产权制度正是通过激励技术创新进而促进经济增长的。大多数国外相关跨国数据的实证研究验证了知识产权制度对国家创新能力的提升作用。对我国自建立知识产权制度以来的 R&D 支出及专利申请量与知识产权保护强度之间的相关性实证分析结果显示，我国的知识产权保护强度与 R&D 支出及专利申请量呈显著正相关关系，表明我国知识产权制度在一定程度上有效地促进了我国的技术创新。

第六章 知识产权制度与技术
扩散关系研究

第一节 知识产权制度与技术扩散关系概述

技术创新对提高生产和生活水平的重要性早为人熟知。通过新产品的产出、现有产品的改进以及生产成本的降低，技术创新得以提高生产力。广义上，技术创新还包括能提高生产力的生产方法、组织结构、管理方法等的改进。这些创新的资源往往高度集中于一小部分发达的 OECD 国家，❶ 它们拥有适于创新的必要技术和制度以及大量的 R&D 投入。因此，这些国家的企业拥有大部分的技术。对于不处于技术前沿的国家，从技术领先国的技术扩散，模仿、后续创新（follow-on innovation）和改进，可能是提高生产力的一个重要途径。❷

在理论上，加强知识产权保护对技术扩散的影响是不明确的，应该取决于一个国家的环境。一方面，加强知识产权保护会限制技术扩散，因为，知识产权禁止他人使用专有的知识，知识产权权利人因强化市场控制力而降低产量、提高价格，从而减弱了知识的传播。另一方面，知识产权保护又能对技术扩散产生积极作用。因为，加强知识产权保护能够通过增强贸易、FDI、技

---

❶ 发达国家企业的 R&D 投入比例在 1980 年代为 98%，在 1990 年代为 94%（UNIDO，2002）。

❷ Evenson，R. and L. Westphal，Technological Change and Technology Strategy，in J. Behrman and T. Srinivasan（eds.），*Handbook of Development Economics*，Vol. 3A，Amsterdam：North Holland Publishing Company，1995：2209～2229.

术许可和合资促进技术扩散。尽管在理论上存在模糊性，但对没有显著创新能力的发展中国家而言，从技术领先国的技术扩散还是被认为是 TRIPs 协议的重要的可能利益。

国际技术扩散是指一个国家的一个企业获得并使用在另一个国家开发的技术的过程。一些转移发生在自愿的交易中，但大量的转移是通过非市场交易或外溢而发生的。技术以许多正式和非正式途径跨境转移，很难度量。一个途径就是货物和服务贸易，对进口产品的反向工程就是潜在的知识转移。当然，还可以是跨境学习生产方法、产品设计、组织结构和市场环境。出口也是技术扩散的一个重要途径。例如，Grossman 和 Helpman（1991）[1]认为，销售者能从顾客反馈的知识中获益，特别是顾客建议的产品改进方法和制造工艺。Funk（2001）[2] 以及 Falvey 等（2004）[3] 在总体上证实了出口是技术溢出的一个途径。因此，货物和服务贸易是技术扩散的重要途径。第二个途径是 FDI，特别是向内的 FDI，跨国公司将先进技术应用于子公司，就可能将技术扩散至东道国企业。许可是一种更进一步的技术扩散途径。合资综合了 FDI 和许可的特性，因此也可包含在技术扩散中。技术工人的跨境流动也能作为国际技术扩散的途径。

技术扩散的非正式途径有模仿、携带原始企业技术的特定知识的人员从一个企业到另一企业的流动、专利申请中的数据以及人员的暂时移居，例如科学家和学生到发达国家大学和研究机构。非正式途径的特殊之处，也是其吸引人之处，就是其对技术扩散的原始所有者没有正式的补偿。当然，这是需要有成本的。

---

[1]　Grossman, G. M. and E. Helpman, *Innovation and Growth in the Global Economy*, Cambridge, MA: The MIT Press, 1991.

[2]　Funk, M., Trade and International R&D Spillovers Among OECD Countries, *Southern Economic Journal*, 2001, (67): 725～737.

[3]　Falvey, R. E., N. Foster and D. Greenaway, Imports, Exports, Knowledge Spillovers and Growth, *Economics Letters*, 2004, (85): 209～213.

模仿就需要从用于本国创新的资源中转移资源。Mansfield 等 (1981)❶ 指出，模仿的成本尽管低于创新的成本，但仍是相当高的，专利保护更是提高了模仿的成本。但是，即使是专利产品，60% 的产品在 4 年内被模仿。

正式与非正式途径还是相关的。例如，为了能够对先进技术进行反向工程和模仿，一定程度的贸易和暂时移居是必要的。正式途径中的独立性以及正式途径与非正式途径间的相互独立性，导致实证研究的困难。

大部分关于知识产权制度对技术扩散影响的研究都是针对一个技术扩散的途径，检验在该途径中知识产权制度是否影响了活动量，如果是，则可以推断知识产权制度影响了技术扩散。表 6 - 1 总结了有关知识产权制度与不同技术扩散途径关系的一些研究的结论。

本研究将在下一章专门对知识产权制度与 FDI 的关系作深入详细的分析，在此，先就知识产权制度与国际贸易和技术许可的关系进行一定的分析。

表 6 - 1   知识产权制度与技术扩散途径关系研究一览表 *

研究文献	样本和方法	扩散途径	IP 指数	结论
Maskus and Penubarti (1995)	Helpman-Krugman 模型，采用 1984 年 22 个 OECD 国家的 28 个制造业部门向 71 个发达和发展中国家的出口数据	国际贸易	Rapp-Rozek 指数	加强 IP 保护促进来自 OECD 国家的进口，在具有较大市场的国家影响更大

❶ Mansfield, E., M. Schwartz and S. Wagner, Imitation Costs and Patenting: An Empirical Study, *The Economic Journal*, 1981, (91): 907 ~ 918.

* Rod Falvey and Neil Foster, The Role of Intellectual Property Rights in Technology Transfer and Economic Growth: Theory and Evidence, United Nations Industrial Development Organization, Vienna, 2006.

续表

研究文献	样本和方法	扩散途径	IP 指数	结论
Fink and Primo-Braga (2005)	引力模型，88 个国家 1989 年非能源和高技术贸易的 89 个横截面数据	国际贸易	GP 指数	加强 IP 保护促进非能源贸易，但对高技术贸易没有显著影响
Smith (1999)	引力模型，采用 1992 年美国 50 个州及哥伦比亚特区向 96 个国家的出口	国际贸易	Rapp-Rozek 指数和 GP 指数	在具有较强模仿威胁的国家，加强 IP 保护能促进来自美国的进口；在模仿能力不强的国家，贸易与 IP 保护之间具有一定的负向关系
Maskus and Eby-Konan (1994)	将 1982 年美国在 44 个国家的 7 个制造行业的海外经营的几种方式与包括 IP 强度在内的各国特征相联系	FDI	Rapp-Rozek 指数	在大多数情形中，发现 IP 保护与美国 FDI 呈负向关系，但是相关系数很少是显著的
Mansfield (1994)	1991 年对 100 家美国企业的 6 个制造业的调查结果	FDI	被调查者对 IP 保护的感觉强度	发现加强 IP 保护只对 R&D 等特定投资的 FDI 决策有影响；除少数产业外，特别是化学和制药行业，IP 保护对 FDI 决策并不重要
Mansfield (1995)	对美国、德国和日本主要企业的调查结果	FDI	被调查者对 IP 保护的感觉强度	发现加强 IP 保护对 R&D 等某些特定投资的 FDI 更为重要；在某些产业，例如化学、机械和电子设备产业，IP 保护在促进 FDI 上更为重要
Lee and Mansfield (1996)	将美国在 14 个国家的 FDI 量与 IP 强度相联系；数据为 1991 年 100 家在 6 个制造行业的美国企业的 IP 保护对 14 个国家的投资的重要性的评价调查	FDI 及其构成	基于美国企业的调查反馈产生的 IP 保护感觉测度	IP 保护越弱，FDI 越低；在 IP 保护弱的国家，最终产品和 R&D 投资占 FDI 的比例更低

研究文献	样本和方法	扩散途径	IP 指数	结论
Kumar (2001)	检验了美国和日本跨国公司在 R&D 活动上的 FDI 与 IP 保护之间的关系;对 77 个国家 1982 年、1989 年和 1994 年的数据进行了模型估计	在 R&D 上的 FDI	GP 指数	IP 强度对日本和美国跨国公司的海外 R&D 费用投入程度没有显著影响
Smarzynska (2004)	Probit 模型,检验企业在一个国家的投资以及在一个国家投资于生产设施的决策;对 1995 年在 24 个东欧和 FSU 国家 FDI 的企业层面的调研数据	FDI 及其构成	GP 指数以及一个也能反映 IP 制度执法方面的指数	弱 IP 保护阻碍 FDI,特别在 IP 敏感行业;弱 IP 保护阻碍本地生产而鼓励致力于销售
Branstetter 等 (2004)	检验美国跨国公司企业内部的许可使用费支付(衡量通过 FDI 的技术扩散)与 12 个国家的专利法完善之间的关系	FDI	代表强化 IP 保护的法律完善的虚拟量	美国跨国公司对外国的 IP 制度改善作出积极反应,增加对这些改善国家的技术转移,技术转移的增加主要集中在专利大户的跨国公司
Yang and Maskus (2001b)	检验 IP 对 1985 年、1990 年和 1995 年 23 个国家支付给美国企业的非从属特许费和许可费的影响	技术许可	GP 指数	加强 IP 保护对许可具有正向影响
Ferrantino (1993)	引力模型,验证 77 个国家在 1982 年 IP 保护对美国出口、美国企业的从属性销售和美国机构收取的特许许可费的影响	国家贸易、FDI 以及许可	表示国际专利条约成员资格以及专利长度年数的虚拟量	IP 条约成员资格对美国出口和海外从属性销售没有显著影响;在是 IP 条约成员的国家,如果专利长度足够长,特许许可费就更高

续表

研究文献	样本和方法	扩散途径	IP 指数	结论
Maskus (1998b)	使用 1989～1992 年期间美国在 46 个国家的控股制造业分支机构的数据，检验 IP 保护强度与专利申请、从属性销售、出口以及从属性资产之间的关系	技术扩散的多重途径（专利数、出口、FDI 和许可）	Rapp-Rozek 指数	加强 IP 保护对所有 4 个技术扩散途径都有正向影响；在发展中国家，加强 IP 保护对专利申请的影响较弱，但对其他 3 个途径的影响是积极的
Smith (2001)	引力模型，采用 1989 年美国向 50 个发达国家和发展中国家的制造业出口、从属性销售和许可数据	国际贸易、FDI 以及许可	Rapp-Rozek 指数、GP 指数和一个国家的专利律师数量	双边贸易对加强 IP 保护具有正向响应，特别在模仿能力较强的国家；加强 IP 保护在削弱出口的情况下促进许可和 FDI，在减少 FDI 的情况下促进许可，但未发现 IP 与出口之间存在关系

第二节　知识产权制度与国际贸易关系的实证分析

一、相关文献综述 *

Coe、Helpman 和 Hoffmaister（1997）❶ 确定了知识产生于一个国家并通过进口转移能够影响其他国家生产率和增长率的 4 条途径。第一个是中间产品和实物产品的进口，这能提高国内资源的生产率；第二个是对生产方法、产品设计、组织结构

　＊　Rod Falvey and Neil Foster, The Role of Intellectual Property Rights in Technology Transfer and Economic Growth: Theory and Evidence, United Nations Industrial Development Organization, Vienna, 2006.

　❶　Coe, D. T., E. Helpman and A. W. Hoffmaister, North–South R&D Spillovers, *The Economic Journal*, 1997, (107): 134～149.

和市场环境的跨国学习，这能使国内资源更有效地配置；第三个是对新产品的模仿；最后一个就是对新技术的改进或对外国技术的模仿。

Coe 和 Helpman（1995）[1] 验证了在 22 个 OECD 国家国际 R&D 溢出的影响以及进口推动这些溢出的重要性。他们确定每个国家的 R&D 存量，通过用双边进口比例对来源（出口）贸易国的 R&D 存量加权就能确定每个东道国的外国知识存量指标。结果表明国内和国外知识存量都是生产率提高的重要因素，在多数国家前者的影响更大。少数国家能在更大程度上受益于外国知识的溢出。这种分析已经被 Coe、Helpman 和 Hoffmaister（1997）扩展到考察南北国外知识溢出问题，证据表明，从发达的北方到发展中的南方的溢出是生产率增长的重要源泉，再次证实了进口是技术扩散的重要途径。

贸易是技术扩散的重要途径，但依然存在的问题是，贸易在什么程度上受知识产权的影响。Maskus（2000a）[2] 讨论了该问题并设法确定知识产权制度对国际贸易的影响。第一，专利保护强度的影响已部分内含在贸易商品的价格中，这种影响无法从其他定价因素中分离出来。第二，出口是可供的选择之一，加强知识产权保护对出口的影响也取决于 FDI 和许可是否是可行的选择以及加强知识产权保护如何影响对他们的选择。[3] 第三，知识产权保护为新产品和新技术的销售创造了市场控制力。

知识产权制度对国际贸易的以下两个直接影响特别重要。一方面，企业被鼓励将其专利产品出口到知识产权保护更强的

---

[1] Coe, D. T. and E. Helpman, International R&D Spillovers, *European Economic Review*, 1995, (39)：859~887.

[2] Maskus, K. E., Intellectual Property Rights in the Global Economy, Washington, DC：*Institute for International Economics*, 2000.

[3] Ferrantino, M. J., The Effect of Intellectual Property Rights on International Trade and Investment, *Weltwirtschaftliches Archiv*, 1993, (129)：300~331.

外国市场，因为加强知识产权保护降低了盗版的风险，也即保证了企业在该国家经营的利润不受损失。在这个角度上，加强知识产权保护能增加一个国家的进口。另一方面，知识产权保护降低了国内企业模仿的可能，提高了进口企业的市场控制力，这促使企业居于垄断地位而降低销量。因此，Maskus 和 Penubarti（1995）❶ 认为，需要"在强专利权创设给企业的市场控制力的增强与因降低本地企业对产品的模仿可能而导致的有效市场规模的扩大之间进行平衡"。他们认为，两个相互抵消的效应，在多数具有强模仿能力的国家中"市场扩张"效应占主导，而"市场力量"效应在少数弱模仿能力国家占主导。然而，Maskus（2000a）❷ 指出，"市场力量"效应和"市场规模"效应可能因其他环境条件而缓和。由于本地市场的模仿需要成本和时间，弱知识产权保护可能不会改变创新企业的市场控制力；同样，由于本地市场合法替代产品的存在，强知识产权保护也不一定会造成垄断。Taylor（1993）❸ 认为，至少在具有较强模仿能力的多数市场，一个第三因素可能是重要的，即加强知识产权保护减少了出口企业试图阻止模仿的努力，即降低了出口企业的成本，进而促进出口。

从上面的讨论可知，知识产权制度对贸易的影响主要取决于进口国家的发展水平和模仿能力。在没有对先进产品模仿能力的国家，加强知识产权保护导致市场力量效应。但是，在具有模仿能力的国家，加强知识产权保护对发达国家的出口者就很重要，因为这种保护降低了模仿的风险并促进贸易。

---

❶　Maskus, K. E. and M. Penubarti, How Trade – Related are Intellectual Property Rights?, *Journal of International Economics*, 1995, (39): 227～248.

❷　Maskus, K. E., Intellectual Property Rights in the Global Economy, Washington, DC: *Institute for International Economics*, 2000.

❸　Taylor, M. S., TRIPs, Trade, and Technology Transfer, *Canadian Journal of Economics*, 1993, (26): 625～638.

对于知识产权与贸易关系在理论上的不确定性，许多研究进行了实证检验。Maskus 和 Penubarti（1995）[1] 采用 Helpman-Krugman 垄断竞争模型的扩张形式，估计了专利保护对 1984 年 28 个制造业双边贸易的影响。他们验证了从 22 个 OECD 国家向 71 个不同发展水平的样本国家的贸易，解释变量包括进口国的人均 GNP 和贸易限制（BMP 以及关税收入占应纳税进口额的百分比）以及知识产权保护的 Rapp-Rozek 指数（R-R 指数）。还包括知识产权指数与虚拟变量的相互作用，虚拟变量表示进口发展中国家是否具有小的或大的市场以确定其市场规模效应和技术能力。结果表明，加强知识产权保护强度，对发展中小国和大国的双边制造业进口都有积极影响，但在较小的经济体，这种影响相对弱些。同时，关于技术能力或模仿能力对知识产权与贸易之间关系的影响，他们的结果并未支持知识产权制度在专利最敏感行业具有积极效应。

为了确定贸易是否为技术扩散的重要途径，在说明贸易的标准方程中加入知识产权制度参数显然是第一步。Fink 和 Primo Braga（2005）[2] 将知识产权指标 Ginarte-Park 指数（G-P 指数）加入一个标准引力方程，包括贸易双方的 GDP、人口、距离以及共同边境、共同语言和特惠安排虚拟变量等标准解释变量，解释了许多 1989 年横截面国家的非能源或高科技贸易总额。使用非能源贸易总额和高科技贸易额的理由是认为知识产权制度对知识密集型贸易的影响更大。研究发现，加强知识产权保护，对国家相互贸易的可能性的影响是微小但显著正向的，对非能源进口和

---

[1] Maskus, K. E. and M. Penubarti, How Trade – Related are Intellectual Property Rights?, *Journal of International Economics*, 1995, (39): 227～248.

[2] Fink, C. and C. A. Primo Braga, How Stronger Protection of Intellectual Property Rights Affects International Trade Flows, in C. Fink and K. E. Maskus (eds.), *Intellectual Property and Development: Lessons from Recent Economic Research*, Washington, DC: The World Bank / Oxford University Press, 2005.

出口的双边贸易的影响是显著正向的。但是，对于高科技贸易，加强知识产权保护对两国互相贸易的可能性具有显著的负向影响，对双边贸易具有负向的不显著的影响。后者的结论与人们的预想相反，Fink 和 Primo Braga 就此给出一些可能的解释。第一，对高科技产品，强大的市场力量效应可能抵消了由强化知识产权制度引发的正向的市场扩张效应。第二，强化知识产权制度可能会促使高科技企业通过 FDI 进入外国市场，而部分地代替了贸易。第三，高科技范畴可能包括许多对东道国专利制度并不敏感的产品，其他的保护 R&D 投入利益的方法可能更为重要。第四，他们并没有包括关税和非关税壁垒，而这对一些产业的贸易可能是重要的决定因素。

　　在一个类似的引力方程检验中，Smith（1999）[1] 验证了知识产权制度对美国 50 个州和哥伦比亚特区向 96 个国家的出口的影响。根据不同的模仿能力（以专利权的强度和 R&D 支出占 GNP 的百分比衡量），Smith 将样本进口国分成 4 组。这 4 组是（按模仿能力递增顺序排列）：弱模仿能力、强知识产权保护的国家；低技术能力、低模仿威胁且低知识产权保护的贫穷国家；强技术能力、强模仿威胁但强知识产权保护的工业国家；严重的模仿威胁但低水平的知识产权保护的工业化国家。然后，将这 4 组的虚拟变量与知识产权保护指标相结合。研究发现，知识产权制度与美国向模仿威胁最小的国家的出口之间具有负向关系。而对于那些模仿威胁最大的国家，知识产权制度与贸易之间存在正向关系。总之，其结论是，美国的出口取决于进口国的知识产权制度，但是两者关系的方向取决于模仿威胁。弱知识产权保护是美国出口的障碍，但只是对于那些具有强模仿威胁的国家。

---

[1]　Smith，P. J.，Are Weak Patent Rights a Barrier to U. S. Exports?，*Journal of International Economics*，1999，（48）：151～177.

这些研究的结果表明，加强知识产权保护能显著扩大贸易，而不局限于高科技或专利敏感产品和产业。Fink 和 Maskus（2005）❶ 总结这些实证研究得出结论：第一，跨国贸易企业对最贫穷国家的出口决策不会考虑知识产权保护，因为那里的本地模仿和反向工程威胁是最小的。第二，专利权对中等收入的发展中大国至关重要，因为模仿最有可能发生。在这些国家加强知识产权保护就降低模仿威胁从而鼓励外国企业扩大贸易量。第三，许多高科技产品很难模仿，因此事实上在这些行业的贸易对知识产权制度的敏感度比其他中等科技行业更小。Cohen（1995）❷ 就认为，在许多高科技产业中，例如航空业和机器人技术业，技术的复杂性使得模仿和反向工程极其困难，这就意味着知识产权·保护没有必要。第四，高科技企业可能决定通过 FDI 和许可的方式进入外国市场，因此，在这些产业的出口可能很少受知识产权保护程度变量的影响。另外，加强知识产权保护可能扩大高科技产品的进口，但也扩大低科技消费品的进口，并导致本地模仿依赖行业的衰弱。

二、我国知识产权制度与国际贸易关系的实证分析

根据本研究计算所得的我国时间序列知识产权保护强度以及统计年鉴公布的年度进口额数据，整理获得我国1985～2004年知识产权保护强度及进口额，详见表6-2和图6-1。

❶ Fink, C. and K. E. Maskus, *Intellectual Property and Development: Lessons from Economic Research*, Washington, DC: The World Bank / Oxford University Press, 2005.

❷ Cohen, W. M., Empirical Studies of Innovative Activity, in P. Stoneman (ed.), *Handbook of the Economics of Innovation and Technical Change*, Oxford: Basil Blackwell, 1995.

表 6 – 2　我国 1985～2004 年知识产权保护强度及进口额一览表

年度	知识产权保护强度 I	进口额（万亿元）	年度	知识产权保护强度 I	进口额（万亿元）
1985	0.397	0.12578	1995	1.419	1.10481
1986	0.458	0.14983	1996	1.499	1.15574
1987	0.456	0.16142	1997	1.559	1.18065
1988	0.487	0.20551	1998	1.602	1.16261
1989	0.517	0.21999	1999	1.850	1.37364
1990	0.542	0.25743	2000	1.927	1.86388
1991	0.582	0.33987	2001	2.209	2.01592
1992	0.625	0.44433	2002	2.311	2.44303
1993	1.121	0.59862	2003	2.412	3.41956
1994	1.335	0.99601	2004	2.536	4.64358
相关系数			0.9065		

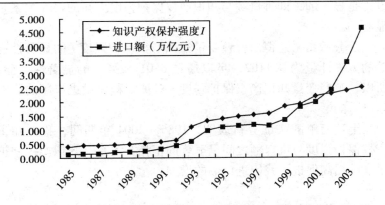

图 6 – 1　我国 1985～2004 年知识产权保护强度与进口额关系图

　　从图 6 – 1 可以直观地发现，我国进口额与知识产权保护强度具有较强的相关性，进口额随着知识产权保护强度的逐年增强而增大。经计算，两者的相关系数为 0.9065，表明两者高度正相关。

　　同样，为进一步检验我国进口额与知识产权保护强度线性关系的显著性和解释变量的显著性，以进口额为被解释变量，以知识产权保护强度（I）为解释变量进行一元线性回归，分析结果见表 6 – 3。

表 6 – 3　进口额与知识产权保护强度一元回归分析结果

解释变量	回归系数	标准差	t 统计量
常数项	− 0.6883	0.2371	− 2.9034
知识产权保护强度 I	1.4558	0.1598	9.1102
R^2 值	0.8218	调整后的 R^2 值	0.8119
F 统计量	82.995	样本数	20

从分析结果得出，调整后的 R^2 值达 0.8119，说明回归拟合度较好。

从分析结果得出检验的 F 统计量为 82.995，说明总体回归方程是显著的，即进口额与知识产权保护强度之间的线性关系是显著的。

从分析结果还得出解释变量知识产权保护强度 I 的显著性检验的 t 统计量为 9.1102，足以通过 0.01 水平上的显著性检验，所以，解释变量知识产权保护强度 I 对被解释变量进口额的影响是显著的。

上述简单的实证分析表明，1985 ~ 2004 年期间，我国知识产权保护强度与进口额之间呈显著的正相关关系，知识产权保护强度的提高促进了我国进口额的增加。

第三节　知识产权制度与技术许可关系的实证分析

由于暂时没有获得我国有关国际技术许可的统计数据，因此，本研究无法就我国知识产权制度与技术许可的关系进行实证分析。但国外已就此进行一定的研究，在此，仅作相关研究的文献综述。[1]

---

[1]　Rod Falvey and Neil Foster, The Role of Intellectual Property Rights in Technology Transfer and Economic Growth: Theory and Evidence, United Nations Industrial Development Organization, Vienna, 2006.

　　Maskus（2004）❶ 认为，技术许可和知识产权保护强度之间的关系比其他途径更为复杂。其原因与存在的大量各种各样的许可协议有关。许可可以发生在企业内、合资方之间或者没有从属关系的企业之间。许可可以包括技术协助、系统化的知识、know-how 和知识产权。许可可以以固定费用、特许费用、分期付费或利润分成方式付费，并且可以许可给被许可人在一定地理范围内、给定时间内的生产或者销售产品的权利。

　　经济学理论表明，拥有复杂技术、生产具有高度特色产品以及面临高许可成本的企业更倾向于 FDI 而不是许可。❷ 在这些情形下，FDI 能够使技术转移成本内部化，因而更有效率。然而，技术许可应该对知识产权保护显著敏感的理由是明显的。加强知识产权保护可以通过降低许可人防止违约的费用来降低许可成本，对许可中专有信息保护的安全性得到增强。加强知识产权保护赋予许可人确定和控制被许可人执行条款的更强能力。一个强化的知识产权制度也会提高许可人可获得的租金，因为没有必要给予被许可人更多份额租金以阻止模仿。同时，加强知识产权保护会赋予许可人更强的垄断力，这会减少其创新动力，因此，就会导致减少许可。

　　关于许可和知识产权制度重要性的实证文献很少。Mansfield（1994）❸ 在其知识产权制度与 FDI 关系的研究中发现，美国跨国公司很少将先进技术转移给在弱专利保护国家的非从

---

　　❶ Maskus, K. E., Encouraging International Technology Transfer, UNCTAD/ICTSD Issue Paper No. 7, Geneva: UNCTAD ／ ICTSD, 2004.

　　❷ Horstmann, I. and J. R. Markusen, Licensing versus Direct Investment: A Model of Internalization by the Multinational Enterprise, *Canadian Journal of Economics*, 1987, (20): 464~481.

　　❸ Mansfield, E., Intellectual Property Protection, Foreign Direct Investment, and Technology Transfer, Discussion Paper No. 19, Washington, DC: International Finance Corporation, 1994.

属性企业。Yang 和 Maskus（2001）❶ 利用 23 个主要发达国家在 1985 年、1990 年和 1995 年的面板数据，估计了知识产权制度的国际变化对支付给美国企业的非从属性版税和许可费（臂长技术转移的一个指标）总额的影响。与 G-P 指数（及其平方）一起包括的参数还有人力资本（代表模仿能力）、实际GDP、劳动力以及开放度指标。结果表明，许可与知识产权保护之间具有非线性关系，在低水平处，加强知识产权保护会减少许可，而在高水平处则促进许可。这是因为具有最低水平知识产权保护的国家的模仿能力也最低，因此，这些国家提高知识产权保护强度只能轻微降低模仿风险，但能增强许可人的垄断力，后者的效应占主导并导致减少许可。样本中的大多数观察数据都在转折点以上，这意味着知识产权制度对许可具有正向的影响。

本章小结

技术扩散是经济增长的又一重要驱动力。技术扩散的途径主要包括国际贸易、FDI 和技术许可。在理论上，加强知识产权保护对技术扩散的影响是不明确的，应该取决于一个国家的环境。但是，大多数的国外实证研究表明：尽管存在 3 个技术扩散途径相互替代转化的情况，但加强知识产权保护能显著促进技术扩散。对我国 20 年来进口额与知识产权保护强度之间的相关性分析显示，两者呈显著正相关关系，这表明我国知识产权制度有效促进了进口额的增长。关于知识产权制度对 FDI 的影响将在下一章进行更深入详细的专题分析。

---

❶ Yang, G. and K. E. Maskus, Intellectual Property Rights and Licensing: An Econometric Investigation, *Weltwirtschaftliches Archiv*, 2001, (137): 58~79.

第七章　知识产权制度与外国
直接投资关系研究

第一节　外国直接投资与经济增长的关系

一、外国直接投资与经济增长关系研究综述

在近代社会的经济增长过程中，引进外部投资的重要性很早就引起了经济学界的兴趣。在现代发展经济学理论中，资本形成一直被视为促进经济增长的一个最重要的构成要素。无论是以亚当·斯密、李嘉图为代表的古典经济学，还是现代的凯恩斯经济学，都曾对这一问题进行了大量的研究。20世纪40年代末，哈罗德在其提出的动态经济增长模型的基础上指出，当一国内部的储蓄不足以支持理想的经济增长率时，可以通过引进外部的资本来提高本国的经济增长率。1960年，罗斯托（W. W. Rostow，1960）在阐述其"经济起飞理论"时指出，一个国家需要有足够的投资（国内净投资占国民收入中的比例超过10%）才能有效地启动现代的经济增长，[1] 而发展中国家由于自身的人均国民收入偏低，往往不能满足这一条件，引进外资则能为实现经济起飞创造必要的条件[2]。

关于发展中国家引进外资的必要性与理论动因，一些发展经

---

[1]　W. W. 罗斯托："经济成长的阶段"，载郭熙保主编：《发展经济学经典论著选》，中国经济出版社1998年版，第315~316页。

[2]　陈飞翔、胡靖：《利用外资与技术转移》，经济科学出版社2006年版，第38页。

济学家曾提出过许多很有见地的观点，其中影响最大的当属美国学者钱纳里和斯特劳特（H. B. Chenery&A. M. Strout，1966）提出的"两缺口"理论❶。其基本的内容是，后进国家在启动现代经济增长的时候，既面临着内部储蓄不足带来的投资缺口的制约，也面临着外汇供给不足的缺口，后者制约其从国外输入投资物品的能力，从而影响到资本的形成。引进外资是填补这两大缺口的有效手段。"两缺口"理论对于解释发展中国家引进外资的现实必要性和理论动因是非常有说服力的，至今仍对许多发展中国家引进外资的实践发挥着重要的理论指导作用。❷ FDI 影响东道国资本形成的途径有二：一是通过资本流动所带来的直接资本流入效应；二是通过带动东道国产业前后向辅助性投资而产生的间接性示范效应。❸

关于 FDI 在推动经济增长方面的重要作用，联合国贸易与发展会议（UNCTAD）在 1999 年发表的《世界投资报告》中有一个较为系统的概括。该报告认为，FDI 的输入对东道国的经济增长所产生的影响往往是相当广泛的，集中起来主要有五个方面：一是扩大投资的来源，加快资本形成的速度；二是带来技术转移效应，提高东道国的技术水平；三是拉动出口贸易的增长，增强出口竞争能力；四是增加就业机会，并改变就业的结构；五是对生态环境保护起到一定的示范和促进作用。❹

关于 FDI 与经济增长的关系的研究，几十年来一直未曾中断。近年来，这一问题又成为学者们研究的热点，主要原因有 3 个：

---

❶ H. B. 钱纳里、A. M. 斯特劳特："外援与经济发展"，载郭熙保主编：《发展经济学经典论著选》，中国经济出版社 1998 年版，第263～289 页。

❷ 李东阳：《国际直接投资与经济发展》，经济科学出版社 2002 年版，第 154 页。

❸ 同上书，第 150 页。

❹ UNCTAD："World Investment Report 1999：FDI and the Challenge of Development".

第一，经济全球化和跨国公司在发展中国家经济增长中的作用越来越大，大多数国家都把 FDI 作为促进本国经济增长的重要措施，❶❷ 使 FDI 在世界经济中作用日显突出。

第二，以内生化技术为特征的新经济增长理论的发展。❸❹

第三，计量经济学的新发展，如时间序列协整（Co-integration）概念和因果关系检验（Causalitytesting）。❺❻

由于以上三方面的发展，经济学家们近年来对 FDI 与经济增长的关系做了大量研究，取得了丰硕成果。❼

这些研究大体上可以分为两大类：一类主要研究跨国公司的作用和 FDI 的决定因素，如 Dunning（1978）❽、Grahman 和 Krugman（1991）等❾❿；另一类主要用实证方法研究 FDI 与经济增长

---

❶ 金芳：《外国直接投资激励政策》，高等教育出版社 1999 年版。

❷ 杨建龙：《关于外商投资与外资政策的博弈分析》，经济科学出版社 2000 年版。

❸ 孟夏："内生技术经济增长的一个理论体系"，载《南开经济研究》2000 年第 3 期。

❹ 孟夏：《经济增长的内生技术分析》，天津人民出版社 2001 年版。

❺ 刘晓鹏："协整分析与误差修正模型"，载《南开经济研究》2001 年第 5 期。

❻ 徐龙炳："宏观经济计量模型的最新发展"，载《经济学动态》2000 年第 8 期。

❼ 桑秀国："外商直接投资与中国经济增长"，天津大学博士论文，2002 年 10 月。

❽ Dunning, H., Explaining Changing Patterns of International Production: in Defense of Eclectic Theory, *Oxford Bulletin of Economics and Statistics*, 1978, (41): 289 ~ 296.

❾ Graham, E. and Krugman, P., Foreign Direct Investment in the United States, *Institute for International Economics*, Washington DC, 1991.

❿ Lucas, R., Why Doesn't Capital Flow from Rich to Poor Countries?, *American Economic Review*, 1990, (88).

的关系。如 Karikari （1992）❶、Saltz（1992）❷、De Mello （1997）❸、Kasibhatla 和 Sawhnty （1996 ）❹、Kholdy （1995 ）❺、Pfaffermayr（1994）❻ 等。

　　De Mello （1997） 以新经济增长理论为基础，认为 FDI 可以通过增加东道国的资本品新品种促进经济增长。一方面，通过 FDI 可以引进先进技术和设备以及管理方法和营销手段；另一方面也可以通过培训员工等增加东道国的资本存量。❼

　　Chen （1995） 认为，外资企业的出现使国内企业面临巨大的竞争压力，外资企业雄厚的技术和管理实力迫使国内企业增加 R&D 投入，从而提高其资本存量的边际生产力。另外，外资企业的技术、管理和营销等方面的知识将会产生外溢，使东道国受益，促进经济增长。❽

　　U. Walz （1997） 把 FDI 纳入包含内生技术进步的动态一般

　　❶ Karikari, J., Causality Between Direct Foreign Investment and Economic Output in Ghana, *Journal of Economic Development*, 1992, （17）: 7～17.

　　❷ Saltz, I., The Negative Correlation between Foreign Direct Investment and Economic Growth in the Third World: Theory and Evidence, Rivista Internationale di scienze Economich commerciali, 1992, （39）: 617～633.

　　❸ De Mello, Foreign Direct Investment in Developing Countries and Growth: A Selective Survey, *The Journal of Development Studies*, 1997, （34）: 1～34.

　　❹ Kasihatla, K. and Sawhney, B., Foreign Direct Investment and Economic Growth in the U. S.: Evidence from Co－integration and Granger Causality Tests, *Rivista Internationale di Scienze Economiche Commerciali*, 1996, （43）: 411～420.

　　❺ Kholdy, S., Causality Between Foreign Investment and Spillover Efficiency, *Applied Economics*, 1995, （27）: 74～749.

　　❻ Pfaffermayr, M., Foreign Direct Investment and Exports: a Time Series Approach, *Applied Economics*, 1994, （26）: 337～351.

　　❼ De Mello, Foreign Direct Investment in Developing Countries and Growth: A Selective Survey, *The Journal of Development Studies*, 1997, （34）: 1～34.

　　❽ Chen, C., Chang, L., and Zhang, Y., The Role of Foreign Direct Investment in China's Post－1978 Economic Development, *World Developments*, 1995, （23）: 699～703.

均衡模型中，并把新产品的研制地与生产地分开，即跨国公司在R&D 基础设施完备的发达国家研究设计新产品后，再通过 FDI 在低成本的发展中国家进行生产，从而产生跨国间的技术外溢。从该模型中推导出投资国与东道国高新技术产业创新和生产的均衡状态及产业政策含义。❶

R. Barro（1995，1997）作为新经济增长理论实证分析的先驱之一，对技术进步、技术差距、技术外溢、人力资本及影响经济增长诸要素进行分析，提出了确定各因素之间关系的模型，并对经济增长与技术进步、人力资本及趋同性关系进行了开拓性研究，为研究国际投资与经济增长的关系提供了基础。❷❸❹

V. N. Balsubramanyam、M. Salisu 和 D. Sapsford（1996）以新经济增长理论为基础，提出了关于 FDI 在实行不同对外贸易政策（出口导向或进口替代）的国家对经济增长作用的模型，并对 46 个国家的截面数据进行了分析，验证了 FDI 在实行外向型政策的国家比在实行内向型政策的国家对经济增长的促进作用更大。❺

R. Barrell 和 N. Pain（1997）通过模型分析了欧洲不断增长的跨国投资对投资国和东道国产生的广泛影响，尤其是对 OECD 几个成员国出口绩效的影响，计量了外资企业的技术转移在多大程度上促进德国和英国的技术进步，提出 FDI 迅速增长的主要原因之一是为了使企业特有的知识资产得到充分利用，这意味着国

❶ Walz, Uwe, Innovation, Foreign Direct Investment and Growth, *Economica*, 1997，(64)：63 ~ 79.

❷ Barro, R. and Sala – i – Martin, X. , *Economic Growth*, McGraw – Hill, Cambridge, MA. U. S. A. , 1995.

❸ Barro, R. , Sala – I – Martin, and Xavier, Technological Diffusion, Convergence and Growth, *Journal of Economic Growth*, ·1997, (2)：1 ~ 26.

❹ Barro, R. , *Determinants of Economic Growth*, The MIT Press, Cambridge, MA. U. S. A. 1997.

❺ Balasubramanyan, V, Salisu, M. and Sapsford, D. , Foreign Direct Investment and Growth in EP and IS Countries, *Economic Journal*, 1996, (106)：92 ~ 105.

际投资是技术扩散的主要渠道。❶

E. Borensztein、J. Gregorio 和 J-W. Lee（1998）在 R. Barro 和 Sala-I-Martin 理论模型基础上，用 20 年间 69 个发展中国家吸收发达国家投资的数据进行回归分析，提出 FDI 是技术转移的重要渠道，FDI 对经济增长的作用比内资大，但前提条件是东道国有吸收先进技术的能力。❷❸

但也有学者持相反的观点。

Easterly（1993）认为利用优惠政策吸引外资会阻碍国内投资。当外资企业与国内企业收益差距很大时，引进外资反而会阻碍经济增长。❹

J. Cornwall 和 W. Cornwall（1994）提出了一个包含需求与结构变化的模型，用于估算欧洲统一大市场的效果。其结论是，贸易和生产要素自由移动（包括 FDI）对经济增长的作用被新经济增长模型夸大了。降低失业率促进经济增长比生产要素自由移动更可靠，而扩大需求是生产要素自由移动的前提条件。❺

Saltz（1992）从理论与实证两方面论证发展中国家 FDI 与经济增长存在着负相关关系。❻

Kokko（1994）认为，当跨国公司在东道国所占市场份额比

❶ Barrell R. & Pain N. , Foreign Direct Investment, Technological Change, and Economic Growth in Europe, *The Economic Journal*, 1997, (107): 1770~1786.

❷ Borensztein, E. , Gregorio, J. and Lee, J. , How Does Foreign Direct Investment Affect Growth, *NBER Working Paper*, 1998, No. 5057.

❸ Borensztein, E. , J. , De Gregorio and J–W. Lee, How Does Foreign Direct Investment Affect Economic Growth? *Journal of International Economics*, 1998, (45) .

❹ Easterly, W. , How Much Do Distortions Affect Growth, *Journal of Monetary Economics*, 1993, (32): 187~212.

❺ Cornwall, J & W, Growth Theory and Economic Structure, *Economica*, 1994, (61): 237~251.

❻ Saltz, I. , The Negative Correlation between Foreign Direct Investment and Economic Growth in the Third World: Theory and Evidence, Rivista Internationale di scienze Economich commerciali, 1992, (39): 617~650.

较大，并且与本国技术水平差距太大时，没有证据表明 FDI 对东道国企业劳动生产率的提高有任何作用。[1]

Haddad&Harrison（1993）分析了摩洛哥公司的横截面数据，证明更高水平的 FDI 并不一定会带来国内企业生产率的增长。[2]

Aitken&Harrison（1999）运用委内瑞拉工厂的面板数据库研究发现 FDI 对国内企业的生产率实际上有负面影响。[3]

Young（1992）认为，即使很多类似于技术诀窍的技能从外商投资企业转移出来，这种转移也是不完整的。[4]

Rodrigue-Clare（1996）利用模型指出，当跨国公司与本国企业之间的联系比较弱时，FDI 与本国经济之间是负相关的。[5]

二、外国直接投资与中国经济增长关系研究综述

关于 FDI 与中国经济增长的关系问题，许多学者也做了有益的探讨。

YanruiWu 等（1999）对 FDI 与中国经济增长的关系进行了广泛的研究，包括 FDI、贸易与经济增长、FDI 与区域经济增长、FDI 与中国经济等，其中 J. Shan，C. Tian 和 F. Sun 关于 FDI 与经济增长的因果关系分析，利用 Toda 和 Yamanoto（1995）[6] 提出

[1] Kokko, Ari, Technology, Market Charactteristics, and Spillovers, *Journal of Development Economics*, 1994, (43): 279~293.

[2] Hadda, M. & Harrison, Are There Spillovers from Direct Foreign Investment? Evidence from Panel data for Morocco, *Journal of development Economics*, 1993, (42): 51~47.

[3] Aitken, Brian J. and Harrison, Do Domestic Firms Benefit from Foreign Investment? Evidence from Venezuela, *American Economic Review*, 1999, (89), No. 3.

[4] Young, Alvyn, Growth without Scale Effects, *Journal of Political Economy*, 1998, (106): 41~63.

[5] Rodriguez - Clare, Andres, Multinationals, Linkages, and Economic Development, *American Economic Review*, 1996, (86): 852~873.

[6] Toda, H. and Yamanoto, T., Statistical Inference in Vector Auto Regressions with Possibly Integrated Processes. *Journal of Econometrics*, 1995, (66): 225~250.

的格兰杰因果关系检验公式，测试了中国 FDI 与经济的增长关系，得出了许多有益的启示。例如：中国的工业增长与利用外资存在双向因果关系（Two-waycausality）。中国一方面应采取措施鼓励外资，另一方面也要继续改革，充分利用国内资源，继续保持经济增长。

陈飞翔等（2006）认为，改革开放以来，中国经济获得了持续快速的增长，这与积极引进外商直接投资有着直接的联系。一方面，从时间序列来看，国民经济的增长速度与引进外商直接投资的规模之间呈现出明显的正相关；另一方面，从横截面的角度来观察，国内吸引外商直接投资越多的地区，经济增长的速度也就较快。[1]

杜江（2002）的实证研究表明，FDI 对国内资本的形成具有重要的影响，这一点可以从外商直接投资对本国资本形成的感应度（I/FDI：本国资本形成的变动量比 FDI 变动量）上反映出来，实证分析的结果是，外商直接投资每增加 1 美元，可以带动国内资本形成的总量增加 24.208 元人民币。这是因为 FDI 进入中国之后，需要为其配套增加能源、交通和通信等基础建设的投资，从而拉动国内投资的增长，扩大社会总需求，对中国经济增长起到促进作用。[2]

赵晋平（2001）在定性和定量分析外资流入的直接经济效果的基础上，建立描述外资与我国 GDP 等主要宏观经济指标之间相互关系的数学模型，对外资流入与经济增长的关系进行了计量分析。分析结果表明，从1983～1999年，平均 FDI 每增加 1 个百分点，GDP 增长率的弹性值为 0.121 个百分点。[3]

---

[1] 陈飞翔、胡靖：《利用外资与技术转移》，经济科学出版社 2006 年版，第 37 页。

[2] 杜江："外国直接投资与中国经济发展的经验分析"，载《世界经济》2002 年第 8 期。

[3] 赵晋平：《利用外资与中国经济增长》，人民出版社 2001 年版，第 232 页。

赵晋平等（2001）利用宏观经济计量模型测算了外资对中国经济增长的贡献率，结果表明，从1980～1999年20年间，在中国GDP年均9.7%的增长速度中，大约有2.7个百分点来自于利用外资的直接和间接贡献。❶

马宇（1998）以1997年为例，从三个方面分析了FDI对中国经济增长的促进作用：一是从投资的角度来考察，该年中国经济增长中投资的促进作用约为1.7个百分点，其中外资约占21.2%，即约为0.36个百分点；二是从消费的角度来考察，促进作用约为5.15个百分点，其中外资的国内消费为420亿美元（扣除外资企业直接进口和借用外国贷款进口部分），占当年国内消费总量的8%～9%，即约为0.45个百分点；三是从净出口角度来考察，促进作用为1.9个百分点，其中仅外资企业出口净值就占42.3%，再加上对外借款因素，可能达到60%以上，即约为1.2个百分点。上述三项因素相加，在不考虑外资对技术进步和管理水平提高的影响的条件下，中国1997年8.8%的经济增长率中，FDI所起的推动作用至少在2个百分点以上。❷

沈坤荣（1999）利用各省份的FDI总量与各省份的全要素生长率作横截面的相关分析，得出FDI占GDP的比重每增加1%，可以带来0.37%的综合要素生长率增长的结论。❸

何洁等（1999）认为FDI带来的技术水平每提高1%，我国内资工业企业的技术外溢作用（即产量增加）就提高2.3%。❹

钟昌标（2000）以综合生产要素为理论基础，研究FDI对

---

❶ 课题组："从制度着手：新时期我国利用外资的战略调整"，载《国际贸易》2001年第2期。

❷ 马宇："国民经济增长与利用外资"，国务院经济研究中心预测部、《经济研究参考》编辑部：《世纪末的中国经济增长》，经济科学出版社1998年版，第127～128页。

❸ 沈坤荣："外国直接投资和中国经济增长"，载《管理世界》1999年第5期。

❹ 何洁、许罗丹："我国工业部门引进外国直接投资的外溢效应的实证研究"，载《世界经济文汇》1999年第2期。

GDP 的贡献，认为 FDI 与 GDP 有明显的正相关关系，FDI 对 GDP 增长率的贡献从沿海地区到中西部地区由强转弱。[1]

陈浪南等（2002）从总供给的角度出发，就 FDI 对中国经济增长的影响进行经验研究，结果表明 FDI 的存量增长率与 GDP 增长率存在线性关系，1982 ~ 1991 年 FDI 对中国经济增长率的平均贡献度低于 0.1%；1992 年以后，年贡献度在 0.4% ~ 0.6%。[2]

李静萍（2001）利用协整与误差修正模型对经济全球化与中国经济增长的关系进行了分析，认为全球化（包括外商投资）对中国经济增长具有积极的促进作用，但国内投资仍然是我国经济增长的主要推动力。[3]

萧政和沈艳（2002）利用中国和其他 23 个发展中国家总量时间序列资料进行分析，认为国内生产总值与 FDI 之间存在着相互影响、相互促进的互动关系，并认为稳定可靠的组织机构和城市化的发展在吸引外资方面也有重要作用，它们是促进经济增长的重要因素。[4]

魏后凯（2002）利用 1985 ~ 1999 年时间序列和横截面数据，对外商投资对我国区域经济的影响进行了实证分析，认为在这期间，东部发达地区与西部落后地区之间 GDP 增长率的差异，大约有 90% 是由外商直接投资引起的。[5]

王成岐等（2002）运用计量模型考察了影响中国外商直接

[1] 钟昌标："外资与区域经济增长关系的理论与实证"，载《数量经济技术经济研究》2000 年第 1 期。

[2] 陈浪南、陈景煌："外国直接投资对中国经济增长影响的经验研究"，载《世界经济》2002 年第 6 期。

[3] 李静萍："经济全球化对中国经济增长的贡献分析"，载《经济理论与经济管理》2001 年第 7 期。

[4] 萧政等："外国直接投资与经济增长的关系及影响"，载《经济理论与经济管理》2002 年第 1 期。

[5] 魏后凯："外商直接投资对中国区域经济增长的影响"，载《经济研究》2002 年第 4 期。

投资与经济增长关系的诸种因素，认为无论是在全国还是各省区分组的层次上，东道主的经济技术水平和政策因素均强烈地影响FDI 与经济增长的关系。在经济发达地区，外商直接投资对于经济增长的影响更强烈。企业间竞争和市场化改革都是 FDI 对经济增长产生促进作用的条件。[1]

但也有学者持不同的观点。

王子君等（2002）认为，对包括中国在内的发展中国家来说，技术许可比 FDI 所带来的技术外溢更有效。[2]

杜江等（2002）通过 DF 和 ADF 检验，利用协整技术，证明FDI 与中国经济增长之间不存在长期稳定关系。[3]

武剑（2002）以经济增长理论为背景，运用多维方差分析模型，对我国地区间 GDP 差距、国内投资数量差距、国内投资效率差距、FDI 数据差距、FDI 效率差距等关键变量进行了研究。结果表明，FDI 的区域分布不能有效解释各地区经济的不平衡状态，相反，国内投资的区域差距，特别是在投资效率上的显著差别，是造成区域经济差距长期存在的主要因素。[4]

三、小结

关于 FDI 与经济增长关系的研究已相当深入并基本取得了一致结论。除少数学者持相反观点外，大多数研究从不同的角度，用不同的方法，得出了 FDI 与经济增长存在正相关关系的结论。FDI 首先作为一种重要的资本要素投入，弥补了东道国资本不足

---

[1] 王成岐等："外商直接投资、地区差异与中国经济增长"，载《世界经济》2002 年第 4 期。

[2] 王子君等："外国直接投资、技术许可与技术创新"，载《经济研究》2002年第 3 期。

[3] 杜江等："外国直接投资与中国经济增长的因果关系分析"，载《国民经济管理》2002 年第 5 期。

[4] 武剑："外国直接投资的区域分布及其经济增长效应"，载《经济研究》2002 年第 4 期。

的缺口，直接促进其资本形成和经济增长，此可概括为"资本效应"；其次，FDI 带来了先进的技术和管理，促进东道国技术进步进而促进经济增长，此可概括为"溢出效应"。

关于 FDI 与中国经济增长的关系问题，大量的研究表明，FDI 在促进中国经济增长的过程中起着重要作用，众多实证分析证实了 FDI 与 GDP 增长率之间的正相关关系。其贡献主要体现在以下三个方面：一是 FDI 的流入直接促进中国的资本形成，形成新的生产能力；二是 FDI 的流入带动了相关配套投资，间接促进中国资本存量的增加；三是 FDI 带来先进的技术和管理经验，通过"技术溢出效应"间接提高相关企业的劳动生产率。[1] 外商直接投资主要是通过技术进步促进经济增长；FDI 是中国经济增长的原因，中国经济增长也是外商直接投资增长的原因，二者互为因果关系；外商直接投资与经济增长存在一种长期稳定关系。[2]

第二节　知识产权制度与外国直接投资关系研究综述

有关知识产权制度与 FDI 的关系的文献中大多采用的是两区域（南方—北方）一般均衡分析框架，在这一分析框架中大多假定北方国家技术绝对领先，主要从事创新，南方国家技术落后，从事生产和模仿，且均假定北方国家的知识产权制度是完善的，考察随着南方国家知识产权保护强度的变化，北方国家的企业如何在全球进行资源配置，进行国际化。北方国家企业国际化

---

[1] 李东阳：《国际直接投资与经济发展》，经济科学出版社 2002 年版，第 258 页。

[2] 桑秀国："外商直接投资与中国经济增长"，天津大学博士论文，2002 年 10 月。

的战略选择主要有出口、FDI 和技术许可（Nunnenkamp 等
[1994]）。❶ FDI 作为跨国公司进行全球资源配置的具体方式受
到其国际化战略选择的影响，跨国公司在作出国际化战略选择的
决策时知识产权保护是其主要考虑的因素之一。北方企业选择国
际技术转移的方式还和东道国知识产权保护密切相关。较低的知
识产权保护强度提高了模仿概率，侵蚀了企业的所有者优势，降
低了东道国的本土化优势，阻止 FDI 和鼓励出口。强的知识产权
保护体系可能对 FDI 存在负面作用，使得许可成为 FDI 的替代
方式。

Smith（2001）❷ 也发现随着知识产权保护强度的增强，相对
于出口而言 FDI 更为有利，但是相对于技术许可而言 FDI 就处于
不利地位。他揭示了知识产权保护的强度与 FDI 和技术许可都存
在正相关关系，尤其是在那些具有很强模仿能力的国家更是如
此。这意味着可能存在知识产权保护强度的临界值或者适宜范
围。但是，已有文献关于知识产权保护强度和 FDI 的量之间的关
系的实证研究结果是不确定的。❸

Ferrantino（1993）❹、Maskus 和 Eby-Konan（1994）❺ 没有得
到知识产权保护强度和 FDI 的量之间统计意义上的正向相关关系

❶ Nunnenkamp, Peter, Jamuna P. Agarwal, Erich Gundlach, Globalisation of Pro-
duction and Markets. *Kiel Studies* 262, Tübingen: J. C. B Mohr., 1994.

❷ Smith, Pamela J., How Do Foreign Patent Rights Affect U. S. Exports, Affiliate
Sales, and Licenses? *Journal of International Economics*, 2001, (55): 411~439.

❸ 张斌盛："中国 FDI 技术吸收能力实证研究"，华东师范大学博士论文，2006
年 11 月。

❹ Ferrantino, Michael J., The Effect of Intellectual Property Rights on International
Trade and Investment, *Weltwirtschaftliches Archiv*, 1993, (129): 300~331.

❺ Maskus, K., Konan, D., Trade - Related Intellectual Property Rights: Issues
and Exploratory Results. In: Deardor3, A., Stern, R. (Eds.), *Analytical and Negotia-
ting Issues in the Global Trading System.* University of Michigan Press, Ann Arbor, MI,
1994: 401~446.

的结论。而 Lee 和 Mansfield（1996）❶ 实证分析发现美国的跨国公司在投资额与 14 个发展中国家的知识产权保护强度之间具有显著相关性。Maskus（1998）❷ 也发现知识产权保护强度与美国对发展中国家的 FDI 之间存在统计意义上正向的显著相关性，并认为已有文献得出非显著性结论的原因可能是因为知识产权保护强度度量过于粗糙，而且先前的实证研究没有考虑到产业特征和东道国的特性。

Yang 和 Maskus（2001）❸ 运用生产循环的动态一般均衡模型分析了南方国家加强知识产权保护对北方跨国公司的 FDI 和技术许可的激励效应，发现随着南方国家知识产权保护的增强，北方跨国公司短期内的 FDI 和技术许可均会增加，但会削弱 FDI 的内部效应和增加专利许可费用，这可能会引起更低的总体创新率，从而导致更少新技术被许可，而且还发现如果知识产权保护较强，跨国公司不是通过 FDI 进行技术转移，而是许可给其他公司。

Branstetter 等（2005）❹ 利用 16 个国家的 20 世纪 80～90 年代的主要数据对美国跨国公司对加强知识产权保护的反应进行实证分析。利用美国经济分析局 BEA 对美国跨国公司的年度调查数据，对数千家跨国公司的企业横截面数据进行了分析，分析其在知识产权制度改革前后的情况。他们模型的每一个预测结果显

---

❶ Lee, Mansfield, E., Intellectual Property Protection and U. S. Foreign Direct Investment. *Review of Economics and Statistics*, 1996, (78): 181~186.

❷ Maskus, K., The International Regulation of Intellectual Property, *Weltwirtschaftliches Archiv.*, 1998, (134): 186~208.

❸ Yang, G and K. E. Maskus, Intellectual Property Rights, Licensing, and Innovation in an Endogenous Product – Cycle Model, *Journal of International Economics*, 2001, (53): 169~187.

❹ Branstetter, L., R Fisman, F. Foley and K. Saggi, Intellectual Property Rights, Imitation, and Foreign Direct Investment: Theory and Evidence, *forthcoming in the Quarterly Journal of Economics*, 2005.

示美国的跨国公司在一国进行知识产权制度改革后，通常扩大其活动的规模。

Seyoum（1996）❶ 对专利、商标、商业秘密和版权保护强度与 FDI 的关系进行了计量经济学分析，知识产权保护强度指标是根据对 27 个不发达国家、新兴工业化国家和发达国家知识产权专家的问卷调查反馈得出的，这一指标与其他四个解释变量（GDP 变化、公共投资占 GDP 的比率、出口外债以及汇率）一起被用以解释 FDI 流量。Seyoum 的回归结果表明，对于整个样本，商标、商业秘密和版权保护对 FDI 具有显著的正向影响，但是，如果将总样本细分为不发达国家、新兴工业化国家和发达国家三个子样本，则只有版权保护对 FDI 具有显著的正向影响。

Lesser（2001）❷ 以 44 个发展中国家（1998 年数据）为样本，实证研究知识产权制度与 FDI 及进口的关系。其实证结论是：在平均水平上，知识产权保护指数❸每增加 1 点（约 10%）就会引起一国 15 亿美元的 FDI 增加和 89 亿美元的进口增加。

有关跨国公司的调查显示知识产权保护的重要性在不同产业间是各不相同的。

Levin 等（1987）❹ 调查了 100 多个制造业的 R&D 执行官，研究了专利保护激励机制对不同产业作用的差异。被调查的 R&D 执行官认为，在一些行业专利制度保护效力较弱，因为竞

❶ Belay Seyoum, The Impact of Intellectual Property Rights on Foreign Direct Investment, *Colum. J. World Bus.*, Spring 1996.

❷ Lesser W., The Effects Of Trips – Mandated Intellectual Property Rights On Economic Activities In Developing Countries, Prepared under WIPO Special Service Agreements, 2001, WIPO.

❸ Lesser 修正完善了 Ginarte 和 Park 指数，其指数覆盖了一个国家的整个知识产权制度，并考虑到执法因素。

❹ Levin, Richard, Alvin Klevorick, Richard Nelson, and Sidney Winter, Appropriating the Returns from Industrial Research and Development. *Brookings Papers on Economic Activity* 3, 1987: 783 ~ 820.

争者可以利用专利文献，通过反向工程或者高薪聘用发达国家的研发人员进行技术转移。他认为石油提炼、药品、整形外科、无机化学和有机化学等领域应该给予最高的专利保护。Cohen 等（2000）❶ 对 Levin 等的调查进行了更新，认为离散产业和联合产业❷对专利制度的依赖性存在明显的差异。Mansfield（1994）❸ 调查了 6 个制造行业中的 100 个美国企业，发现知识产权保护对某个特定国家的各个产业领域的影响是不同的，而对所有国家某个特定产业的影响是相似的，而且发现不同的投资目的决定了对知识产权制度的敏感度：投资于销售和分销的企业仅有 20% 关心知识产权保护；投资技术密集度较低的产业和组装企业有 30% 被调查者认为知识产权保护非常重要；在制造业这一比例增加到50% ~ 60%；在 R&D 设备领域这一比例更是提高到80%。

　　Mansfield（1995）❹ 认为，知识产权制度在诸如汽车制造业等产业领域并不是非常重要的，因为在该领域企业如果不进行大规模复杂和昂贵的投入将无法利用竞争者的新技术。但是，知识产权制度对诸如药品、化妆品和保健产品、化学制品、机械和设备、电子设备等部门是非常重要的。

---

　　❶ Cohen, Wesley M., Richard R. Nelson, and John P. Walsh, Protecting Their Intellectual Assets: Appropriability Conditions and Why U. S. Manufacturing Finns Patent (Or Not). *NBER Working Paper No.* 7552., 2000.

　　❷ 离散产业和联合产业的分类是由 Merges 和 Nelson 于 1990 年提出的，离散产业是指诸如药品、化学和生物，联合产业是指电子和科学仪器。两者的不同之处在于专利保护的主体不同。联合产业中通常通过专利技术之间的相互辅助来阻止竞争者的创新；而在离散产业中每个创新独享一个专利。

　　❸ Mansfield, Edwin, Intellectual Property Protection, Foreign Direct Investment, and Technology Transfer. *International Finance Corporation*, *Discussion Paper* 19, 1994.

　　❹ Mansfield, Edwin, Intellectual Property Protection, Foreign Direct Investment, and Technology Transfer: Germany, Japan, and the United States. *International Finance Corporation*, *Discussion Paper* 27, 1995.

Lee 和 Mansfield（1996）❶ 指出，在 1991 年，跨产业间的关于 FDI 的知识产权保护效应存在明显的不同。被调查的 94 家美国企业认为，知识产权保护太弱使得他们不能将最新的技术向全资子公司转移，或者与当地企业进行合资经营。这一比例在化学行业中（包括制药行业）最高，而在钢铁行业最低。这种不同可能是因为不同的产业特征，如人力资本密度和 R&D 密度等造成的。

Maskus（1998 年、2000 年）❷❸ 认为，知识产权保护在服务业以及标准化、劳动密集型和低技术的制造业中并不是 FDI 的主要推动力量，而在那些明显拥有与知识产权相关的所有权优势的产业中，知识产权保护强度增强 FDI 将增加，因为知识产权使其通过国际组织机构有效地利用其所有权优势（Maskus2000）。对于那些一经发明就很容易被模仿的产品和工艺的产业领域，FDI 的国际化动机可能是最强的（Maskus1998）。

Smarzynska（1999）❹ 认为，如果东道国缺乏对知识产权的有力保护措施，那么外国企业趋向于投资低技术产业，而且还会缩减在东道国的 R&D 活动。Smarzynska（2004）❺ 认为跨国公司对知识产权保护的敏感度与产业的技术密集程度以及 FDI 的目的有关，通过实证证实了弱知识产权保护对 FDI 的组成具有明显的

---

❶　Lee，Mansfield，E.，Intellectual Property Protection and U. S. Foreign Direct Investment. *Review of Economics and Statistics*，1996，（78）：181～186.

❷　Maskus，K.，The International Regulation of Intellectual Property. *Weltwirtschaftliches Archiv.*，1998，（134）：186～208.

❸　Maskus，K.，Intellectual Property Rights in the Global Economy. Washington，D. C.：Institute for International Economics，2000.

❹　Smarzynksa，Beats，Composition of Foreign Direct Investment and Protection of Intellectual Property Rights：Evidence from Transition Economics. Mimeo，World Bank，2000.

❺　Smarzynksa，Beats，Composition of Foreign Direct Investment and Protection of Intellectual Property Rights：Evidence from Transition Economics，*European Economic Review*，2004，（48）：39～62.

冲击。首先，它会阻止外国投资者进入 4 个技术密集型企业：药品、化妆品和保健品；化学制品；机械和装置；电子设备。知识产权制度在这些领域扮演着非常重要的角色。其次，弱知识产权保护鼓励外国投资者设立分销机构而不是在当地进行生产。

Nunnenkamp 和 Spatz（2003）[1] 分部门、分区域考察知识产权制度对 FDI 的影响，认为东道国的性质和产业特征是影响知识产权制度与 FDI 关系的重要因素。当一国模仿能力和教育水平较高时，知识产权制度对 FDI 具有明显的推动作用；在那些人力资本和技术密集的产业中知识产权制度与 FDI 显著正相关。因此他们认为知识产权保护政策运用得当，东道国不仅能够吸引更多的FDI，而且能够从 FDI 中获得更多利益；但同时认为知识产权保护强度不是越高越好，知识产权保护强度过高可能会使得跨国公司选择技术许可而不是 FDI。知识产权制度的国际收敛将导致这样的情况：足够的知识产权保护是 FDI 的必要条件，但是，在吸引更多更高质量的 FDI 方面，强化知识产权保护将会招致收益递减。

显然，上述跨国回归分析可能存在一些缺陷。首先，大多数研究对不同国家在知识产权保护强度方面的测评只是简单地依据调查结果或者选定的个别指标，这能否完全反映现代知识产权制度的复杂性和多元性，值得怀疑。第二，上述多数文献所使用的双边外国投资的数据仅仅是一些特定的工业化国家数据，而且，这些数据往往具有很高的总体性。当然，可以认为几乎所有的FDI 存量和流量都间接地受到知识产权制度的影响，但是，知识产权制度的直接影响可能只局限于特定的 FDI 存量和流量（例如在制药业和 R&D 机构的外国投资）。第三，尽管对发达国家的对

[1] P. Nunnenkamp and J. Spatz, Intellectual Property Right and Foreign Direct Investment: The Role of Industry and Host – Country Characteristics, *Kiel Working Paper No.* 1167, 2003.

外投资的调查研究在总体上证实了 FDI 与知识产权制度的正向关系，但是，这种联系有多大以及与其他影响 FDI 的因素（例如税收优惠、基础设施质量、文化联系、原材料价格、劳动力成本）相比知识产权制度有多重要，仍然没有明晰地确定。

综上所述，可总结如下基本结论：第一，越来越多的证据表明知识产权制度能影响全球的 FDI 决策，但是，没有实证结果能确定这种影响的总体强度。第二，由于贸易、FDI 和技术许可三者之间互相影响和转化，知识产权制度对 FDI 的影响是复杂的，但是，多数实证研究表明：知识产权强保护的国家更能吸引与知识相关的 FDI。

第三节　知识产权制度与外国直接投资关系的理论分析

一、OLI 理论

对 FDI 的决定因素和条件的研究，西方已形成比较完善的理论体系，其中最为主流的是邓宁（Dunning）创立的 OLI 理论，即所有权（Ownership）—区位（Localization）—内部化（Internalization）优势理论（也称为"国际生产折中理论"）。

国际经济活动的方式包括国际贸易、FDI 和技术许可三种。OLI 理论认为，跨国公司国际经济活动的方式取决于企业的所有权优势、区位优势和内部化优势。

所有权优势是跨国公司从事对外投资的基础。所谓所有权优势，是指一国企业拥有或能够获得的、国外企业所没有或者无法获得的资产及其所有权。所有权优势其实就是跨国公司拥有的某种垄断优势，这种垄断优势使跨国公司能克服东道国企业"天时、地利、人和"的先天优势，获得高于东道国当地竞争者的收益。这些所有权优势包括产权和无形资产优势以及共同管理优势。❶ 其中最核心的是专利、专有技术、商标、管理与组织技能、销售技能等知识资产（无形资产）优势。

所谓内部化优势，是指跨国公司将其所拥有的资产加以内部化使用而带来的优势。跨国公司对其拥有的所有权优势的利用途径一般有两条：一是将其拥有的资产或资产的使用权转让给其他企业，即所谓的资产使用外部化；二是由跨国公司自己使用这些资产，即所谓的资产使用内部化。跨国公司将其所拥有的各种所有权优势加以内部化的动机在于，避免外部市场的不完全对其产生的不利影响，实现资源的最优配置，继续保持和充分利用其所有权优势的垄断地位。内部化优势的主要表现形式有降低交易成本、消除买方的不确定性、控制投入（包括技术）的供应和销售条件、控制市场渠道等。❷

所谓区位优势，是指跨国公司在投资区位选择上具有的优势。区位优势的表现形式主要有资源禀赋和市场的空间分布，劳动力、能源、原材料、半成品等投入物的价格、质量和生产率，国际运输和通信成本，投资鼓励和抑制因素、基础设施条件（包括法律、教育、商业、交通和通信等），经济制度与政府政策等。❸拥有所有权优势和内部化优势的企业在投资决策时，首先面临的是区位选择，即是在国内投资生产还是在国外投资生产，以及在国外投资生产的前提下选择在哪一国家投资生产。区位优势是对外直接投资的充分条件。❹

OLI 理论认为，决定对外直接投资的三项因素是相互关联、紧密联系的，不能单独用来解释企业的对外直接投资，企业只有在同时具备上述三类优势时，才会产生对外直接投资。邓宁总结

---

❶❷❸　Dunning, J. H., Eclectic Paradigm of Production: A Restatement and Some Possible Extensions, *Journal of International Business Studies*, Spring/Summer, 1988.

❹　崔援民等：《现代国际投资学》，中国经济出版社1991年版，第12～19页。

了国际经济活动的三种方式所具备的优势，见表 7 - 1。

表 7 - 1　三优势范式（OLI Paradigm）表❶

	所有权优势（O）	内部化优势（I）	区位优势（L）
对外直接投资	有	有	有
对外贸易	有	有	无
对外技术许可	有	无	无

表 7 - 1 表明：如果企业仅拥有一定的所有权优势，则只能选择对外技术许可的形式参与国际经济竞争；如果企业同时拥有所有权优势和内部化优势，则对外贸易是参与国际经济竞争的一种较好形式；如果企业同时拥有所有权优势、内部化优势和区位优势，则发展对外直接投资是参与国际经济竞争的最佳形式。❷如果三个优势都不具备，那么企业就不会进行国际经济活动，即只在本国进行经营活动。

二、知识产权制度对外国直接投资影响的 OLI 理论分析

尽管 OLI 理论没有将知识产权制度作为 FDI 的决定因素，但是其提出的三优势范式（OLI Paradigm）为分析知识产权制度对 FDI 的影响提供了理论路径。

第一，知识产权保护能确立和增强所有权优势。

如前所述，所有权优势的核心是知识资产优势。由于知识资产的无体性，其权利的产生是由法定性所决定的。通过知识产权法律制度的建立和完善，知识资产才能获得知识产权保护，进而

---

❶　Dunning, J. H., International Production and the Multinational Enterprise, Allen and Unwin, 1981.

❷　李东阳：《国际直接投资与经济发展》，经济科学出版社 2002 年版，第 81 页。

真正确立其所有权优势。如果一国知识产权法律制度缺乏或者不完善，那么在该国跨国公司对其知识资产就没有所有权优势或者只有弱所有权优势，对该国的 FDI 也就不会或者很少会产生（同理，对该国的贸易和技术许可同样不会或很少会发生）。因此，知识产权保护能确立跨国公司的所有权优势。

另外，由于知识的非竞争性，使得同一知识资产能以很低的甚至零边际成本多次使用，跨国公司通过对外直接投资，将同一知识资产同时应用于若干个国家的多家分支机构，就能够分摊从事研发和创新的高额成本，获得超额利润。所有权优势的关键就在于企业拥有对知识资产的专有权利，能排他性地在各东道国使用知识资产。东道国知识产权保护的强弱决定了当地企业被模仿和侵权的程度，决定了跨国公司对其知识资产的专有性强度。东道国知识产权保护越弱，当地企业的模仿和侵权行为就越活跃，跨国公司知识产权收益损失的风险就越大，所有权优势也就越弱。因此，加强知识产权保护会增强跨国公司的所有权优势。

第二，知识产权保护是一种区位优势。

由于知识产权具有地域性，国与国之间具有差异，因此，知识产权保护可以被看做一种区位优势。作为国家基础经济法律制度之一的知识产权法律制度已成为国际经济活动决策的重要因素。知识产权保护水平的不同会影响跨国公司对外直接投资的选址决策。值得注意的是，随着国际经济一体化进程的深入以及各国经济增长水平的提高，传统的区位优势如税收减免等政策优惠以及劳动力价格、能源、原材料等的价格优势，正在逐步减弱甚至消失。而随着知识经济的发展，跨国公司对信息、服务、法律等保障企业经营体系有效运行的软环境越来越关注，这意味着知识产权保护已经是区位优势的重要内容。

第三，知识产权保护影响内部化优势。

著名的"科斯定理"论述了内部化理论的精髓。企业之所以存在，或者说企业之所以可替代市场来组织生产，关键在于"内部化"能节约交易成本。因此，交易最好在企业内部进行。内部化的目标是消除外部市场的不完全。市场的不完全导致企业在转移中间产品❶时难以保障其权益，也不能通过市场来合理配置其资源，以最大化其收益。特别是由于知识的非排他性，知识资产在外部市场使用时极易扩散，导致企业失去垄断优势。因此，知识产权保护会直接影响跨国公司的内部化优势。

在知识产权保护缺位或微弱时，如果采取外部化的技术许可方式，除了技术许可合同谈判和实施的交易成本外，跨国公司还面临着知识产品被模仿以及被许可企业泄露和擅自转让等"悖德行为"的风险，致使跨国公司失去对知识产品的控制，因此，跨国公司会建立知识产品的内部市场，即知识产品仅限于跨国公司内部转让使用，以避免外国竞争者的模仿和"悖德行为"，确保跨国公司在全球范围内的技术优势。反之，加强知识产权保护就能增加法律的确定性，制止竞争者的模仿和侵权行为，约束被许可企业的悖德行为，进而使跨国公司维持对其知识产品的控制，导致更多的 FDI 转化为技术许可。可见，加强知识产权保护会削弱跨国公司的内部化优势。

以上分析表明，加强知识产权保护会增强跨国公司的所有权优势和区位优势，削弱内部化优势，从而影响企业国际经济活动的微观决策。因此，在理论上，加强知识产权保护对 FDI 的影响并不是单一明确的，而是取决于对三种优势的影响程度对比。如果加强知识产权保护导致的内部化优势削弱占主导，那么，跨国公司当然会减少甚至取消 FDI，选择技术许可方式取得知识资产的收益。如果加强知识产权保护引起的区位优势增加占主导，则会促进 FDI 的增加。

---

❶ 这里的中间产品不仅包括半成品的材料和零部件，更主要是指知识产品，即专利、专有技术、商标、商誉、管理技能和市场信息等。

许多专家认为，企业更愿意投资于知识产权保护较强的国家，❶ 因为被模仿的风险更小，被保护产品的总需求就相对更大。这种观点表明了知识产权制度与 FDI 的正向关系。

　　然而，知识产权制度的两个效应又说明其对 FDI 的负面影响。第一，加强知识产权保护能使权利人的市场控制力得以增强，至少在理论上会使企业减少在外国的经营，而依靠垄断力获得超额利润。第二，更高水平的知识产权保护能使跨国公司将首选国际经济活动方式从 FDI 生产转化为技术许可。在知识产权弱保护的条件下，跨国公司会选择 FDI 而不是技术许可，因为内部化生产能帮助企业继续直接控制知识资产。❷

　　三、小结

　　以 OLI 理论的三优势范式分析知识产权制度对 FDI 的影响，得出的结论是：加强知识产权保护会增强跨国公司的所有权优势和区位优势，削弱内部化优势，从而影响企业国际经济活动的微观决策。因此，在理论上，加强知识产权保护对 FDI 的影响并不是单一明确的，而是取决于对三种优势的影响程度的对比。如果加强知识产权保护导致的内部化优势削弱占主导，那么，跨国公司当然会减少甚至取消 FDI，选择技术许可方式取得知识资产的收益。如果加强知识产权保护引起的区位优势增加占主导，则会促进 FDI 的增加。加强知识产权保护对 FDI 的总影响，从理论上来讲还是不确定的。这与已有的一些实证分析结论基本一致。

---

　　❶ Edwin Mansfield, Intellectual Property Protection, Foreign Direct Investment, and Technology Transfer, *International Finance Corporation Discussion Paper No.* 19, 1994. 该报告指出，对于易模仿产品，美国的研究型企业不会在知识产权弱保护的国家作出实质性投资。

　　❷ Michael J. Ferrantino, The Effect of Intellectual Property Rights on International Trade and Investment, *Rev. of World Econ.*, 1993, (129).

第四节 我国知识产权制度与外国直接 投资关系的实证分析

一、我国吸收外国直接投资状况分析

改革开放以来，我国吸收 FDI 快速发展。一方面，FDI 规模不断扩大，从 1993 年起连续 5 年成为仅次于美国的第二大 FDI 东道国，一直是世界上最重要的五大 FDI 东道国之一；另一方面，FDI 结构不断优化，目标从弥补"储蓄缺口"和"外汇缺口"转化为弥补"技术缺口"和"管理缺口"，FDI 所转移的技术含量明显提高。近 30 年来，我国吸收 FDI 快速发展并且不断完善，其变化趋势曲线如图 7 – 1 所示。

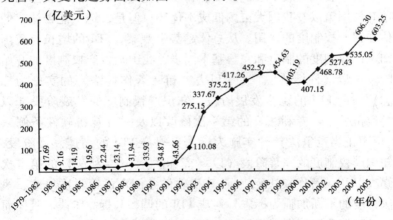

图 7 – 1 我国 1979～2005 年实际使用外资金额曲线

数据来源：中国投资指南网站 http://www.fdi.gov.cn。

有学者将我国吸收 FDI 的历程划分为四个阶段❶：1979～1985 年为起步阶段，这一阶段，FDI 规模小，地区分布极不合理，来自发达国家投资少，集中于劳动密集型加工业和酒店服务业；1986～1991 年为稳步发展阶段，该阶段 FDI 地区分布有所扩大，生产型项目和出口导向型项目大幅增加；1992～1995 年为高速发展阶段，这一阶段，FDI 规模急剧扩张、以欧美为代表的大型跨国公司纷纷进入中国市场，产业结构呈现高级化趋势；1996 年至今为调整与提高阶段，这一阶段，FDI 的资金到位率大大提高，投资质量明显提高（世界最大 500 家跨国公司中有 400 多家已在中国设立分支机构），投资地区及行业分布趋向合理，投资技术含量明显提高（许多大型跨国公司纷纷在中国设立 R&D 总部或机构），来自欧美发达国家的投资持续上升。

　　对于我国吸收 FDI 的发展，首要的促进因素当然是我国的改革开放国策以及我国大市场低成本优势，但是，绝不能否认或低估知识产权制度的作用。从总体趋势上观察，FDI 的增长与我国知识产权制度的制定和完善基本同步。我国知识产权制度的开始阶段（以《商标法》、《专利法》和《著作权法》的实施为标志）对应 FDI 的稳步发展阶段，知识产权制度的发展阶段（以《商标法》、《专利法》的第一次修改以及《计算机软件条例》、《反不正当竞争法》的实施为标志）对应 FDI 的高速发展阶段，知识产权制度的完善阶段（以《商标法》、《专利法》的第二次修改以及《著作权法》、《计算机软件条例》的第一次修改、执法力度的不断加强为标志）对应 FDI 的调整与提高阶段。具体而言，随着我国知识产权保护水平的不断提高，在数量上，FDI 持续增长，从 1983 年的 9.16 亿美元增长到 2005 年的 603.25 亿美元，增长近 66 倍；在质量上，FDI 的技术含量明显提高，行业

---

　　❶　李东阳：《国际直接投资与经济发展》，经济科学出版社 2002 年版，第 239～247 页。

分布更趋合理，从劳动密集型、生产加工型向技术密集型转化；在投资来源上，欧美发达国家跨国公司的直接投资大幅增加，改变了以港、澳、台投资为主的状况；在投资地区分布上，随着我国知识产权执法水平的普遍提高，地区间的知识产权保护差异逐步缩小，在一些内陆城市和西部地区的 FDI 有所增加。

尽管上述分析还只是直观的定性分析，但基本可以肯定的是，我国的知识产权制度对于吸引 FDI 有着积极的影响。当然，要准确判断我国知识产权保护强度对 FDI 影响的大小，还有待于进一步的计量经济学分析。

二、我国知识产权制度与外国直接投资关系的实证分析

按照上述理论分析，显然是无法从理论上清晰确定知识产权制度对 FDI 的影响。这就需要一定的实证分析来探究知识产权制度与 FDI 的关系。

（一）FDI 的影响因素分析

国际贸易理论（Grossman 和 Helpman（1991））认为，以利润最大化为目标的企业是基于要素生产率和要素回报率作出其经营选址决策的。显然，东道国具有丰富的能源和金融支持就形成一定的成本优势。但是事实上，具有相似资源禀赋的不同国家之间的 FDI 并不相近，这至少说明要素成本差异并非是 FDI 的全部决定因素。影响 FDI 的因素至少包括如下五方面。

1. 市场规模

大量的实证研究揭示，市场规模是 FDI 的重要影响因素。与人口规模相比，购买力更能准确表示市场规模。发达国家的对外 FDI 更多考虑的就是东道国的购买力。但是，一个不具有明显成本优势的企业选择境外生产进入市场而不是通过出口的原因却是不明确的。一种可能性是 FDI 能避免较高的贸易成本，这些贸易成本包括运输成本和贸易壁垒。但是，那些实行进口限制政策的国家往往对境外资本也一样会有所限制。

对 FDI 与进口的替代或补充的讨论也是一个实证问题（Helpman 和 Krugman（1985））。我们认为，市场规模是东道国吸引投资的诸多因素中的关键指标。相同发展水平的国家一般具有类似的市场基础设施和物质基础，也拥有相当的人力资源。

2. 知识产权保护强度

事实表明，发展中国家会通过制定一系列政策以吸引跨国公司的进入。知识产权制度就是一个吸引跨国公司的重要方面。对此，跨国公司的内部化生产经营决策是一个关键问题。跨国公司即使在东道国具有明显的区位优势，还会选择臂长（arms-legth）许可，以避免境外生产的高昂固定成本。东道国的较高知识产权保护制度就成为跨国公司 FDI 决策的关键因素。面临被模仿的高风险，跨国公司会决定在东道国本地生产，以防止技术的流失。因此，可以认为知识产权弱保护有利于吸引 FDI。但是，另一方面，强知识产权保护会增强知识密集型企业的市场垄断力，与出口或许可方式相比，本地化生产更能享有这种垄断力并获利。

可见，知识产权制度显然是一个影响 FDI 的重要因素。Mansfield 的调查结果表明，技术流失可能性大的产业的决策者不但关注法律的纸面规定，还关注这些法律的执行。

3. 贸易开放度

东道国贸易开放程度不但影响其进口，也影响对其的 FDI。由于 FDI 和进口是相互替代的，因此我们可以得出越大的贸易开放度越会减弱进行本地生产的激励，进而减少 FDI。但是，如果贸易开放度是作为吸引更多外商进入东道国的政策之一，那么它既会促进进口，也会刺激 FDI。

4. 工资水平

工资水平是影响跨国公司进行本地生产经营决策的最主要的成本因素。东道国的工资水平越低，越能吸引更多的 FDI。

5. 人力资源水平

东道国人力资源水平的提高会降低技术转移的成本，促进技术转移继而促使 FDI 增加，而且，知识产权弱保护的东道国拥有充足的科学家和工程师会让外国投资企业为被模仿风险而忧心忡忡。技术流失的可能性并非仅仅由知识产权制度决定的。不仅东道国的知识产权弱保护会导致模仿的低成本，其人力资源水平也决定了模仿能力。因此，知识产权弱保护并拥有一定人力资源水平的东道国可能更吸引 FDI，因为，跨国企业更倾向于内部化生产以控制技术，避免技术流失。可见，东道国人力资源水平的提高会带来更多的 FDI。

根据上述分析，我们可以构建一个 FDI 的实证分析模型，认为 FDI 是东道国市场要素的一个函数，表示如下：

$$F = f(Y, T, W, H, I) \qquad (7-1)$$

式中　Y——东道国的市场规模；

T——东道国的开放程度；

W——东道国的工资水平；

H——东道国的人力资源水平；

I——东道国的知识产权保护强度。

根据前面的分析可知：

（1）东道国的市场规模能吸引 FDI，因此，$\partial F/\partial Y > 0$。

（2）东道国的贸易开放度既会促进进口，也会刺激 FDI，而 FDI 和进口具有相互替代性。因此，$\partial F/\partial T$ 的符号是不确定的。

（3）东道国的工资水平越低，越能吸引更多的 FDI。因此，$\partial F/\partial W < 0$。

（4）东道国人力资源水平的提高会带来更多的 FDI。因此，$\partial F/\partial H > 0$。

东道国的知识产权保护强度对 FDI 的影响，正是本研究需要实证分析的目标。一方面，知识产权弱保护会导致投资企业倾向于内部化生产，而知识产权强保护会致使企业改变市场进入模式以降低固定成本；另一方面，知识产权制度提供的垄断优势会激励企业进行本地经营，以获得更多垄断租金。因此，在理论上难以确定知识产权制度与 FDI 的确切关系。这就需要通过实证分析确定两者的关系，即 $\partial F/\partial I$ 的符号不明，需实证确定。

（二）我国知识产权制度与 FDI 关系的时间序列实证分析

本研究将利用我国 1987 ~ 2004 年的时间序列数据，❶ 对知识产权制度与 FDI 的关系进行实证分析，以验证我国知识产权制度与 FDI 的关系。

1. 计量模型和变量

根据上述分析，建立线性计量模型如下：

$$LnF = c_0 + c_1 LnY + c_2 LnT + c_3 LnW + c_4 LnH + c_5 LnI + \varepsilon$$

$$(7-2)$$

式中　LnF——年度 FDI 总额的自然对数，代表 FDI 的年度增长速度，为被解释变量；

LnY——以人均 GDP 作为市场规模的衡量指标，本变量即为年度人均 GDP 的自然对数，代表市场规模的变化速度。理论上，LnY 与被解释变量 LnF 应呈正相关关系。

LnT——以进口额占 GDP 之比作为贸易开放度的衡量指标，本指标为年度进口额占 GDP 比的自然对数，表示年度贸易开放度的变化速度。理论上，LnT 与被解释变量 LnF 的相关关系不明。

LnW——年度职工平均工资的自然对数，表示工资水平的增长速度。理论上，LnW 与被解释变量 LnF 应呈负相关关系。

LnH——以百万人口专业技术人员数作为人力资源水平的衡量指标，本变量为年度百万人口专业技术人员数的自然对数，表示年度人力资源水平的变化速

---

❶ 由于未能获得 1987 年前的专业技术人员数据，只能选取 1987 ~ 2004 年的数据进行实证分析，不会影响分析结果。

度。理论上，*LnH* 与被解释变量 *LnF* 应呈正相关
关系。

LnI——年度知识产权保护强度的自然对数，表示知识产
　　　权保护强度的年度增强速度。理论上，*LnI* 与被解
　　　释变量 *LnF* 的相关关系不明，实证分析的结果正
　　　是本研究的关注点。

2. 相关数据

本分析利用中国 1987～2004 年的时间序列相关数据，除年
度知识产权保护强度为前文构建的相应指标体系并计算获得外，
其他均来源于各期《中国统计年鉴》，具体见表 7 - 2。

表 7 - 2　中国 1987～2004 年 FDI 相关数据

年　　度	实际使用外资金额（亿美元）F	知识产权保护强度指数 I	人均 GDP（元）Y	职工平均工资（元）W	进口额占GDP 的比 T	百万人口专业技术人员 H
1987	23. 14	0. 456	1104	1459	14. 0311	8137
1988	31. 94	0. 487	1355	1747	14. 6860	8729
1989	33. 93	0. 517	1512	1935	13. 4938	9184
1990	34. 87	0. 542	1634	2140	13. 7665	9454
1991	43. 66	0. 582	1879	2340	13. 0101	14823
1992	110. 08	0. 625	2287	2711	13. 8792	15018
1993	275. 15	1. 121	2939	3371	15. 7218	15291
1994	337. 67	1. 335	3923	4538	16. 6802	15402
1995	375. 21	1. 419	4854	5500	17. 2840	15797
1996	417. 26	1. 499	5576	6210	21. 3007	16276
1997	452. 57	1. 559	6054	6470	18. 8927	16578
1998	454. 63	1. 602	6038	7479	17. 0251	16756
1999	403. 19	1. 850	6551	8346	15. 8556	17020
2000	407. 15	1. 927	7086	9371	14. 8396	17104
2001	468. 78	2. 209	7651	10870	16. 7379	17001. 1

续表

年　度	实际使用 外资金额 （亿美元）F	知识产权 保护强度 指数 I	人均 GDP （元）Y	职工平均 工资（元） W	进口额占 GDP 的比 T	百万人口 专业技术 人员 H
2002	527. 43	2. 311	8214	12422	20. 8329	17017. 9
2003	535. 05	2. 412	9111	14040	20. 7155	16822. 9
2004	606. 3	2. 536	10561	16024	23. 2288	16757. 7

3. 计量检验及实证分析

本研究首先分析知识产权保护强度与 FDI 的相关关系，只选取 LnI 一个解释变量进行回归分析，以检验知识产权保护强度对 FDI 的影响，检验结果列于表 7 - 3 的第 I 组。然后，为了详细度量每一解释变量的系数，引入计量模型中的所有 5 个解释变量进行回归，结果列于表 7 - 3 的第 II 组。最后，剔除第 II 组中未能通过显著性检验的变量后再重新进行计量检验，结果列于表 7 - 3 的第 III 组。

表 7 - 3　我国知识产权制度与 FDI 关系的时间序列回归分析结果

	I	II	III
常数项	4. 963 * (61. 592)	- 0. 566 (- 0. 143)	
LnI	1. 861 * (14. 446)	1. 669 * (3. 434)	1. 190 * (16. 140)
LnY		2. 540 * (3. 143)	3. 244 * (7. 414)
LnW		- 2. 521 * (- 4. 237)	- 2. 556 * (- 6. 011)
LnT		0. 334 (1. 064)	
LnH		0. 528 (1. 282)	
R^2	0. 929	0. 985	0. 980

续表

	I	II	III
调整后 R^2	0.924	0.979	0.910
F 值	208.676	161.128	239.501
样本数	18	18	18

注：表中括号内数值为该回归系数的 t 统计值；*表示该系数在 1% 的水平上显著。

计量检验结果表明：

（1）在第 I 组中，我们只选取知识产权保护强度一个解释变量，结果显示 LnI 与 LnF 呈显著正相关关系，回归系数为 1.861，t 值为 14.446，通过 1% 水平上的显著性检验，模型拟合度也非常高（调整后的 R^2 值达 0.924）。该检验结果表明，如果不考虑其他影响因素，我国 1987～2004 年间知识产权保护强度对 FDI 具有非常显著的影响，其影响系数为 1.861。

（2）在第 II 组中引入计量模型中的所有 5 个解释变量，发现知识产权保护强度的系数虽有所下降（为 1.669），但依然通过 1% 水平上的显著性检验（t 值为 3.434）。该检验结果表明，在全面考虑 FDI 的各影响因素的情况下，知识产权保护强度与 FDI 依然呈显著正相关关系。

（3）在第 II 组中，LnT、LnH 未能通过 10% 水平上的显著性检验，表明贸易开放度和人力资源水平对 FDI 的增长没有显著影响。

贸易开放度对 FDI 增长无显著影响，这与前述理论分析基本一致，贸易开放度的增强不但刺激 FDI 也促进进口，而 FDI 和进口具有相互替代性，两者综合作用，故而对 FDI 增长无显著影响。

人力资源水平对 FDI 增长无显著影响这一检验结果，与前述理论分析结论相悖。究其原因，这应该是由我国 FDI 的特点所决定的。我国 FDI 的重点主要集中于早期的劳动密集型加工业、酒店服务业以及中期的生产型和出口导向型项目，近几年 FDI 的技术含量才有所提高。这就意味着，我国 FDI 项目对人力资源水平的要求并不高。因此，在实证分析中，人力资源水平的提高并未显著影响 FDI 的增长。当然，随着我国 FDI 技术含量的提高，人力资源水平将是影响 FDI 的重要因素。

（4）在第Ⅲ组中，剔除未通过显著性检验的两个解释变量 LnT、LnH 以及常数项，仅以 LnI、LnY、LnW 为解释变量重新进行检验。检验结果为，LnI、LnY、LnW 的回归系数均在 1% 水平上显著（t 统计值分别为 16.140、7.414、−6.011），回归系数分别为 1.190、3.244、−2.556，而且，调整后 R^2 为 0.910，模型拟合度很高。回归方程为：

$$LnF = 3.244LnY - 2.566LnW + 1.190LnI \qquad (7-3)$$

该检验结果表明，知识产权保护强度、市场规模和工资水平均对 FDI 具有显著影响。其中，知识产权保护强度和市场规模与 FDI 具有显著的正相关关系，工资水平与 FDI 具有显著的负相关关系，这验证了我们前面的理论分析结论。

（5）比较知识产权保护强度、市场规模和工资水平对 FDI 的影响系数可知，市场规模和工资水平的弹性大于知识产权保护强度的弹性（分别是知识产权保护强度弹性的近 3 倍和近 2 倍），也即市场规模扩大和工资水平较低是我国吸引 FDI 的主要因素，这符合我国 FDI 的实际情况。

三、小结

以上通过对我国 1987～2004 年的 FDI 时间序列相关数据进行计量检验，验证了知识产权保护强度与 FDI 之间的显著正相关关系，其影响系数为 1.190，即知识产权保护强度有 1% 的增强，将会引起 1.19% 的 FDI 增长。但是，与市场规模和工资水平相比，知识产权保护强度的影响程度相对较小。我国近 20 年来吸引 FDI 的主要因素是不断扩大的市场规模和相对较低的工资水平。

本章小结

大量关于 FDI 与经济增长关系的研究已相当深入并基本取得一致结论，FDI 与经济增长存在正相关关系。首先，FDI 作为一种重要的资本要素投入，弥补了东道国资本不足的缺口，直接促进其资本形成和经济增长，此可概括为"资本效应"；其次，FDI 带来了先进的技术和管理，促进东道国技术进步进而促进经济增长，此可概括为"溢出效应"。

关于我国 FDI 与经济增长的关系问题，大量的研究表明，FDI 在促进我国经济增长的过程中起着重要作用，众多实证分析证实了 FDI 与我国经济增长之间的正相关关系。FDI 主要是通过技术进步促进经济增长；FDI 是我国经济增长的原因，我国经济增长也是 FDI 增长的原因，二者互为因果关系；我国 FDI 与经济增长存在一种长期稳定关系。

关于知识产权制度与 FDI 关系的研究文献的基本结论是：越来越多的证据表明知识产权制度能影响全球的 FDI 决策，但是，没有实证结果能确定这种影响的总体强度。由于贸易、FDI 和技术许可三者之间互相影响和转化，知识产权制度对 FDI 的影响是复杂的，但是，多数的实证研究表明，知识产权强保护的国家更能吸引与知识相关的 FDI。

本章利用 Dunning 创立的 OLI 理论，对知识产权制度对 FDI 的影响进行理论分析。结论是：无法从理论上清晰确定知识产权制度对 FDI 的影响。其原因是，知识产权制度对 FDI 的影响并不是单一明确的，而是取决于对三种优势影响程度的对比。加强知识产权保护会增强跨国公司的所有权优势和区位优势，削弱内部化优势，从而影响企业国际经济活动的微观决策。如果加强知识产权保护导致的内部化优势削弱占主导，那么，跨国公司当然会减少甚至取消 FDI，选择技术许可方式取得知识资产的收益。如果加强知识产权保护引起的区位优势增加占主导，则会促进 FDI 的增加。这一分析结论与国外已有的实证研究结论基本一致。

为确定我国知识产权制度对 FDI 的实际影响，本章进行了进一步的计量经济学分析。以人均 GDP 作为市场规模指标，以进口额占 GDP 之比作为贸易开放度指标，以年度职工平均工资作为工资水平指标，以百万人口专业技术人员数作为人力资源水平指标，以知识产权保护强度作为知识产权制度指标，建立多元线性计量模型，选取我国 1987～2004 年的 FDI 时间序列相关数据进行计量检验，验证了知识产权保护强度与 FDI 之间的显著正相关关系，其影响系数为 1.190，即知识产权保护强度有 1% 的增强，将会引起 1.19% 点的 FDI 增长。但是，与市场规模和工资水平相比，知识产权保护强度的影响程度相对较小。我国近 20 年来吸引 FDI 的主要因素是不断扩大的市场规模和相对较低的工资水平。

第八章 知识产权制度与经济
增长关系的实证分析

第一节 相关研究文献综述 *

在研究多区域条件下的知识产权制度与经济增长问题时，大多数研究都将世界分为两类国家：发达国家（创新的北方）和发展中国家（模仿的南方）。所关注的问题是加强南方知识产权保护是否会提高全球增长率、北方至南方的技术转移率以及南北双方的福利水平。一个简单的部分均衡分析表明，加强南方知识产权保护，北方总能从中获益，而只有在 R&D 是高度生产性的，即在南方强知识产权保护下的 R&D 能大幅降低成本，以及南方占有产品的大部分市场的情形下，南方本身才能从中获益。❶ 在这些情形下，南方的额外垄断利润大大激励了北方的 R&D 投入，同时，由北方 R&D 投入引起的消费增长导致南方福利的提高。但是，Deardoff（1992）❷ 认为，随着越来越多国家加强知识产权保护，由强化知识产权保护产生的创新收益越来越小，因为由此保护的额外市场和引发的额外创新逐渐消失。知识产权所有人

---

* Rod Falvey and Neil Foster, The Role of Intellectual Property Rights in Technology Transfer and Economic Growth: Theory and Evidence, United Nations Industrial Development ment Organization, Vienna, 2006.

❶ Chin, J. and G. M. Grossman, Intellectual Property Rights and North – South Trade, in R. W. Jones and A. O. Krueger (eds.), *The Political Economy of International Trade*, Cambridge, MA: Basil Blackwell, 1990: 90 ~ 107.

❷ Deardoff, A. V., Welfare Effects of Global Patent Protection, *Economica*, 1992, (59): 33 ~ 51.

坚持垄断价格会扭曲消费者选择，强化知识产权保护就导致福利损失，尤其是在没有或只有很少 R&D 的国家。许多评论家认为，TRIPs 协议的主要影响就是财富从发展中国家到发达国家企业的转移。例如，Rodrik（1994）❶ 指出，"不考虑关于市场结构和动态效应的假设，强化不发达国家知识产权保护的影响后果就是财富从不发达国家消费者到外国企业尤其是工业化国家企业的转移。"与此相反的观点是，南方和北方对于技术可能存在各自不同的要求和重点，南方也具有加强知识产权保护的需要，以推动符合其需要的特定技术的创新，而这往往被忽视了。❷

更多最近的研究建立了创新与增长的一般动态均衡模型，一些成果非常重要。其中之一就是，在 R&D（创新投入）与创新产生的新产品或改进产品的生产之间的稀缺资源竞争。从一个国家到另一国家的技术转移途径是至关重要的，最简单的情形是，当只有货物贸易时，对转移至南方的产品的成功模仿就会使其具有相对优势。当创新有利可图时，短期内，南方加强知识产权保护就能减少南方的模仿并促进北方的创新，但是，正如 Helpman（1993）❸ 指出的，长期而言，北方的创新可能会下降，因为新产品在北方长期生产导致很少资源能用于创新。因此，南方强知识产权保护可能会减缓全球增长。然而，南方弱知识产权保护会减弱对北方创新的激励，北方出口者会隐藏他们的生产技术，从而限制对贸易产品的模仿程度。南方因弱知识产权保护获得的技

---

❶ Rodrik, D., Comments on Maskus and Eby – Konan, in A. V. Deardoff and R. M. Stern（eds.）, *Analytical and Negotiating Issues in the Global Trading System*, Ann Arbor, MI: University of Michigan Press, 1994: 447 ~ 450.

❷ Diwan, I. and D. Rodrik, Patents, Appropriate Technology, and North – South Trade, *Journal of International Economics*, 1991, （63）: 79 ~ 90.

❸ Helpman, E., Innovation, Imitation, and Intellectual Property Rights, *Econometrica*, 1993, （61）: 1247 ~ 1280.

术转移可能收益会被北方不断的隐藏所抵销。[1]

Helpman 认为 FDI 的资源竞争效应是中性的。为减小北方资源的竞争,创新者将新产品生产转移至南方,南方加强知识产权保护能够提高外国投资速度以及增大创新回报。但是,如果跨国公司在南方而不是在北方生产产品,则南方企业能更方便地模仿跨国公司的产品,这使问题更为复杂。南方强化知识产权保护导致模仿成本提高,而南方企业投入更多的资源进行成功率很低的模仿。南方更多的资源用于模仿意味着更少的资源用于生产,这导致 FDI 向合同许可的改变。这样,生产又转移回北方,北方能用于创新的资源变少,从而在总体上降低了创新率。[2]

Yang 和 Maskus (2001)[3] 研究了南方加强知识产权保护对北方企业创新并将先进技术许可给南方企业的影响。由于南方生产成本低廉,技术许可具有更高利润的优势,但是也具有其他成本,主要是在合同谈判、转移必要技术方面的成本,以及包含在许可费中的许可人必须授权被许可人阻止模仿的成本。加强南方知识产权保护,就降低模仿风险,进而降低许可成本,因此激励北方向南方的技术许可,从而释放更多的资源用于创新。

通过对相关理论文献的简短回顾,能得出的最重要的结论或许是,关于强化南方知识产权保护对给北方创新的激励和北方到南方的技术转移率两方面的影响,并没有清楚的结论。这些影响很大程度上取决于技术转移的途径以及南方利用技术的能力,对特定国家而言,知识产权制度对增长的影响取决于国家特点尤其

---

[1] Taylor, M. S., TRIPs, Trade, and Technology Transfer, *Canadian Journal of Economics*, 1993, (26): 625~638.

[2] Glass, A. and K. Sagi, Intellectual Property Rights and Foreign Direct Investment, *Journal of International Economics*, 2002, (56): 387~410.

[3] Yang, G. and K. E. Maskus, Intellectual Property Rights, Licensing, and Innovation in an Endogenous Product – Cycle Model, *Journal of International Economics*, 2001, (53): 169~187.

是天赋要素，这就需要深入研究。许多内生增长模型包含两个部门，一个是具有干中学或外溢效应的动态部门，另一个是传统部门。在经济全球化条件下，一国的贸易开放导致资源从动态部门流入还是流出，决定其经济增长率是提高还是降低。资源配置取决于一个国家的初始天赋要素。自由贸易取向以及具有动态部门相对优势的国家，知识产权制度会促进经济增长，然而，对于在动态部门处于劣势的国家，知识产权制度的影响就不太清楚。

一小部分文献直接验证了加强知识产权保护对经济增长的可能影响，其结论总结在表 5 - 1 中。这些文献并没有对技术转移的特定途径或者经济增长的机制进行验证，但是，非常简单地表明了技术转移是否具有积极影响以及何处何时具有积极影响。

尽管在因果关系上需要进一步探讨，但不同研究的结论还是相当一致的。Gould 和 Gruben（1996）[1] 以 95 个国家1960 ~ 1988 年间的平均数据为样本，采用 R-R 指数验证了较强知识产权保护对经济增长的显著性。他们还验证了知识产权制度对增长的影响是否有赖于贸易开放度。其观点是，在封闭经济条件下，较强的知识产权保护并没有预想的鼓励创新和促进增长的效应，因为企业在市场有保证的情况下是不会有动力去创新的。Rivera-Batiz 和 Romer（1991）[2] 的模型对这一假设进行了理论解释，在封闭经济中的企业会觉得复制外国技术比开发新技术更有利可图。

Gould 和 Gruben 将实际人均 GDP 的平均增长率对 R-R 指数以及初始人均 GDP、投资占 GDP 的比例、中学入学率及初始识字水平等解释变量进行回归，发现加强知识产权保护对增长具有统计学上显著的积极影响。他们还进而检验了在开放以及封闭经

---

[1] Gould, D. M. and W. C. Gruben, The Role of Intellectual Property Rights in Economic Growth, *Journal of Development Economics*, 1996, (48): 323 ~ 350.

[2] Rivera - Batiz, L. A. and P. M. Romer, International Trade with Endogenous Technological Change, *European Economic Review*, 1991, (35): 971 ~ 1004.

济中的知识产权制度与增长的关系。回归结果得出结论，在更开放的经济中，知识产权制度对增长的影响更大一些。

Thompson 和 Rushing（1996）[1] 进行了类似的检验，将 112 个国家在1970～1985 年间的平均人均 GDP 增长率对投资占 GDP 的比例、中学入学率、人口增长率、初始人均 GDP 和 R-R 指数进行回归。他们发现 R-R 指数与增长之间具有正向关系，但在统计学上并不显著。于是，他们考虑是否可能是知识产权制度的影响取决于一个国家的增长率水平，即只有当一个国家达到某一特定的（但具体未知）发展水平（以初始人均 GDP 表征），知识产权制度对增长才有影响。采用阈值回归方法，他们寻找到的阈值为人均 GDP 水平 3400 美元（以 1980 年美元计）。在低于这一数值的国家，知识产权制度与增长没有显著关系，而在高于这一数值的国家，关系就是积极并显著的。

在他们随后的论文中[2]，将分析扩展到 3 个方程体系，这 3 个因变量是：实际人均 GDP 增长率、1971 年全要素生产率（TFP）与 1990 年全要素生产率之比以及 R-R 指数。同样，根据初始人均 GDP 水平将样本国家分为两部分，该分析对 55 个发达国家和发展中国家进行似不相关回归（Seemingly Unrelated Regression（SUR））。检验发现，TFP 提高对 GDP 增长具有正向并显著的影响；在全部样本国中，知识产权保护指数与 TFP 关系不显著，但是在最富裕的子样本国中，就具有正向且显著的关系。这一结果表明，在最发达国家，较强的知识产权保护是通过提高 TFP 来影响增长的。

---

[1]　Thompson, M. A. and F. W. Rushing, An Empirical Analysis of the Impact of Patent Protection on Economic Growth: An Extension, *Journal of Economic Development*, 1996, (21): 61～79.

[2]　Thompson, M. A. and F. W. Rushing, An Empirical Analysis of the Impact of Patent Protection on Economic Growth: An Extension, *Journal of Economic Development*, (24): 67～76.

最近，Falvey 等（2004b）[1] 采用最新发展的阈值方法扩展并修正了简单均衡分析，采用这种方法可以确定阈值（即一个结构性突变点［a structural break］）的数值、显著性以及不只一个阈值的可能性。他们采纳 G-P 指数以及 80 个国家在1975～1994年间 4 个五年期的平均数据。与 Thompson 和 Rushing 一样，他们认为知识产权制度的影响可能取决于一个国家的发展水平和经济结构。他们以初始人均 GDP 和制造价格（因为制造业是 R&D 最集中的部门）作为模仿/创新能力指标。创新/模仿能力的两个评价指标引出一致的结果，即一个三段模型（three-regime model）（也就是有两个结构性突变点）。对于低端或高端的国家，发现知识产权制度具有积极显著的影响，但对于处于中端的国家，知识产权制度与增长就不存在显著的关系。这些结果表明，样本国中的不发达国家和发达国家从加强知识产权保护中获得收益。最发达国家受益是因为加强知识产权保护鼓励了创新和技术转移；不发达国家没有创新或模仿的能力，其受益的原因是加强知识产权保护鼓励了通过其他途径的技术转移。那些处于中段的国家具有一定的模仿能力，加强知识产权保护会产生两种抵销性的影响，一方面，鼓励本国创新以及通过增长的进口和 FDI 的技术转移，另一方面，因限制了对其他产品的模仿程度而减弱了技术转移。但是，他们绝对没有找到加强知识产权保护对增长具有负向影响的证据。

基于贸易占 GDP 比率阈值的结果与 Gould 和 Gruben（1996）的结论相当一致，知识产权保护强度与增长之间在所有阶段都具有正向关系，但是，只在高端（即对于最开放的国家）其关系是统计学上显著的。这结论更进一步表明，提高国际贸易开放度

    ❶ Falvey, R. E. , N. Foster and D. Greenaway, Intellectual Property Rights and Economic Growth, *GEP Research Paper* No. 04/12, Leverhulme Centre for Research on Globalisation and Economic Policy, Nottingham：The University of Nottingham, 2004.

能增加知识产权制度的收益。

Park（1999）❶采用 SUB 方法对一个四方程系进行估计。4个因变量分别是：产量增长率、实物资本投资占 GDP 的比率、人力资本投资占 GDP 的比率、R&D 投资占 GDP 的比率。后 3 个变量作为解释变量被包含在产量增长率方程式中，而 G-P 指数作为解释变量被包含在所有的四个方程式中。以 60 个国家1960～1990 年的平均值数据进行模型估计，其结果表明，知识产权制度对产量增长率具有不显著的直接影响，但通过其对实物资本和R&D 投入的影响，具有显著的间接影响。Park 根据人均 GDP 的平均水平将样本一分为二，发现只在最富有的一半样本中知识产权制度才通过这些投入要素间接影响增长，而在最贫穷的一半样本中没有显著影响。

综上所述，强化知识产权制度能促进增长，但取决于国家的特点。在其他条件相同的情形下，知识产权制度在更开放的经济中能引发更高的增长。在其他条件相同的情形下，知识产权制度在最富有和最贫穷国家能引发更高的增长，但在中等收入国家却没有显著影响。

第二节　知识产权制度对经济增长贡献度计量模型

多年来人们一直致力于研究知识特别是技术进步对经济增长所做的贡献，1957 年，索洛发表的《技术进步与总生产函数》一文首次给出测度技术进步在经济增长中贡献份额的规范方法，提出了以增长速度方程为模型，用"余值法"测算技术进步的方法。

---

❶ Park，W. G.，Impact of the International Patent System on Productivity and Technology Diffusion，in Lippert，O.（ed.），*Competitive Strategies for Intellectual Property Protection*，Vancouver，BC：Fraser Institute，1999.

本研究以"索洛余值法"为基础探讨在一定的制度约束下知识产权制度对经济增长的影响。在这里，我们把知识产权制度导致的技术进步作为除劳动力和资本投入外的一项要素投入，近似估算出知识产权制度对经济增长的贡献度。[1]

在已知生产函数的基础上引入知识产权制度导致的技术进步要素，建立生产函数为：

$$Y = A_t(N,I)f(K,L) \tag{8-1}$$

式中 Y——产出量；

　　　K——资本投入；

　　　L——劳动力投入；

　　　A_t——t 时期的技术水平；

　　　I——知识产权制度导致的技术进步；

　　　N——除资本、劳动力以及知识产权制度导致的技术进步以外的导致经济增长的因素；

　　　f——可微分函数。

该函数可调整为：

$$Y = A_t(N)f(K,L,I) \tag{8-2}$$

假设该函数可微分，上式两边同时对 t 求导数，得：

$$\frac{\mathrm{d}Y}{\mathrm{d}t} = \frac{\mathrm{d}A_t}{\mathrm{d}t}f(K,L,I) + A_t\frac{\partial f}{\partial K}\frac{\mathrm{d}K}{\mathrm{d}t} + A_t\frac{\partial f}{\partial L}\frac{\mathrm{d}L}{\mathrm{d}t} + A_t\frac{\partial f}{\partial I}\frac{\mathrm{d}I}{\mathrm{d}t} \tag{8-3}$$

两边同时除以 Y，得：

$$\frac{\mathrm{d}Y}{\mathrm{d}t}\frac{1}{Y} = \frac{\mathrm{d}A_t}{\mathrm{d}t}\frac{f(K,L,I)}{Y} + \frac{A_t}{Y}\frac{\partial f}{\partial K}\frac{\mathrm{d}K}{\mathrm{d}t} + \frac{A_t}{Y}\frac{\partial f}{\partial L}\frac{\mathrm{d}L}{\mathrm{d}t} + \frac{A_t}{Y}\frac{\partial f}{\partial I}\frac{\mathrm{d}I}{\mathrm{d}t} \tag{8-4}$$

由于

$$\frac{\partial Y}{\partial K} = A_t\frac{\mathrm{d}K}{\mathrm{d}t}\frac{\partial f}{\partial K}; \qquad \frac{\partial Y}{\partial L} = A_t\frac{\partial f}{\partial L}; \qquad \frac{\partial Y}{\partial I} = A_t\frac{\partial f}{\partial I} \tag{8-5}$$

———————————

[1]　陈昌柏：《知识产权经济学》，北京大学出版社 2003 年版，第 101～103 页。

$$Y = A_t f(K, L, I)$$

因而式（8-5）可转化为：

$$\frac{dY}{dt}\frac{1}{Y} = \frac{1}{A_t}\frac{dA_t}{dt} + \frac{1}{K}\frac{\partial Y}{\partial K}\frac{dK}{dt}\frac{K}{Y} + \frac{1}{L}\frac{\partial Y}{\partial L}\frac{dL}{dt}\frac{L}{Y} + \frac{1}{I}\frac{\partial Y}{\partial I}\frac{dI}{dt}\frac{I}{Y}$$

$$(8-6)$$

令：

$$\alpha = \frac{\partial Y}{\partial K}\frac{K}{Y}; \quad \beta = \frac{\partial Y}{\partial L}\frac{L}{Y}; \quad \gamma = \frac{\partial Y}{\partial I}\frac{I}{Y} \quad (8-7)$$

则式（8-6）为：

$$\frac{dY}{dt}\frac{1}{Y} = \frac{1}{A_t}\frac{dA_t}{dt} + \alpha\frac{1}{K}\frac{dK}{dt} + \beta\frac{1}{L}\frac{dL}{dt} + \gamma\frac{1}{I}\frac{dI}{dt} \quad (8-8)$$

式（8-8）就是增长速度方程，等号左边是产出的增长速度，等号右边第二、第三项分别是资本投入量、劳动力投入量的增长速度与资本产出弹性 α、劳动力产出弹性 β 的乘积，第四项是知识产权制度导致的技术进步投入量与其产出弹性 γ 的乘积。

实际应用时，常以增量代替微分，则式（8-8）可写成：

$$\frac{\triangle Y}{Y} = \frac{\triangle A}{A_t} + \alpha\frac{\triangle K}{K} + \beta\frac{\triangle L}{L} + \gamma\frac{\triangle I}{I} \quad (8-9)$$

令：

$$y = \frac{\triangle Y}{Y}; \ a = \frac{\triangle A}{A_t}; \ k = \frac{\triangle K}{K}; \ l = \frac{\triangle L}{L}; \ i = \frac{\triangle I}{I}$$

$$(8-10)$$

则式（8-9）可写成：

$$y = a + \alpha k + \beta l + \gamma i \quad (8-11)$$

式中　y——产出增长速度；

k——资本投入量增长速度；

l——劳动力投入量增长速度；

i——知识产权制度导致的技术进步的增长速度；

α、β、γ——资本、劳动以及知识产权制度的产出弹性。

该公式表明产出的增长是由资本、劳动以及知识产权制度投入的增加带来的。y、k、l一般都可以利用统计数据计算得出，因而，只要估算出参数 α、β、γ，再分别乘上它们的增长速度，就可以求出它们对产出增长的贡献度。

第三节　我国知识产权制度对经济
增长的贡献度测算

一、计量模型

已知传统的柯布—道格拉斯生产函数 $Y = A_t K^\alpha L^\beta$，把资本和劳动力作为重要的要素投入，其剩余部分索洛解释为技术进步。新经济增长理论认为，技术进步是经济增长的内生变量。因此，本研究将知识产权制度导致的技术进步内生化，引入知识产权制度变量，对柯布—道格拉斯生产函数进行改进，建立包含知识产权制度的经济增长生产函数，为：

$$Y = A_t(N)K^\alpha L^\beta I^\gamma \qquad (8-12)$$

式中　Y——经济增长产出（国内生产总值（GDP））；

　　　K——社会资本总量；

　　　L——社会劳动力总量；

　　　I——由知识产权制度引起的技术进步；

　　　A_t——全要素生产率；

　　　N——除资本、劳动力和知识产权制度引起的技术进步之外的能导致经济增长的因素；

　　　α、β、γ——资本、劳动力和知识产权制度的产出弹性系数。

对式（8-12）两边取自然对数，由此获得线性计量模型：

$$LnY = LnA_t + \alpha LnK + \beta LnL + \gamma LnI \qquad (8-13)$$

式中　LnY——产出增长速度；

　　　LnK——资本投入量增长速度；

LnL——劳动力投入量增长速度；

LnI——知识产权制度导致的技术进步的增长速度；

α、β、γ——资本、劳动以及知识产权制度的产出弹性。

因而，只要估算出参数 α、β、γ，再分别乘上它们的增长速度，就可以求出它们对产出增长的贡献度。

二、相关数据

本研究选取我国 1985 ~ 2005 年期间 GDP、全社会固定资产投入、全社会从业人员数据以及本研究计算获得的知识产权保护强度指数数据，具体见表 8 - 1。

表 8 - 1　我国 1985 ~ 2005 年 GDP、固定资产投入、
从业人员以及 IP 强度指数

年度	GDP（亿元）Y	固定资产投入（亿元）K	从业人员（万人）L	IP 强度指数 I
1985	9016. 0	2543. 19	49873	0. 397
1986	10275. 2	3120. 6	51282	0. 458
1987	12058. 6	3791. 69	52783	0. 456
1988	15042. 8	4753. 8	54334	0. 487
1989	16992. 3	4410. 38	55329	0. 517
1990	18667. 8	4517	64749	0. 542
1991	21781. 5	5594. 5	65491	0. 582
1992	26923. 5	8080. 09	66152	0. 625
1993	35333. 9	13072. 31	66808	1. 121
1994	48197. 9	17042. 86	67455	1. 335
1995	60793. 7	20019. 27	68065	1. 419
1996	71176. 6	22913. 55	68950	1. 499
1997	78973. 0	24941. 12	69820	1. 559
1998	84402. 3	28406. 16	70637	1. 602
1999	89677. 1	29854. 71	71394	1. 850
2000	99214. 6	32917. 73	72085	1. 927
2001	109655. 2	37213. 5	73025	2. 209
2002	120332. 7	43499. 91	73740	2. 311

续表

年度	GDP（亿元）Y	固定资产投入（亿元）K	从业人员（万人）L	IP强度指数 I
2003	135822.8	55566.61	74432	2.412
2004	159878.3	70477.4	75200	2.536
2005	183084.8	88773.6	75825	

数据来源：GDP、全社会固定资产投入、全社会从业人员数据来源于国家统计局网站；知识产权保护强度指数为本研究计算所得。

三、回归分析

按照上述线性计量模型，对原始数据的自然对数值进行线性回归。

首先，以各自变量的当期数据进行回归，结果列于表 8 - 2 第 I 组。结果显示，LnK、LnL 和 LnI 均与 LnY 呈正相关关系，但 LnI 的回归系数未能通过显著性检验，其 t 统计值仅为 0.9739，需进行一定的改进。

考虑到知识产权制度对经济增长影响的滞后性，将知识产权保护强度数据滞后一年重新进行回归分析，结果列于表 8 - 2 第 II 组。结果显示，LnK、LnL 和 LnI 的回归系数均在 1% 水平上显著（t 统计值分别为 6.8714、5.7875、5.3142），回归系数分别为 0.43437、1.2934、0.48576。而且，F 值为 2112.24，说明总体回归方程是显著的；调整后 R^2 为 0.9970，模型拟合度很高。

表 8 - 2　我国知识产权保护强度与经济增长关系回归分析结果

	I	II
常数项	-7.6039 * * (-2.2374)	-7.7987 * (-3.3924)
LnK	0.6391 * (4.6373)	0.43437 * (6.8714)
LnL	1.0973 * (3.3601)	1.2934 * (5.7875)
LnI	0.2002 (0.9739)	0.48576 * (5.3142)

续表

	I	II
R^2	0.9945	0.9975
调整后 R^2	0.9935	0.9970
F 值	963.396	2112.24
样本数	20	20

注：表中括号内数值为该回归系数的 t 统计值；＊、＊＊分别表示该系数在 1%、2.5% 的水平上显著。

回归结果为：

$$LnY = -7.7987 + 0.43437LnK + 1.2934LnL + 0.48576LnI_{t-1}$$

$$(8-14)$$

调整后的 $R^2 = 0.9970$，各系数均在 1% 水平上显著。

回归结果表明，知识产权制度对经济增长的弹性系数为 0.48576，即，知识产权保护强度 1% 的增强将会导致经济增长 0.48576%。

按照我国 1985～2005 年期间 GDP 的平均增长率计算，知识产权制度的贡献率为 32.7%，资本的贡献率为 52.6%，劳动力的贡献率为 14.7%。

第四节 知识产权制度对我国各地区经济增长影响的实证分析

根据本研究构建的知识产权保护强度指标体系的计算所得，我国各地区的知识产权保护强度存在一定程度的差异，最高得分为 3.44，最低得分为 2.0，高于全国知识产权保护强度的有 14个地区，主要是京、津、沪以及沿海发达地区，低于全国知识产权保护强度的有 17 个地区，主要是中西部不发达地区。各地区知识产权保护强度的差异性基本反映了我国知识产权保护的实际情况，大体呈现"东高西低"的趋势。

在理论上，我国各地区知识产权保护强度的差异应当会引起各地区经济增长的差异。事实上，我国各地区的经济增长也呈现"东高西低"的趋势，这与各地区的知识产权保护强度是基本一致的。以下就此进行计量经济学验证。

借鉴上述式（8－12）建立的包含知识产权制度的经济增长生产函数：

$$Y = A_t(N)K^\alpha L^\beta I^\gamma$$

对式（8－15）两边取自然对数，由此，获得线性计量模型：

$$LnY = LnA_t + \alpha LnK + \beta LnL + \gamma LnI \qquad (8-15)$$

式中　LnY——各地区产出（GDP）差异度；

　　　LnK——各地区资本投入量差异度；

　　　LnL——各地区劳动力投入量差异度；

　　　LnI——各地区知识产权制度导致的技术进步的差异度；

　　　α、β、γ——资本、劳动以及知识产权制度的产出弹性。

选取我国 2004 年各地区 GDP、固定资产投入、从业人员数据以及本研究计算获得的 2004 年各地区知识产权保护强度指数数据，具体见表 8－3。

表 8－3　我国 2004 年各地区 GDP、固定资产投入、
从业人员以及 IP 强度指数

地区	GDP（亿元）Y	固定资产投资（亿元）K	就业人口（万人）L	IP 强度指数 I
西　藏	251.21	181.4	140.4	2.000
青　海	543.32	329.8	267.6	2.324
宁　夏	606.10	443.3	299.6	2.395
海　南	894.57	367.2	377.7	2.506
甘　肃	1933.98	870.4	1347.6	2.178
贵　州	1979.06	998.3	2215.8	2.072
新　疆	2604.19	1339.1	764.3	2.616
重　庆	3070.49	1933.2	1720.8	2.530
云　南	3472.89	1777.6	2461.3	2.280

续表

地区	GDP（亿元） Y	固定资产投资（亿元） K	就业人口（万人） L	IP强度 指数 I
吉　林	3620.27	1741.1	1099.4	2.546
陕　西	3675.66	1882.2	1882.9	2.377
天　津	3697.62	1495.1	426.9	3.045
内蒙古	3895.55	2643.6	1041.1	2.548
江　西	4056.76	2176.6	2107.5	2.356
广　西	4075.75	1661.2	2703.1	2.326
山　西	4179.52	1826.6	1476.4	2.500
安　徽	5375.12	2525.1	3484.7	2.305
黑龙江	5511.50	1737.3	1625.8	2.729
湖　南	6511.34	2629.1	3658.3	2.448
湖　北	6520.14	2676.6	2676.3	2.486
福　建	6568.93	2316.7	1868.5	2.780
北　京	6886.31	2827.2	920.4	3.440
四　川	7385.11	3585.2	4603.5	2.379
辽　宁	8009.01	4200.4	1978.6	2.906
上　海	9154.18	3509.7	855.9	3.428
河　北	10096.11	4139.7	3467.3	2.632
河　南	10587.42	4311.6	5662.4	2.446
浙　江	13437.85	6520.1	3202.9	2.864
江　苏	18305.66	8165.4	3877.7	2.791
山　东	18516.87	9307.3	5110.8	2.778
广　东	22366.54	6977.9	4702.1	2.947

数据来源：GDP、固定资产投入、从业人员数据来源于国家统计局网站；知识产权保护强度指数为本研究计算所得。

按照上述线性计量模型，对原始数据的自然对数值进行线性回归，回归分析结果见表 8 - 4。

结果显示，LnK、LnL 和 LnI 的回归系数均在 1% 水平上显著（t 统计值分别为 5.3389、6.0449、6.4420），回归系数分别为 0.5096、0.4708、2.4701。而且，F 值为 684.50，说明总体回归

方程是显著的；调整后 R^2 为 0.9856，说明模型拟合度很高。

表8-4　我国各地区知识产权保护强度与经济增长关系回归分析结果

常数项	-1.3023 * (-4.7855)
LnK	0.5096 * (5.3389)
LnL	0.4708 * (6.0449)
LnI	2.4701 * (6.4420)
R^2	0.9870
调整后 R^2	0.9856
F 值	684.50
样本数	31

注：表中括号内数值为该回归系数的 t 统计值；* 分别表示该系数在1%的水平上显著。

回归结果可表示为：
$$LnY = -1.3023 + 0.5096LnK + 0.4708LnL + 2.4701LnI$$

$$(8-16)$$

调整后的 $R^2 = 0.9856$，各系数均在1%水平上显著。

回归结果表明，各地区的知识产权保护强度与其经济增长呈显著正相关关系，知识产权保护强度的差异导致了经济增长的差异。知识产权制度对各地区经济增长的弹性系数为 2.4701，即各地区知识产权保护强度1%的差异度将会导致各地区经济增长 2.4701%的差异。

本章小结

国外学者对知识产权制度与经济增长的关系进行了一系列的实证研究，其基本结论为：强化知识产权保护能促进经济增长，但取决于各自国家的经济特点。在其他条件相同的情形下，知识产权制度在更开放的经济中能引发更高的增长；在较发达和较落后国家能引发更高的增长。

将知识产权制度导致的技术进步内生化，引入知识产权制度变量，对柯布—道格拉斯生产函数进行改进，建立包含知识产权制度的经济增长生产函数，并以此为基础构建知识产权制度对经济增长贡献度的计量经济模型。

选取我国 1985~2005 年期间 GDP、全社会固定资产投入、全社会从业人员数据以及知识产权保护强度数据进行回归分析。回归结果表明，知识产权制度对经济增长的弹性系数为 0.48576，即知识产权保护强度 1% 的增强将会导致经济增长 0.48576%。按照我国 1985~2005 年期间 GDP 的平均增长率计算，知识产权制度的贡献率为 32.7%，资本的贡献率为 52.6%，劳动力的贡献率为 16.6%。

选取我国 2004 年各地区 GDP、固定资产投入、从业人员数据以及各地区知识产权保护强度数据进行回归分析。回归结果表明，各地区的知识产权保护强度与其经济增长呈显著正相关关系，知识产权保护强度的差异导致了经济增长的差异。知识产权制度对各地区经济增长的弹性系数为 2.4701，即各地区知识产权保护强度 1% 的差异将会导致各地区经济增长 2.4701% 的差异。

第九章　知识产权制度与经济增长关系的总体分析

在 WTO 主持下通过的 TRIPs 协议的实施，加强了全球知识产权保护机制，关于知识产权制度对经济增长影响的许多问题也就随之涌现。由于诸多原因，不可能明确地断定知识产权制度会促进发展和改善经济增长进程。有两个原因是极为重要的：第一，许多知识产权制度外的其他因素影响经济增长，其影响可能强于知识产权的影响。这些因素包括宏观经济稳定性、市场开放度、改善经济科技基础设施的政策以及人力资源的获取等。第二，经济学理论指出，知识产权制度能对经济增长起到许多影响，一些是积极的，另一些是消极的。而且，这些影响的程度取决于每一国家的具体经济文化环境。[1]

理论上，知识产权制度对经济增长的影响具有两面性，即，既具有积极的影响，又具有消极的影响。知识产权制度对经济增长的最终影响是这两方面影响的综合。

第一节　知识产权制度对经济增长的积极影响

新经济增长理论认为，知识创新和技术进步是一国经济持续增长的核心动力，国家间经济增长水平差异的原因在于它们知识创新和技术进步水平的差异。知识创新和技术进步水平提高的关键因素是该国内部自主创新能力和对外部技术溢出的吸收。作为

---

[1]　Maskus, K. E., Intellectual Property Rights And Economic Development, *Case Western Reserve Journal of International Law*, Special Supplement 2000, (32), Issue 2.

一国经济基础制度之一的知识产权制度，正是以提高知识创新和技术进步水平为直接目的，以促进经济增长为最终目标。其积极影响主要表现为以下几个方面。

一、激励知识创新和技术发明

这是知识产权制度最直接的目的，正所谓"在天才之火上添加利益之油！"。

知识产权制度通过赋予创新者在一定期限内的垄断性的专有权利，以激励对知识创新和技术发明的投入。由于知识产品具有公共产品特性和较强的外部性，其研究开发成本高昂，模仿生产的边际成本却很低，这必然导致市场失灵——创新者无法从自由市场中获得足够的经济补偿，致使知识的创造低于社会最优水平。因此，只有通过一定的法律制度给予创新者一定的垄断性权利，才能让其回收投入、取得收益，进而激发其进一步的创新。要引导创新就必须接受垄断这种必不可少的"罪恶"，知识产权制度正是通过对新产品的消费者收取垄断价格来为创新者提供激励的。❶

本研究所构建的理论模型已在理论上得出一个国家的创新能力随着其知识产权保护水平的提高而提高的结论，并得到 78 个国家数据的实证验证。大多数的国外实证研究也证实了知识产权制度对技术创新的促进作用。

对我国而言，本研究从创新投入指标和产出指标两方面验证了知识产权制度与我国 R&D 经费支出和专利申请量之间的显著强正相关关系。

二、促进技术扩散

知识产权制度促进技术扩散的作用，主要通过三个途径：货

---

❶ Schumpepter, Joseph, *Capitalism*, *Socialism and Democracy*, Allen and Unwin, London, 1942.

物和服务国际贸易、跨国公司的 FDI、技术和商标许可。

大多数关于知识产权制度与技术扩散的国外实证研究表明：尽管存在三个技术扩散途径相互替代转化的情况，但加强知识产权保护能显著促进技术扩散。

本研究对我国的进口额与知识产权保护强度之间的相关性实证分析结果显示，我国的知识产权保护强度与进口额呈显著正相关关系，表明我国知识产权制度一定程度上有效地促进了我国的国际贸易。

本研究对我国 1987 ~ 2004 年的 FDI 时间序列相关数据进行计量检验，验证了知识产权保护强度与 FDI 之间的显著正相关关系，其影响系数为 1.190，即知识产权保护强度有 1% 的增强，将会引起 1.19% 点的 FDI 增长。

三、促进信息的获取和传播

专利制度就是以公开技术信息为条件而赋予申请人专利权的制度。这大大地加快了信息的扩散，方便了公众对信息的获取，避免了重复研究，使大量的改进发明不断涌现，最终促进了技术的进步和发展。通过发明的公开，公众就能获取相关知识，如果没有专利保护，发明就不会产生或者产生得更晚。

技术知识的公开主要体现在出版的专利文献中。多项研究证实，只有约10% ~ 15% 的专利文献中的技术知识能在技术期刊等其他技术文献中找到，这充分说明了作为信息来源的专利文献的重要性。❶

"专利对未来的发明率有影响，因为它们创造的所谓溢出就是发明过程的副产品。典型的溢出就是一种发明会为另一种发明

---

❶ Cf. E. HÄUSSER, Das Patentwesen als Spiegelbild technologischer Leistungsfähigkeit, in: Deutscher Verband Technisch – Wissenschaftlicher Vereine (ed.), Technologische Leistungsfähigkeit als Faktor wirtschaftlichen Wettbewerbs, 26 et seq. (Düsseldorf, 1978); S. GREIE, Die Informationsfunktion von Patenten, 52 et seq. (Göttingen, 1982).

提供新思路。这样一种溢出效应从经济观点来看是特别有价值的，因为它们是经济增长的一个重要刺激因素"。❶

　　知识产权制度的确立，使知识产权拥有人对其拥有的专利、商标、商业秘密等具有更大的法律确定性，这种确定性增加了产品贸易和技术许可活跃度，进而加速了知识产品的传播扩散。

第二节　知识产权制度对经济增长的消极影响

　　在适宜的社会、经济环境条件下，知识产权制度能发挥其上述重要的积极作用，必然能给经济增长带来潜在的长期收益。然而，强知识产权保护也会引发经济和社会成本的增加，对经济增长具有消极的影响。而且，在发展中国家，对知识产权保护的加强，往往会在短期表现为负效应，即在享受知识产权制度的动态收益之前往往会在短期内承受社会福利的净损失，上述的积极影响往往迟于消极影响的出现。这就是为何在发展中国家推行强知识产权保护困难重重的原因。

　　知识产权制度作为一把"双刃剑"，会引发经济成本和社会成本的增加，对经济增长具有一定的消极影响。其消极影响主要表现为以下几方面。

一、垄断价格形成，消费者福利损失

　　加强知识产权保护对一国经济增长的不利影响之一是它会给予权利人更强的市场地位，易于形成垄断价格，造成短期内社会消费水平的下降和消费者福利的恶化。

　　就其本质来看，知识产权制度确立了权利人对其创造性知识

---

　　❶　Bart Verspagen, The Economic Importance of Patents, Paper for the WIPO Arab Regional Symposium on the Economic Importance of Intellectual Property Rights, Muscat, Sultanate of February, 1999.

成果拥有垄断权，并用法律手段保证这种权利的实现。一方面，知识产权制度的确立，有利于知识产权权利人将其知识产品向社会公开、传播，从而取得经济利益。但另一方面，知识产权本身具有垄断权性质，权利人在行使权利过程中为追求利润最大化，极可能扩张垄断权利，垄断权利的扩张势必以牺牲社会的公共利益为代价，影响全社会知识资源的增长，对经济增长产生消极作用。

由于发达国家市场体系完善、市场竞争充分，因此垄断价格的形成及其带来的副作用相对来说不会很强。但是，就发展中国家而言，由于其市场体系不完善，因此极易出现知识产权滥用，形成价格垄断。特别是在专利方面，加强发展中国家知识产权保护，使专利权人获得的相对市场优势大大超过在发达国家能获得的相对市场优势。因此，这些专利权人往往会在关键的技术领域减少生产销售数量，造成供小于求，从而形成垄断价格。垄断价格在药品、农药、植物品种、生物技术和信息产业上表现最为典型。据调查，专利药品比仿制药价格高出许多。我国 1991 年给予药品专门保护，1993 年给予专利保护，有关药品的价格平均上涨 3 ~ 4 倍。在印度，1996 年专利药品价格比 1994 年的价格上涨 50% 。❶ 可见，发展中国家引进专利制度或加强专利保护后，专利权人通过产品区分和市场规划，更易获得市场支配力，更易形成垄断价格。在发展中国家，尤其受人关注，因为知识产权产品往往来自外国企业，这就意味着大量的相关利润转移出国。显然，发达国家企业更愿意在发展中国家开拓市场，因为它们能获得更多的收益。

加强知识产权保护致使本国物价上涨的幅度取决于以下 4 个因素：（1）市场结构：包括市场上与专利权人竞争的本国及外

---

❶ Maskus, K. E., Intellectual Property Rights and Economic Development, *Case Western Reserve Journal of International Law*, Summer 2000.

国厂商的数量、市场进入和退出的自由度、产品的质量差异和贸易的开放度等。总的来说，竞争激烈和竞争形式以价格战为主的产业受知识产权制度变化的影响较小。（2）需求弹性：产品需求弹性随时间、产业和国家的不同存在很大的差异，通常需求弹性越大的产品受知识产权制度变化的影响越小。（3）价格管制：特别对制药业而言，为使本国公民支付得起必要的药品和治疗，国家宁可牺牲一部分专利厂商的利润，以维护公众利益。（4）反垄断政策：反垄断政策可以规制企业滥用知识产权的行为，这有利于企业的良性竞争和经济的长期增长。❶

当然，如果是在充分竞争的环境中，形成垄断价格的影响就会相应减小。

二、技术模仿、获取、使用成本增加

加强知识产权保护应关注的一个基本问题是这种加强保护往往会导致减少获取技术信息的机会，即不利于知识产品的传播与扩散。强知识产权保护之下，仿冒、复制将被禁止，通过模仿获取技术的成本大大提高，技术使用者不得不支付知识产权许可费用，这会导致使用技术的成本也大大提高。因此，发展中国家为获得技术将要支出巨额外汇，国外知识产权权利人就会得到更多的国际租金转移。

McCalman 利用 1988 年 29 个国家的双边专利授权数（包括发展中国家和发达国家）和专利保护指数，对实施 TRIPs 协议将导致的跨国收入转移进行了测算。其测算结果表明 TRIPs 协议导致的国际租金转移在经济上是显著的。其中美国是 TRIPs 协议的最大受益者：一方面由于在海外拥有大量的专利权，加强专利保护使美国得到 58.5 亿美元的租金转入（几乎占据租金转入总额

---

❶ 王晓春：“知识产权、企业竞争与发展中国家的经济增长”，复旦大学博士学位论文，2004 年 4 月。

的70%）；另一方面由于美国专利法在 1988 年就已经达到了 TRIPs 协议的标准，因而它所需的制度改进非常小，实施 TRIPs 协议导致的租金转出仅为 9 200 万美元；综合两种因素，TRIPs 协议使美国从现有的专利上又获得了 57.6 亿美元的净租金收入。由于类似的原因，德国、法国、意大利、瑞典和瑞士也都成为净租金转入国。发展中国家在海外的专利数十分有限，而且现有的专利制度离 TRIPs 协议的要求有很大差距，因此无一例外地成为租金的净转出国。而且从数量上可以看出，发展中国家实施 TRIPs 协议的短期代价是巨大的——尽管经济规模远不能与发达国家相比，但它们承受了全部租金转出的将近 40%。例如，巴西每年净支出专利费 17 亿美元，印度为 4.3 亿美元。❶ "TRIPs 协议具有分配效应，对欠发达国家而言，加强知识产权保护意味着财富从本国厂商和消费者向其他工业化国家企业的转移"。❷

"模仿是后进者技术学习的必由之路，是他们获得自主产品开发能力的关键一步"，"后进者的赶超必须经过模仿阶段才能在技术上获得自主性，日本汽车工业的经验是如此，韩国汽车工业的经验也是如此"。❸ 模仿的最大障碍可能就是知识产权保护制度，因此，对于主要依靠模仿取得技术进步和经济增长的发展中国家而言，强知识产权保护减少了其快速发展的机会。

---

❶ McCalman, Phillip, Reaping What You Sow: An Empirical Analysis of International Patent Harmonization, *Working Paper in Economics and Economitrics* 374, Canberra: Australian National University, 1999. 转引自：王晓春："知识产权、企业竞争与发展中国家的经济增长"，复旦大学博士学位论文，2004 年 4 月。

❷ Rodrik, Dani: *Comments on Initial Draft of Chapter*, in Analytical and Negotiation Issues in the Global Trading System, ed. By Alan V. Deardorff and Robert M, Ann Arbor, MI: University of Michigan Press.

❸ 路风：《走向自主创新：寻求中国力量的源泉》，广西师范大学出版社 2006 年版，第 121~122 页。

三、管理和执法成本增加

加强知识产权保护，与 TRIPs 协议所规定的知识产权国际保护标准接轨，这是发展中国家加入 WTO 必须履行的国家义务。因此，发展中国家的知识产权制度在与国际接轨过程中需要付出大量的制度建设、实施和管理成本。

1996 年，联合国贸易与发展会议（UNCTAD）对发展中国家执行 TRIPs 协议的管理成本作了大概估计：埃及进行制度升级和机构建设的一次性成本投入约为 80 万美元，而随后每年的培训成本达到 100 万美元。孟加拉国为达到 TRIPs 协议要求的一次性投入的管理成本约为 25 万美元，随后每年在司法系统、信息管理设备和法律实施方面的费用约为 110 万美元，当然这还未包括相关的培训费用。中国每年超过 1000 万美元❶，这些费用包括对审查员、法官、律师和行政官员的培训，以及运行各种机构的费用。其中最大的成本或许是大量的科技、工程和法律人才投身于复杂的知识产权管理和执法系统中的机会成本。因为在发展中国家，由于资金匮乏造成科技体系不健全，科研人员的待遇相对较低，这导致科研人员人心不稳，大量高技术人才外流。

由于各国加强知识产权保护的成本规模主要与当地知识产权保护现状、法制建设程度和司法效率相关，因此，贫穷和法制落后的小国更难以承受知识产权制度的实施成本。在我国，由于实行了富有特色的司法行政双轨保护机制，知识产权的管理和执法成本更为高昂。这也许是我国知识产权执法难于令人满意的原因之一。

---

❶ UNCTAD, The TRIPs Agreement and Developing Countries, Geneva: UNCTAD, 1996.

四、劳动力就业减少，就业压力增大

有学者认为，由于发达国家是主要的知识产品生产国，而发展中国家是主要的知识产品消费国，因此，假冒、盗版、虚假标记等不正当竞争行为主要出现在发展中国家。[1] 事实上，在某些发展中国家，大量劳动力就业于从事仿冒、盗版等知识产权侵权的行业，有的甚至已经形成完整的产业链，这样就在这些非法领域中聚集了大量的劳动力。所以，如果这些国家加强知识产权保护立法，并且加强法律的实施程度，一个最直接的影响就是导致经济活动中模仿率的下降，侵权和盗版行业必然会被削弱甚至消灭，因此，聚集于这些行业中的劳动力就需要找到替代的工作。对于那些想实行更强的知识产权保护的政策制定者来说，这种对劳动力的再安置问题构成了一个严峻的挑战，因为由此造成的失业问题在短期内对一国的经济增长可能是不利的，甚至有可能造成社会的不稳定。

Maskus 教授对黎巴嫩加强知识产权保护对就业和价格的影响作了模拟研究[2]（见表 9 - 1），对这一问题的评价提供了有益的参考。

表 9 - 1 反映了黎巴嫩加强知识产权保护在不同因素影响下产生的总效应。我们可以从表 9 - 1 的数字中清晰了解到知识产权保护的加强给就业所带来的压力。例如：假定软件版权减小 50% 盗版率，这会减少 717 名工人在侵权企业的就业机会。由于盗版软件的衰落会促进合法软件的发展，使社会需求转移到本国合法的产品和分销渠道，失业人员中技术素质较高的工人被非侵权企业雇佣，或建立了自己的新企业，这时合法企业的就业机会

---

[1] 董涛："TRIPs 协议竞争规则研究"，载《法治论丛》2003 年第 3 期。

[2] Maskus, K. E., Intellectual Property Rights in Lebanon, International Trade Division, World Bank, 1997.

上升为 426 人。综合后，加强知识产权保护使黎巴嫩全社会就业
人数净减少 291 人。总体上，黎巴嫩加强知识产权保护，使黎巴
嫩减少就业 5459 人，占其全国正式劳动力的 0.5%。虽然相对于
整个劳动力市场，这只是很小的比例。❶ 但这一问题往往是集中
于某些行业或地区，因此，必须解决这一问题，否则，就会引起
社会的动荡，阻碍经济增长。因此，必须加快经济增长和建立弹
性的劳动力市场，提供足够的替代就业岗位，以便转移企业和劳
动力至合法领域。

表 9－1　黎巴嫩加强知识产权保护对就业和价格的影响

产业	侵权就业数	合法就业数	净增就业数	价格变化（%）
软件业	−717	+426	−291	
软件				+18.5
个人电脑				+17.8
印刷及出版业	−642	+298	−344	
印刷服务				+13.2
图书等				+7.3
音乐、录像及电影业	−500	+119	−381	
音乐及录像				+10.1
电影				+2.3
食品	−2681	−479	−3160	+3.8
化妆品	−614	−119	−733	+4.3
药品	−315	−235	−550	10.0
合计	−5469	+10	−5459	

五、知识产权滥用

由于知识产权制度的作用机制源于权利人对其知识产权的垄
断权利，这就可能导致某些知识产权权利人滥用其市场支配地

---

❶　Maskus, K. E.. Intellectual Property Rights in Lebanon, International Trade Division, World Bank, 1997.

位，以谋取超额垄断利润。因知识产权滥用而形成的市场垄断在知识经济时代已经成为垄断的重要因素，甚至是关键因素。

知识产权滥用是权利人行使知识产权时违反法律规定或公共政策的行为，主要表现为各种不合理地拒绝或者限制他人使用其知识产权的行为。典型的知识产权滥用行为有：知识产权权利人拒绝许可他人使用其知识产权，从而阻碍其他经营者进入其所在的产品或服务市场与其竞争；知识产权权利人控制知识产权产品的转售价格；知识产权权利人在销售知识产权产品时强制搭售其他产品；知识产权权利人设置排他回授条款，即规定被许可方将任何改进的商业秘密技术或其他独占性技术排他地只能回授给许可方，以剥夺被许可方向第三方转让新技术的权利；知识产权权利人利用已经获得的知识产权制定技术标准，用收取高额知识产权费来控制技术标准，从而控制某一产品的市场；知识产权权利人利用控制技术来源的办法控制技术市场；知识产权权利人利用价格歧视的方法控制产品市场等。

知识产权滥用造成的直接后果就是限制和阻碍知识创新成果的转移和扩散。技术进步依赖于技术创新和技术扩散的共同作用。虽然技术扩散存在诸多的困难，但技术转让是获取技术秘密或隐性知识的一个重要途径，国际上的技术转让更有助于发展中国家实现技术进步。然而，从利益最大化的原则出发，权利人只有在对自己是有利的情况下才会转让自己的技术。为了维持自己的垄断优势，权利人经常会滥用自己在技术、信息、品牌等方面的独占权利，拒绝转让自己的技术，或者在技术转让协议中对受让方设置种种限制，以排除他人的竞争、限制技术的转移。因此，任凭知识产权滥用而不加以规制，以知识产权制度促进技术创新、技术转移和信息扩散的目标就难以实现，最终有害于一国

的技术进步和经济增长。❶

　　知识产权滥用必将导致国家资源配置的扭曲、中小企业竞争力的下降、社会福利状况的恶化、对创新激励的减弱，进而阻碍全社会技术进步水平的提高。

第三节　知识产权制度对经济增长的总体影响

　　知识产权制度对经济增长的最终影响是上述两方面影响的综合。如果积极影响的效果强于消极影响的效果，那么，知识产权制度对经济增长的最终效果就体现为促进作用，反之，则体现为阻碍效果。

　　关于知识产权制度如何影响经济增长的问题是复杂的，强知识产权保护能促进也能阻碍经济增长，它由多个变量决定。知识产权制度的效果在相当程度上取决于每个国家的特定经济环境。

　　在 2005 年北京财富全球论坛上，我国国家知识产权局原局长王景川对知识产权制度的作用作了如下客观冷静的表述："历史已经表明，只有知识产权的保护范围、保护方式、保护水平，适应国家当时的生产力发展水平，并能随着未来的发展需要而变革，才能真正促进科技创新、文化繁荣、经济增长、社会进步；否则，会产生负面的作用。"❷

　　国外学者对知识产权制度与经济增长关系进行了一系列的实证研究，尽管选取的样本数、独立变量数以及知识产权保护指数不同，但其研究的结论基本一致：强化知识产权制度能促进经济增长，但取决于国家的特定经济特点。在其他条件相同的情形

---

❶　张伟君、单晓光："论知识产权保护对企业技术转让的影响"，载《知识产权》2008 年第 1 期。

❷　见《中国知识产权报》2005 年 5 月 20 日第 1 版。

下，知识产权制度在更开放的经济中能引发更高的增长。❶

本研究通过建立一个包含内生创新的最优知识产权保护水平模型，分析得出一个国家的最优知识产权保护水平随着其经济增长水平起初下降然后提高的结论，并采用计量经济学方法，以108个国家为样本，实证验证了知识产权保护与经济增长水平之间的U形关系并通过显著性检验，其拐点为人均GNP813.38美元。该模型分析认为，当起始于经济增长低水平时，提高经济增长水平可能对模仿外国技术的收益的影响比促进本国创新的收益的影响更大，因此，模仿效应就可能占优于创新效应，此时应当降低知识产权保护水平；当经济增长水平高于特定水平时，本国创新效应增强至优于模仿效应，此时起应当提高知识产权保护水平。因此，最优知识产权保护水平随着经济增长水平的提高起初降低然后提高，两者呈U形关系。换言之，存在着一个理论上的拐点，当经济增长水平小于该拐点时，加强知识产权保护强度只会阻碍经济增长，只有当经济增长水平超过该拐点后，加强知识产权保护强度才会促进经济增长。

通过对我国知识产权制度对经济增长的贡献度实证验证，知识产权制度对我国20年来GDP的贡献率为32.7%，低于资本的贡献率（52.6%）。

通过对我国20年来知识产权制度与FDI关系的计量检验，验证了知识产权保护强度与FDI之间的显著正相关关系，其影响系数为1.190，但是，与市场规模和工资水平相比，知识产权保护强度的影响程度相对较小。我国近20年来吸引FDI的主要因素是不断扩大的市场规模和相对较低的工资水平。

❶ Rod Falvey and Neil Foster, The Role of Intellectual Property Rights in Technology Transfer and Economic Growth: Theory and Evidence, United Nations Industrial Development Organization, Vienna, 2006.

第四节　我国知识产权制度对经济增长的积极
作用未能充分发挥的原因

客观地说，知识产权制度对我国经济增长功不可没。但是，知识产权制度对我国经济增长的积极作用还没有充分发挥，一些消极影响却先行显现。

显然，我国知识产权制度的积极作用未能充分发挥有其特定的原因，主要表现为：（1）经济增长水平低；（2）市场机制不完善；（3）研发投入不足、创新能力不强；（4）知识产权运用管理能力不强；（5）知识产权行政司法机制不完善；（6）知识产权滥用规制缺位。

一、经济增长水平低

知识产权制度是市场经济高度发展的产物，是以发达经济为基础的上层建筑。理论上，经济增长水平决定知识产权制度，即知识产权制度必须符合经济增长水平，否则，可能会阻碍经济增长。因此，经济增长水平的高低是决定知识产权制度是否产生消极影响的内在原因之一。

本研究的模型分析和实证验证已得出知识产权保护强度与经济增长水平呈 U 形关系的结论，即：在低于某一特定经济增长水平时，知识产权保护强度与经济增长水平呈递减关系，而只有在高于某一特定经济增长水平时，两者才呈递增关系。

对于经济发达国家，以经济发达为后盾，具有较强的创新能力，强知识产权保护能鼓励创新和促进经济增长。

对于经济落后国家，由于经济不发达，仅具有极低的从事创新活动的能力，直接导致知识产权制度对技术创新激励作用难以发挥。知识产权制度对经济增长的影响很有可能是通过贸易和吸收 FDI 起到的间接作用。因此，在经济落后国家，强知识产权保护是通过鼓励贸易和 FDI 而促进经济增长的。

而对于发展中国家，通过贸易和 FDI 间接产生的知识产权制度对经济增长的积极影响，会被知识产权制度对经济增长的消极影响所抵销。发展中国家不可能是重要的创新者，但是它们为了从事模仿活动而具有极强的模仿和适应能力。对于这些国家，知识产权制度对经济增长的微弱影响反映了这样一个事实，强知识产权保护通过贸易和 FDI 而产生的对经济增长的积极影响，被强知识产权保护阻碍知识传播和模仿所抵销。

我国是一个与一般发展中国家有所不同的、拥有一定创新能力和自主知识产权的、加工能力比较强的快速发展中的大国。作为上层建筑的知识产权制度应该与我国的经济社会发展水平相适应，否则就有可能对经济增长产生消极影响。

二、市场机制不完善

市场机制就是价值规律的作用机制，是市场机体内价格、供求和竞争等因素之间互为因果、互相制约的联系和作用。市场机制是知识产权制度赖以生存和运行的基础。如果市场机制不完善，就势必会影响知识产权制度的良好运行，限制知识产权制度积极作用的发挥，反而突显出消极影响。目前，由于我国市场机制的不完善，特别容易产生对市场化改革取向的不科学认识，甚至产生对市场机制的怀疑、否定，以及对计划经济的怀恋、肯定。这种错误的主观认识必然使知识产权制度功能的发挥无法得到保障。

在客观方面，我国知识产权流通市场并不健全。具体表现在：中国经济中产业结构矛盾日益突出，地区发展不平衡，城乡二元结构非常明显，市场现有的行政化计划性色彩使市场机制具有滞后性，市场未能充分发挥对资源配置的功能，企业在市场中缺乏自主创新能力，知识产权信用担保制度不健全，缺乏金融合作平台的多样性，缺乏知识产权价值评估机制以致未充分激活知识产权，知识产权交易市场的法规建设和交易平台建设的滞后性，以及与知识产权交易相关的法律法规的不完善等。

知识产权制度是市场经济的产物，开放、有序、健全的市场以及不断完善的市场机制是知识产权制度充分发挥增进经济社会发展作用的基础平台。

三、研发投入不足，创新能力不强

对发展中国家而言，由于其经济增长水平相对较低、资金缺乏，从而在研发投入方面存在不足，阻碍了创新能力的培育和提高；而知识产权制度的建立是以保护创新成果为手段、以实现激发创新、促进发展为目标，所以研发投入的不足和创新能力的欠缺必然导致无法充分享受知识产权制度的积极作用。

近年来，我国的 R&D 投入总量位于世界第六位，科技人员和研究开发人员的数量分别占世界的第一位和第二位；[1] R&D 投入占 GDP 的比重在 1.2% ~ 1.3% 之间，达到中等收入国家水平，但由于人口众多，人均 R&D 投入的水平比较低。有关数据显示，创新型国家和发达国家 R&D 经费投入一般占其当年 GDP 的比例大多在 2% 以上。[2] 2003 年，美、日、德、法四国的 R&D 经费投入占其当年 GDP 的比例分别是 2.60、3.15、2.55 和 2.17，而我国 R&D 经费投入总额虽达到 1 558亿元，占当年 GDP 的 1.31%，但前述四国当年 R&D 经费投入分别为我国的 15 倍、7 倍、3 倍和 2 倍。可见，我国研发投入严重不足。

研发投入的不足必然导致创新成果产出的量小质差。

从 1985 年 4 月 1 日起至 2005 年 12 月 31 日，我国共授予发明专利权 238 721 项，其中国内主体授权 87 344 项，仅占

---

[1] 吕薇："从制度入手提高自主创新能力"，载《文汇报》，2006 年 4 月 7 日。

[2] 张小蒂、李风华："技术创新、政府干预与竞争优势"，载《世界经济》2001 年第 7 期。

36.5%，而国外主体授权 151 377 项，占 63.5%，其中核心专利与重大专利较多，如果加上三资企业与跨国公司在华建立的研发机构的发明专利授权数，则国外主体及其在华关联单位的授权比例高达 80% 左右。此外，我国发明专利申请所集中的领域主要是中药、软饮料、食品等，不属于富有市场潜力的高新技术领域；我国的发明专利权维持时间相对比较短。

2006 年我国 21 万件发明专利申请量中，42% 来自国外，58% 来自国内。来自国内的申请大概有 1/3 是个人申请，大专院校、科研院所、企业申请的专利只有 2/3，也就是说只有 8 万多件，这 8 万多件里面又有一半左右来自三资企业、独资企业、合资企业，所以只剩下 4 万多件是我们自己的大专院校、科研院所、企业申请的。2006 年我国的 PCT 申请量只有 3 900 余件，仅占全球总量的 2.6%，居世界排名第八位，仅是世界排名第一的美国 PCT 申请量的 1/20。这些专利申请经过审查，真正能够获得授权的就更少了。❶

在我国，99% 的企业没有专利，60% 的高校没有专利，60% 的企业没有自己的商标，只有 0.3‰ 的企业拥有核心知识产权。

四、知识产权运用管理能力不强

知识产权是当代企业最重要的经营资源之一，只有将知识产权付诸实施、精心经营，才能实现其价值、发挥其功能，知识产权制度促进经济增长的积极作用才能得以真正发挥。

在我国数百万家企业中，普遍缺少知识产权经营管理的体制和机制。迄今，我国 99% 的企业没有申请专利，60% 的企业没有注册自己的商标，90% 以上的企业没有知识产权管理机构或者人员，没有知识产权管理制度或者规章。知识产权产、学、研严重脱节，科研人员忽视知识产权经济价值的实现；企业的知识产

---

❶ 见:《中国知识产权报》，2008 年 1 月 30 日，第 2 版。

权经营能力不强，管理制度不完善；知识产权流通市场不健全，法律环境不完善；知识产权中介体系力量薄弱，尤其缺少权威和实用的专利信息检索与分析、技术贸易和科技成果转化、无形资产评估等知识产权公共信息服务平台及网络；知识产权创造人才创新积极性不强、流失严重；科技成果评价体系错位，重成果轻知识产权，导致成果多知识产权少的结果。据统计资料反映，我国赶超世界先进技术水平的"863"计划实施10年来，共鉴定成果1 200多项，发表论文2万多篇，但申请专利只有240多件。❶

五、知识产权行政司法机制不完善

执法与立法是互为补充、缺一不可的两个方面。既要有法可依，又要执法必严。知识产权制度对经济增长的促进作用，必须以知识产权法律制度的充分有效执行为基础。

目前，我国知识产权执法体系的一大重要特征就是司法和行政"两条途径、协调运作"。该知识产权执法体系已经运行多年，颇见成效。但是这一体系中仍然存在行政执法与管理机构较多、体制分散、政出多门、协调不足、工作界面不清晰甚至有冲突等情况，例如专利、商标、著作权、商业秘密等分别由不同行政部门管理，国家知识产权局与国务院保护知识产权办公室等综合行政管理部门重复设置，具有知识产权行政执法的机构数以十计。这严重影响了知识产权行政执法的效率和效果，体现为：知识产权行政管理机构设置过于分散和不科学，知识产权行政管理的部门数量太多，缺少一个统一的领导机构对整个知识产权工作进行协调，没有形成一个完整的组织系统；行政效率低下，权力分割化、部门利益化现象越来越严重；行政成本膨胀，造成大量的人力资源、设施及财政资金的浪费。

---

❶　辜胜阻："我国专利现状存在八大问题　跨国公司圈地势头令人担忧"，载《中华工商时报》2002年3月4日。

知识产权司法审判和行政管理执法机构分散，审判、管理和执法效率不高、能力不强，标准不统一。这一问题已严重影响我国知识产权制度的充分有效运行。

六、知识产权滥用规制缺位

目前，我国知识产权侵权和滥用严重，这不仅是由于司法和行政执法不力，而且还由于知识产权立法的不完善，尤其是由于知识产权滥用规制立法的缺位，导致知识产权权利人滥用知识产权，从而影响了经济增长。

随着经济的全球化，我国企业面临着更激烈的竞争，发达国家知识产权权利人利用其在知识产权领域的比较优势，把知识产权作为垄断手段来限制竞争对手，从而损害竞争者和消费者利益。然而，由于我国没有完善的专门规制知识产权滥用的法律法规，在国内市场上遇到知识产权滥用行为时往往束手无策，而在国外市场上却处处受到严格的知识产权壁垒和反垄断法的审查和控制。尽管我国对涉及知识产权的垄断或限制竞争行为作了一些零星的直接或间接的规定，但是这些规定不是专门从知识产权滥用规制的角度作出规范，而是散见于相关的法律、行政法规之中，而且主要适用于有关对外经济贸易活动中的行为，而不是普遍适用于我国市场上的与知识产权有关的垄断或限制竞争行为，缺乏必要的控制知识产权滥用的综合性法律制度。因此，由于知识产权滥用规制的缺位，导致知识产权制度的"保护与反滥用两条腿走路"沦为"一条腿的瘸子"。

本章小结

本章在前几章研究的基础上，对知识产权制度与经济增长的关系进行总体分析，结论如下。

知识产权制度对经济增长的影响具有两面性，既具有积极的影响，又具有消极的影响。知识产权制度对经济增长的积极影响体现为：（1）激励知识创新和技术发明；（2）促进信息的获取和传播；（3）促进技术转移。知识产权制度对经济增长的消极影响体现为：（1）垄断价格形成，消费者福利损失；（2）技术模仿、获取、使用成本增加，国际租金转移；（3）管理和执法成本增加；（4）劳动力就业减少，就业压力增大；（5）知识产权滥用。

知识产权制度对经济增长的最终影响是这两方面影响的综合。关于知识产权制度如何影响经济增长的问题是复杂的，强知识产权保护能促进也能阻碍经济增长，它由多个变量决定。知识产权制度的效果在相当程度上取决于每个国家的特定经济法律环境。知识产权制度对我国经济增长的积极作用还没有充分发挥，其主要原因为：（1）我国经济增长水平低；（2）市场机制不完善；（3）研发投入不足、创新能力不强；（4）知识产权运用管理能力不强；（5）知识产权行政司法机制不完善；（6）知识产权滥用规制缺位。

总之，知识产权制度是市场经济高度发展的产物，是以发达经济为基础的上层建筑。理论上，经济增长水平决定知识产权制度，即知识产权制度必须符合经济增长水平，否则，可能会阻碍经济增长。对发展中国家而言，加强知识产权保护，在短期静态上会增加社会经济成本和减少社会福利，但在长期动态上必然会促进经济增长。这为完善我国知识产权制度、实施国家知识产权战略提供了理论依据。

第十章　中国知识产权制度的完善

第一节　完善我国知识产权制度的必要性和紧迫性

知识产权制度的进一步完善俨然已成为一个世界性的命题。我国知识产权制度的建立和完善，既是我国经济社会发展的需要，建立创新型国家的要求，也是适应国际经济一体化，履行加入 WTO 国际义务的要求。但是，我国完善知识产权制度是以强化知识产权保护为导向，还是以防止过度保护为导向，应当根据我国的经济、社会、文化、法制的实际状况而定，绝不应盲从于某些国家和某些专家的一家之言。我国现在正处于知识产权制度完善的十字路口，不完全到位的保护与尚有缺失的权利限制问题都有待解决。

各国经济发展的历史表明，制度是最重要的生产力之一。合理的制度，具有维护公平、激励进步的作用。很多发展中国家之所以长期经济停滞不前，就是因为缺乏合适的制度。就我国而言，市场和制度的不完善的确客观存在，因而造成了许多激励机制的缺位，阻碍了经济社会的健康有序发展。规范和完善我国的知识产权制度显然有助于矫正这一点。这是我国经济发展的内在要求。同时，完善知识产权制度也有助于影响人们形成规范的创新观念，规范人们的创新行为，维护规范的市场秩序，从而构建经济发展的外部环境。由此可见，知识产权制度的完善，为创新型国家建设提供了由内到外的保障机制。

发展中国家知识产权制度的完善的最一般收益，主要体现为对技术创新的推动。从总体上来看，发展中国家的 R&D 不足是一个基本的事实。究其原因，或是由于缺乏意识、观念落后、财力不足等，但其中一个不可忽视的重要因素就是缺乏充分激励创新的制度，完善的知识产权制度建设将有助于改变这一现状。当然，发展中国家有可能因为产业结构层次较低，技术创新的效益不明显等原因，从而影响 R&D 投入的积极性，但这需要有一个过程，而这个过程的开始就是完善的知识产权制度建设。否则，技术创新活动还会被无限期地延后。同时，完善的知识产权制度还将促进知识的扩散。这主要表现为知识产权转移和知识产权实施后的技术信息的扩散；完善知识产权制度还会明显地促进外来投资和技术引进。

对我国而言，不能因为我国目前的产业结构层次较低，就可以对知识产权保护要求不高；不能由于我国现在的总体技术水平还比较落后，就可以对科研活动仅仅停留在表层；不能鉴于我国目前技术创新活动较为低迷，就可以对知识产权保护放松。即使不同产业技术水平有差异，但仍可以通过专利等制度安排推动技术创新；专利等知识产权尽管在短期内有损消费者利益，但是却赋予新知识的生产者以更可靠的利益刺激，使之更快地推进研究与开发活动，并把已取得的成果更快地公之于众，因而在长期上对社会是有利的。❶ 在短期内、局部上，或许知识产权制度的完善、知识产权保护的强化，会给发展中国家带来静态损失，但从长远来看，知识产权制度的完善必定是利大于弊。

随着 TRIPs 协议的诞生，知识产权保护已趋于全球化，这是一个不可逆转的趋势。我们要缩短与发达国家之间的差距，就必须跟上时代的步伐，不断完善知识产权制度；同时，我国 30 年的改革开放历程也表明，我国要与国际接轨，就必须加入有关知识产权国际性的规则和条约，这是我国完善知识产权制度的依据，而且越早参与就越有利、越主动，因为只有参与才有发言

---

❶　邹薇："知识产权保护的经济学分析"，载《世界经济》2002 年第 2 期。

权，不参与等于放弃，而放弃就等于自我孤立。

综上分析，无论是我国建立创新型国家的战略要求，还是经济全球化和国际知识产权制度的发展趋势，完善我国知识产权制度别无选择，具有必要性和紧迫性。2008 年 4 月 9 日，国务院原则通过《国家知识产权战略纲要》，6 月 5 日，国务院正式发布《国家知识产权战略纲要》。国家知识产权战略与可持续发展战略、科教兴国战略、人才强国战略共同构成我国经济社会发展的有机统一、协调配合的国家战略，这正是对完善我国知识产权制度必要性和紧迫性的高瞻远瞩的战略决策。·

第二节　完善我国知识产权制度的背景

我国在知识产权制度建设上的进步和成就是有目共睹、世人皆知的。客观地说，我国的知识产权立法水平已世界领先，但其执法水平有待改进；知识产权制度在促进我国经济发展方面功不可没，但其积极作用没有充分发挥。

一、我国知识产权制度建设已经取得的成绩

我国知识产权制度建立较晚，只有 20 多年的历史，但是发展速度较快，主要是在学习西方发达国家知识产权制度的基础上建立的，并为了加入 WTO 又进行了大规模的修改。目前，符合国际知识产权保护要求的知识产权法律法规体系基本建立。

自 20 世纪 80 年代以来，为切实落实改革开放政策，我国加快知识产权立法进程，迅速建立了知识产权法律基本体系。其主要立法有：1982 年《商标法》、1984 年《专利法》、1990 年《著作权法》、1993 年《反不正当竞争法》等。与此同时，我国积极加入国际知识产权保护体系，加入的主要国际条约有：1980 年《成立世界知识产权组织公约》、1985 年《保护工业产权巴黎公约》、1989 年《商标国际注册马德里协定》、1992 年《保护文学

艺术作品伯尔尼公约》、1992 年《世界版权公约》、1993 年《保护录音制品制作者防止未经许可复制其录音制品公约》、1994 年《专利合作条约》等，并与 2001 年加入世界贸易组织，成为 TRIPs 协议的缔约方。

我国在加入 WTO 前，又全面修订了《著作权法》（2001 年）、《专利法》（1992 年、2000 年）、《商标法》（1993 年、2001 年），颁布了《植物新品种保护条例》（1997 年）、《集成电路布图设计保护条例》（2001 年）等，使我国知识产权保护标准和水平达到 TRIPs 协议的要求。总之，从 20 世纪 80 年代到 21 世纪初，我国的知识产权制度仅仅用了不到 20 年的时间，就实现了从无到有、从低水平到高水平的发展，实现了从本土化向国际化的转变。❶ 世界知识产权组织前总干事鲍格胥曾对此评价说，中国的知识产权制度建设取得的成就是"举世瞩目"的。

在知识产权数量方面，随着知识产权制度的建立和完善，有了突飞猛进的增长。"十五"时期，我国专利、商标、版权、植物新品种保护、软件登记、集成电路布图设计、地理标志等各种知识产权的申请数量大幅增长，实用新型专利、外观设计专利和商标的年申请量连续多年位居世界第一。2006 年 6 月 27 日，我国专利申请累计总量突破 300 万件。从专利法实施的 1985 年 4 月 1 日起至 2000 年初，我国专利申请总量在近 15 年里达到了第一个 100 万件；此后，仅仅过了 4 年零 2 个月，我国专利申请总量再度突破 100 万件；第 3 个 100 万件只用了 2 年零 3 个月。"十五"期间的专利申请量年平均增长率达到 22.8%，授权量年平均增长率达到 15.2%。商标申请总量和注册商标总量连续 4 年居世界第一。2004 年全年商标申请量达 58.8 万件，累计申请总量超过 300 万件，注册商标累计总量超过 200 万件。在注册商标

---

❶　吴汉东等：《知识产权基本问题研究》，中国人民大学出版社 2005 年版，第 79 页。

总量中，前100万件花了20年时间，而后100万件仅仅用了5年时间。

我国知识产权制度建设已经取得的成绩还体现为：司法和行政"两条途径、并行运作、优势互补、司法终局"的知识产权执法保护体系已经建立；全社会的知识产权意识逐步增强。

二、我国知识产权制度所面临的问题与挑战

尽管我国的知识产权领域取得了世界公认的进步和成就，但我们应当清醒地认识到，我国知识产权事业总体状况还存在着与国家经济、科技和社会的发展要求不相适应，以及与面临的国际新形势的发展要求不相适应的问题。主要表现在以下几方面。

（一）知识产权创造方面

在知识产权创造方面，自主创新能力不足，知识产权产出不多、质量不高，只有"制造"没有"创造"，只有"创造"没有"产权"。

1. 研发（R&D）投入不足，知识产权产出数量小

2003年我国R&D经费支出总额达到1 558亿元，占当年GDP的1.31%。2004年，R&D经费支出1 966亿元，占当年GDP的1.23%。2005年，R&D经费支出2 367亿元，占当年GDP的1.30%。而创新型国家与发达国家R&D经费投入一般占其当年GDP的系数大多在2%以上。例如2003年，美、日、德、法四国的R&D经费投入占其当年GDP的系数分别是2.60、3.15、2.55和2.17；这些国家当年R&D经费投入分别为我国的15倍、7倍、3倍和2倍。

我国每年取得省部级以上的重大科技成果有3万多项，而申请专利的不到10%。

2. 国内发明专利申请量、授权量比例偏低，缺少原创性基础发明专利，在高新技术领域比例更低

从1985年4月1日起至2005年12月31日，我国共授予发

明专利权 238721 项，其中国内主体授权 87 344 项，仅占 36.5%，而国外主体授权 151 377 项，占 63.5%，其中核心专利与重大专利较多，如果加上三资企业与跨国公司在华建立研发机构的发明专利权授权数，则国外主体及其在华关联单位的授权比例高达 80% 左右。而且国外企业的专利主要分布在高科技领域，其中在无线电传输、移动通信、半导体、西药、计算机领域分别占到 93%、91%、85%、69%、60%。由于缺少核心知识产权，我国企业不得不将每部国产手机售价的 20%、计算机售价的 30%、数控机床售价的 20% ~ 40% 支付给国外专利持有者，企业难以摆脱'为他人作嫁衣裳'的不利局面。据国家知识产权局的相关统计，在按国际专利分类的 6905 个大组中，近年来专利申请的热点依次是：中药、食品、西药、输入法、移动通信、化妆品、半导体、非酒类饮料、电视零件、光学记录、污水处理、计算机应用等，这 20 个左右的专利申请热点，其申请量之和占总申请量的 1/7 多。而在这 20 个专利申请热点中，国内申请量占 90% 以上的有中药、食品、非酒类饮料，占 50% ~ 90% 的有输入法、污水处理、特种陶瓷等。这说明，我国的专利申请优势主要还是集中在一些传统的处于技术低端的领域，总体上技术含量和产品的附加值都不高。相反，发达国家的专利申请优势则主要集中在高附加值领域、生产制造基础技术领域、基础研究、设计及生产制造价值链的中枢部分，这是一个知识产权高产出的领域。然而在这些领域，我国均不具有明显的优势。

3. 国外专利申请量、授权量偏低

我国年申请国外专利的数量仅 2 000 多件，授权量仅 300 件左右，而一家跨国公司在国外的年授权量就超过 2 000 件；2002 年我国获得的美国专利仅为 283 件，占美国当年授权总量的 0.2%，而日本为 26.2%。

4. 商标注册量虽大，但国际驰名商标缺乏

商标申请总量和注册商标总量连续 4 年居世界第一，注册商

标累计总量达 250 万件，但无一入选全球 100 知名品牌，自主品牌出口额在出口总额中的比重不足 10%。

5. 企事业单位知识产权创造意识淡薄，大多数单位没有专利、商标

在我国，99% 的企业没有专利，60% 的高校没有专利，60% 的企业没有自己的商标，只有 0.3‰的企业拥有核心知识产权。

6. 知识产权创造人才创新积极性不强、流失严重

我国不缺富有创造力的优秀人才和拥有专利的新技术，然而这些人才因其多服务于大型的跨国企业，因此其所创造的技术成果往往被跨国公司所有，难以成为我国自主拥有的知识产权，这一点在新技术领域（如信息、生物和新材料领域）表现尤为明显。

7. 科技成果评价体系错位，重成果轻知识产权，导致成果多知识产权少的结果

（二）知识产权保护方面

在知识产权保护方面，知识产权立法不完善，司法和行政执法能力不强，知识产权侵权和滥用严重。知识产权单行法律法规重复冲突、不协调，对传统知识、地理标志、遗传基因等我国优势领域的法律保护缺位；知识产权司法审判和行政执法机构分散，审判和执法效率不高、能力不强，标准不统一；社会公众知识产权意识薄弱，群体性侵权事件频发；强制专利联合许可（专利池）、"垃圾专利"滥诉等知识产权滥用现象突出；跨国公司"跑马圈地"，知识产权从"权利"演变为"工具"。

（三）知识产权利用方面

在知识产权利用方面，知识产权产业化率低，管理制度不完善。

知识产权产学研严重脱节，科研人员忽视知识产权经济价值的实现；企业的知识产权经营能力不强，管理制度不完善；90% 以上的企业没有知识产权管理机构或者人员，没有知识产权管理

制度；知识产权流通市场不健全，法律环境不完善；知识产权中介体系力量薄弱，尤其缺少权威和实用的专利信息检索与分析、技术贸易和科技成果转化、无形资产评估等知识产权公共信息服务平台及网络。

（四）知识产权人才方面

在知识产权人才方面，懂技术、会管理、精法律的知识产权专门人才严重缺乏和流失。自 20 世纪 90 年代中期北京大学和上海大学相继成立知识产权学院至今，我国已培养了一批知识产权本科生、研究生，但从数量上仍难以满足社会需求；而且，迄今培养的知识产权人才主要以知识产权法律人才为主，缺少企业当前与今后最需要的具有理工、法律综合背景的知识产权经营管理人才；另外，我国近年来培养的知识产权优秀人才大批"外流"出国，或者"流外"至在华的跨国公司和外国企业。

三、完善我国知识产权制度的现实背景

知识产权的本质是一种经济和商业权利。❶ 在如今的知识经济时代，各国之间的竞争归根到底主要是知识产权的竞争。同时，为了应对经济全球化，知识产权保护显然已经出现了全球化的趋势，知识产权制度也就演化为国家之间利益博弈的工具。正是世界各国对本国利益的追求以及与他国利益的不断博弈推动了国际知识产权制度的发展，同时，科学技术的突飞猛进促进了知识产权制度的不断变革与完善。

知识产权制度突显国际化，实质上这是世界各国在知识产品跨国保护问题上不断进行协调的结果。TRIPs 协议的诞生，更是近两个世纪国际知识产权制度发展的集中体现。它第一次将知识产权与国际贸易联系在一起，规定了贯彻执行知识产权保护标准

---

❶　DTI. Competing in the Global Economy：The Innovation Challenge. DTI，2003：24.

的强制措施，是国际知识产权制度发展史上的一个里程碑。TRIPs 协议已经成为 WTO 各成员普遍接受的知识产权多边保护规则，从而确立了知识产权规则的国际化。它必然会对各国的知识产权立法、司法和执法产生极其深远的影响。然而，这个以发达国家为主导而确立的世界知识产权保护国际标准（以 TRIPs 协议为代表）更多体现的是发达国家的利益，而包括我国在内的广大发展中国家却只能处于弱势地位。但是发展中国家最终还是接受了这些标准，因为这实质上是发展中国家获取经济全球化利益的一种交换，也是当前经济全球化和经济知识化的必然结果。

知识产权制度面临信息化和新技术的挑战。知识产权的许多内容，不论是版权、专利、商标还是商业秘密，在本质上就是对相关信息的保护，而信息时代的到来又使得传统的知识产权理论显得有些力不从心。随着信息时代的到来，传统的知识产权制度显然已无法保护到如生物技术、计算机软件及商业方法等知识创新领域，知识产权制度的保护领域势必要扩大，这样才能为知识创新和技术创新转化为经济优势提供了可能，才能为一大批高附加值的产品和产业的快速发展提供强有力的后盾。生命科学、海洋技术、新材料技术等新技术的快速发展，对知识产权制度已经和必将产生深远影响。

知识产权的保护水平不断提高。随着知识产权在国际贸易中的作用突现以及高新技术的不断发展，知识产权保护的客体和领域不断拓展，知识产权的权利内容逐步增加，知识产权的保护期限有所延长，而知识产权权利限制的条件却更为严格。

知识产权保护的执行力度日渐强化。在发达国家和国际性多边组织的要求和推动下，各国的知识产权司法和行政执法力度进一步加强，知识产权保护的边境措施广泛使用，特别是在处理 WTO 成员间的知识产权纠纷时，WTO 争端解决机制的引入，更赋予了知识产权多边条约的执行力。

一些发达国家和地区先后提出并实施国家知识产权战略，以振兴本国经济和增强本国竞争力。知识产权正成为各国增强国家经济、科技实力和国际竞争力、维护本国利益和经济安全的战略资源。

发达国家经过几百年的发展奠定了完备的工业基础，培育和发展了强劲的创新能力，但发展中国家仍处于工业化的初级阶段，人才、科学技术和资金方面的基础还相当薄弱，创新能力严重落后，无法直接与发达国家相提并论。

我国是一个与一般发展中国家有所不同的、拥有一定创新能力和自主知识产权的、加工能力比较强的快速发展中的大国。我国知识产权事业不仅面临着知识产权保护标准国际化、知识产权保护范围扩大化、知识产权保护水平高度化、知识产权制度工具化、战略化以及知识产权问题政治化、外交化的冲击和挑战，而且还深受我国整体经济发展水平不高和地区发展水平不平衡的制约。制定和实施国家知识产权战略，完善我国知识产权制度，促进知识创新，增强国家竞争力，实现知识产权强国，是我国建设创新型国家的战略选择。

第三节　完善我国知识产权制度的基本原则

一、国家利益最大化原则

国家利益最大化原则是构建和完善我国知识产权制度的总原则，也是制定和实施国家知识产权战略所应遵循的总原则。通过完善知识产权制度，促进技术创新和技术移转活动的顺利进行，增强国家的核心竞争力，提高产业的国际竞争力，最终取得本国的技术跨越式发展和经济快速增长，从而缩小与发达国家之间的差距，最大限度地维护本国的利益，这是完善我国知识产权制度的根本出发点和归宿。在此总原则的引导下，完善我国知识产权制度还应遵循以下几个基本原则。

二、国际化原则

建立完善知识产权制度不仅是国家经济社会发展的内在要求，也是世界经济一体化的产物。国际知识产权制度已是国际贸易规则的重要组成部分。作为负责任的发展中大国，作为 WTO 成员，我国必须主动与知识产权规则的国际化接轨，符合国际知识产权条约的最低要求，完善知识产权制度。同时，我国要积极参与制定或修改国际知识产权规则的各项活动，加强与各国及国际组织的交流和合作，以掌握主动权，维护国家利益。

三、适度化原则

知识产权制度本质上是增进国家利益的制度工具，具有激励知识创新、推动知识传播、促进知识利用和增进经济发展的功能。知识产权制度功能的充分发挥与国家的经济社会发展水平密切相关。知识产权制度应该与国家的经济社会发展水平相适应，根据我国现阶段的国情，有所选择、循序渐进，合理适度保护知识产权。知识产权制度在发挥其积极的制度功能的同时，也带来了滥用知识产权、阻碍公共健康等负面影响。优化的知识产权制度应该对知识产权权利加以适当限制，禁止知识产权滥用，以实现知识产权制度收益的最大化。

四、本土化原则

我国的经济社会发展水平不同于国外，知识产权制度安排应该根据本国的国情确定，不但考虑到我国总体经济发展水平不高的国情，还要顾及到我国地区发展失衡的现实。我国的经济社会体制不同于国外，知识产权保护的具体方式和途径就应具有本土特点，如知识产权司法、行政双轨保护等。我国具有不同于国外的本土优势资源，如传统知识、地理标志、遗传基因等，知识产权制度应作出适当安排，给予必要保护。

五、市场化原则

知识产权制度是市场经济的产物，开放、有序、健全的市场是知识产权制度充分发挥增进经济社会发展作用的基础。目前，我国的市场化程度还不是很高，无论是在知识产权的保护方面，还是在知识产权的创造与利用方面，都存在较为浓厚的行政化和计划性色彩。这不符合国际知识产权制度发展的规律，也不利于对创新的激励。因此，我国应加强知识产权创造、保护、利用的市场化建设，消除现有的行政化计划性色彩，充分发挥市场对资源配置的功能，增强企业的自主创新能力，加快知识产权的产业化，形成"以政府为主导，以企业为主体"的自主创新体系。

第四节　完善我国知识产权制度的政策建议

2004 年 4 月，经济合作与发展组织（OECD）在与中国联合举办的"中国知识产权与经济发展高级研讨会"上针对中国知识产权状况指出：建立一个包括反垄断、研发、教育、财政等政策的内在和谐的体系，对促进中国知识产权制度的完善非常重要。❶ 知识产权制度作用的充分发挥在相当程度上有赖于一个国家的自身创新实力的提高以及合理的外部经济文化环境的创造。

如今，TRIPs 协议已经成为 WTO 各成员普遍接受的知识产权多边保护规则，从而确立了知识产权规则的国际化，它必然会对各国的知识产权立法、司法和执法产生极其深远的影响。而我国作为 WTO 成员，必须主动与知识产权规则的国际化接轨，符合国际知识产权条约的最低要求，完善知识产权制度。

---

❶ OECD, Report on OECD – China Events on Intellectual Property Rights Held in Beijing, China, April 2004：3. http：//www. oecd. org/dataoecd/46/10/32267101. pdf.

有专家指出❶，我国的知识产权法律及执法机制，总体上是符合 TRIPs 协议规定的要求的，但也存在着某些知识产权实体及程序法律规定不完善、涉及世贸组织条约规定的法律适用原则不清、执法标准和强度以及对程序公正的保障都不够到位的问题。因此，原则上就是要修改和完善有关知识产权法律。重点修改和完善目前有关与 TRIPs 协议不相协调的方面，同时加强立法解释，使执法实践中遇到的适用法律的难题能够及时得到解决，从而使我国的立法更加完善和成熟，更适应于国际和国内的形势要求。所以，我国应在 TRIPs 协议框架内优化完善知识产权制度，以适应我国经济和社会发展的实际需要。

　　充分发挥知识产权制度对经济增长的积极作用，应当内外结合并在 TRIPs 协议框架内综合完善我国知识产权制度，初步政策建议如下。

一、知识产权创造方面的政策建议

（一）加大知识产权研发（R&D）投入

（1）建立多元化、多渠道的知识产权研发投入体系。全社会研发投入占国内生产总值的比例逐年提高，使研发投入水平同进入创新型国家行列的要求相适应。

（2）确保财政对知识产权研发投入的稳定增长。各级政府把知识产权研发投入作为预算保障的重点，财政研发投入增幅应明显高于财政经常性收入增幅。

（3）优化财政知识产权研发投入结构。财政知识产权研发投入重点支持基础研究、社会公益研究和前沿技术研究，重点解决国家、行业和区域经济社会发展中的重大科技问题。

（4）制定落实财税、外汇、金融等优惠政策，鼓励企业增

---

❶　蒋志培：《入世后我国知识产权法律保护研究》，中国人民大学出版社 2002 年版，第 312 ~ 316 页。

加知识产权研发投入，增强知识创新能力。

（5）采取积极政策措施，多渠道增加投入，支持以企业为主体、产学研联合开展引进技术的消化、吸收和再创新。

（二）促进高等院校和科研院所的知识产权创造

（1）国家通过财政拨款的方式支持科技研究，特别是对于信息、生物、新材料领域的技术研发给予资金支持。包括对于专利申请费用的支持和专利维持费用的减免。

（2）在各高等院校和科研院所建立专业的知识产权管理机构，负责本单位的科研成果转化为知识产权，包括申请专利和技术秘密的保护等。

（3）在技术成果归属高等院校和科研机构所有的情况下，对于具体科研人员，给予丰厚的奖励，以建立良好的激励机制。各院校必须建立明确的奖励机制，包括奖金额度、计算方法，并为科研人员提供良好的设备、环境和人力支持。

（4）高等院校和科研机构取得的研究成果，应表明各研究人员的身份和贡献度，并以此作为可再取得科研项目经费的数量和可获奖励的依据。

（5）鼓励各高等院校和科研机构之间的人才流动和技术交流，鼓励单位间的项目合作。

（6）改革和完善现行科研评价和奖励体系，努力推进科研管理机制由"重科研成果"向"重知识产权"转变。

（三）促进企业的知识产权创造

（1）鼓励企业通过自主研究和开发取得专利和非专利技术成果。针对不同的行业（如高科技行业、新兴行业、传统行业等），制定不同的鼓励政策。

（2）完善职务发明创造制度，落实对职务发明人的奖酬。对于职务发明人，应明确职务发明人所能获得的报酬，并鼓励以股代酬的方式，将职务发明人所能取得的经济利益与企业的经营状况挂钩，以保证职务发明人的研究热情和所能获得的回报。

（3）制定积极的政策，以鼓励技术人员为国有企业或民营企业进行知识产权的开发，包括进行经济上的奖励和荣誉的给予。

（4）制定积极的知识产权政策，鼓励企业自主创新、自创品牌，改变"贴牌生产（OEM）"和"贴牌研发（ODM）"的短视做法。

（5）鼓励企业开发具有创意的商标和产品外观，并积极获取商标权。尤其要加强对企业的驰名商标和知名商标权的认识，鼓励企业扩大自己商标的知名度，以获得驰名商标的保护。

（6）对国内企业开发的具有自主知识产权的重要高新技术装备、产品和软件，政府实施优先采购政策。对企业采购国产高新技术设备、产品和软件提供政策支持。

（四）加强知识产权创造人才的培养和引进

（1）深化中小学教育模式和教学内容改革，注重培养学生的创新意识和知识产权意识。

（2）鼓励企业、科研院所与高等院校合作培养研究型人才，支持研究生参与或承担科研项目，鼓励本科生投入科研工作。

（3）高等院校及时合理地设置一些交叉学科、新兴学科并调整专业结构，以适应科技文化发展的需要。

（4）实行有吸引力的政策措施，加大吸引留学和海外高层次人才工作力度。

二、知识产权保护方面的政策建议

（一）完善知识产权法律法规体系

（1）修改完善已有知识产权单行法律法规，加快传统知识、遗传资源等我国优势领域的有关法律法规的立法，必要时，制定统一的知识产权法典。

（2）完善知识产权相关配套法律法规，加快反垄断法、反不正当竞争法、外贸法、促进成果转化法等相关配套法律法规的完善。

（3）尽快建立以反垄断法为核心的限制知识产权滥用的法律体系。

（4）完善各知识产权单行法，明确界定知识产权滥用行为，并作出相应的法律规制，规定知识产权权利人滥用知识产权就不得主张其知识产权。

（5）完善反不正当竞争法，对构成不正当竞争的知识产权滥用行为作出明确规范。

（二）完善知识产权审查授权、司法审判、行政执法体系

（1）完善专利、商标等知识产权的审查授权体制，提高效率，保证审查员的数量和质量，缩短审查周期。

（2）加强知识产权司法审判活动的权威、高效和统一，提高法官的知识产权专业水平，吸纳相关专家参与知识产权的审判活动，完善知识产权案件的管辖制度，建立专门的知识产权上诉法院。

（3）建立高效、协调、精简的知识产权执法体系，全面提高执法人员素质，严格执法程序，规范执法行为，加大执法力度，统一执法标准。组建统一的知识产权行政执法机构，大幅提高知识产权行政执法的水平和效率。

（4）完善优化知识产权的司法和行政双轨保护机制，加强协调，提高知识产权保护的效率，防止司法资源和行政资源的浪费。

（三）加强对商业秘密的保护

（1）尽快修改《反不正当竞争法》，制定《商业秘密法》。

（2）引导企业建立商业秘密管理制度，切实保护商业秘密，特别是人才流动过程中的商业秘密保护。

（四）加强优势领域知识产权保护

（1）完善对实用新型、外观设计、地理标志、植物新品种保护的法律法规。

（2）加快对传统知识、遗传资源、民间文学艺术的保护立法。

（五）适当保护新领域的知识产权

加强对生物技术、商业方法、数据库、网络等新领域内的知识产权保护研究，适时适度地给予保护。

（六）加强对知识产权侵权的打击

（1）采取切实措施，坚决打击专利侵权、假冒商标、盗版等知识产权侵权行为。

（2）针对仿冒、盗版的情况，加强边境管制措施，充实知识产权专职警力以提高稽查绩效。

（3）针对通过互联网络所进行的音像制品非法传播行为，加大查处力度，制止网络盗版。

（七）加强知识产权宣传普及，提高公民知识产权意识

（1）加强对中小学学生的知识产权知识启蒙和教育，培育他们的知识产权意识。

（2）在大学中可以开设有关知识产权的课程，并鼓励大学定期举办知识产权相关的讲座，以使学生可以获得知识产权相关知识。

（3）通过政府和媒体进行有关知识产权保护的宣传，提高公民的知识产权意识，营造良好的知识产权保护氛围。

（4）通过行业协会对企业的管理层定期进行知识产权的培训。

（八）加强知识产权保护的国际合作和交流

（1）促进国际交流与合作，借鉴发达国家知识产权制度的合理内核，履行我国的入世承诺，构建完善的知识产权法律保护体系。

（2）加强国际合作和协调，形成知识产权执法国际合作机制，共同打击假冒盗版等知识产权侵权行为。

（3）积极参加知识产权保护国际规则的讨论和修订，最大限度地维护本国利益。在新一轮的谈判中应强调有关传统知识、遗传资源保护等方面的问题，争取将其纳入到获得国际普遍承认的法律体系内。

三、知识产权应用方面的政策建议

（一）鼓励知识产权产业化

（1）完善财政支持、税收优惠、贷款支持等优惠政策，鼓励知识产权的产业化和商品化。

（2）建立和完善创业风险投资机制，推进知识产权的产业化。

（3）建立健全鼓励中小企业知识创新的知识产权信用担保制度和其他信用担保制度，为中小企业融资创造良好条件。

（4）搭建多种形式的金融合作平台，政府引导各类金融机构和民间资金参与知识产权产业化。

（5）鼓励倡导产学研联合，实现知识产权产业化。

（6）积极实施技术标准战略，努力形成以自主知识产权为基础的技术标准。

（二）建立知识产权市场化交易机制

（1）建立知识产权价值评估机制，充分激活知识产权，以转让或许可的方式推向市场。

（2）加强知识产权交易市场的法规建设和交易平台建设。

（3）完善与知识产权交易相关的法律法规。完善合同法，细化知识产权转让、许可、质押合同规定；完善公司法，鼓励知识产权折价入股。

（三）强化企业知识产权经营管理能力

（1）加强对企业的指导，编制企业知识产权经营管理指南，引导企业实施企业知识产权战略，建立完善的知识产权管理制度，将知识产权贯穿于企业的整个经营管理之中。

（2）鼓励企业对失效知识产权的充分利用以及对自己闲置

知识产权的经营管理。

（3）建立实时高效的知识产权预警应急机制。

（四）建立健全知识产权中介服务机构

（1）加快建立健全多种形式的专利、商标、版权等知识产权代理机构、咨询机构以及知识产权律师事务所等中介服务机构。

（2）建立专门的知识产权评估机构，负责对专利、商标等知识产权的市场价值作出判断。

（3）建立知识产权证据保全的第三方机构。

（4）建立完善行业协会，充分发挥行业协会在知识产权事务上的指导和协调作用。

（五）加快知识产权信息查询和分析平台建设

（1）建设大规模、高质量、专业化的专利、商标、生物新品种、文学艺术作品、计算机软件等知识产权信息数据库，开发适合大众检索习惯、面向公众的通用信息检索系统。

（2）建立知识产权信息分析专家系统，为公众提供完整、准确、高效的知识产权信息服务。

（3）建设和完善政府知识产权管理部门的信息化基础设施，有效提高政府的知识产权服务效率。

四、知识产权专门人才培养方面的政策建议

（1）加强对知识产权教育中的资源配置、准入标准、学位设置、办学方式、国际教育与合作、知识产权教育体系构建等问题的宏观调控和引导，确保知识产权人才培养的规格和质量。

（2）加强高校知识产权教学和研究机构的建设，倡导有条件的高校创办知识产权院系，扩大知识产权人才培养规模。

（3）增设知识产权法为法学二级学科，增设知识产权管理为管理学二级学科，增加知识产权硕士和博士学位授予点，注重招收具有理工农医学科背景的知识产权法和知识产权管理研究生，鼓励本硕和硕博连读模式，有重点地培养一批知识产权战略人才。

（4）在有条件的高校中积极培养知识产权研究方向的法律硕士和 MBA 等应用型专业硕士，以适应我国日趋紧迫的知识产权高级应用人才的需求。

（5）在高校设立知识产权公共基础课，作为所有专业本科生和研究生的必修课，积极开设多层次的有关知识产权法律的选修课和系列讲座，发挥高校在知识产权普及教育中的作用。

（6）加强高校间知识产权教学合作，组建我国高校知识产权师资培训中心，制定和实施我国高校知识产权师资培养行动计划。

（7）加强高校培养知识产权人才的软硬件设施，推动国际合作，促进内外交流，增强与境外高校及相关机构的合作，以多种形式合作培养多层次的知识产权专门人才。

（8）建立完善的知识产权在职培训体系，开展多元化的知识产权实务培训，特别加强政府和企事业单位领导干部及科技人员的在职知识产权知识培训。

本章小结

无论是我国建立创新型国家的战略要求，还是经济全球化和国际知识产权制度的发展趋势，完善我国知识产权制度别无选择，具有必要性和紧迫性。

改革开放 30 年来，我国在知识产权制度建设上的进步和成就是有目共睹、世人皆知的。但我们应当清醒地认识到，我国知识产权制度总体状况还存在着与国家经济、科技和社会的发展要求不相适应，以及与面临的国际新形势的发展要求不相适应的问题。在知识产权创造方面，自主创新能力不足，知识产权产出不多、质量不高，只有"制造"没有"创造"，只有"创造"没有

"产权"；在知识产权保护方面，知识产权立法不完善，司法和行政执法能力不强，知识产权侵权和滥用严重；在知识产权利用方面，知识产权产业化率低，管理制度不完善；在知识产权人才方面，懂技术、会管理、精法律的知识产权专门人才严重缺乏和流失。

完善我国知识产权制度，促进知识创新，增强国家竞争力，实现知识产权强国，是我国建设创新型国家的战略选择。完善我国知识产权制度应遵循国家利益最大化、国际化、适度化、本土化和市场化原则。建议在 TRIPs 协议框架下完善我国知识产权制度，初步政策建议是：在知识产权创造方面，建议加大知识产权研发（R&D）投入，促进高等院校和科研院所的知识产权创造，促进企业的知识产权创造，加强知识产权创造人才的培养和引进；在知识产权保护方面，建议完善知识产权法律法规体系，完善知识产权审查授权、司法审判、行政执法体系，加强对商业秘密的保护，加强优势领域知识产权保护，适当保护新领域的知识产权，加强对知识产权侵权的打击，加强知识产权宣传普及、提高公民知识产权意识，加强知识产权保护的国际合作和交流；在知识产权应用方面，建议鼓励知识产权产业化，建立知识产权市场化交易机制，强化企业知识产权经营管理能力，建立健全知识产权中介服务机构，加快知识产权信息查询和分析平台建设；建议加强知识产权专门人才培养。

第十一章　结论及展望

第一节　本研究的主要结论

通过上述的理论和实证分析研究，本研究得出如下主要结论。

（1）衡量一个国家或地区的知识产权保护强度应是其立法强度和执法强度的综合。可信、客观的知识产权保护强度指标是知识产权保护水平国际比较的基础，也是进行相关经济学实证研究的前提。

（2）我国 20 年的知识产权保护强度随时间逐年提高，中国的知识产权立法水平已与西方发达国家水平相当，但由于执法强度还显不足，致使最终的知识产权保护强度与发达国家相比还具有一定的差距。这一结论客观地解释了西方发达国家与我国在知识产权保护强度理解上的偏差。我国各地区的知识产权保护强度存在一定程度的地区差异性，大体呈现"东高西低"的趋势。知识产权保护强度最高的北京和上海与发达国家的保护强度基本相当。这一结论表明我国在知识产权保护强度上不同于西方发达国家的特殊性。

（3）一个国家的创新能力随着其知识产权保护和经济增长水平的提高而提高；一个国家的最优知识产权保护水平随着其经济增长水平起初下降然后提高，两者呈 U 形关系。知识产权保护强度与经济增长水平之间存在着一个理论上的拐点，当经济增长水平小于该拐点时，加强知识产权保护强度只会阻碍经济增长，只有当经济增长水平超过该拐点后，加强知识产权保护强度才会促进经济增长。这一结论具有重大政策意义，为我国适度合理加强知识产权保护，制定实施国家知识产权战略提供了理论依据。

（4）知识产权制度作为技术进步的关键保障制度，通过促进技术创新（主要体现为研究与开发）和技术扩散（主要体现为 FDI、国际贸易和技术许可）间接推动经济增长。大多数关于知识产权保护与技术创新的国外实证研究验证了知识产权保护对国家创新能力的提升作用。大多数关于知识产权制度与技术扩散的国外实证研究表明：尽管存在三个技术扩散途径相互替代转化的情况，但加强知识产权保护能显著促进技术扩散。国外学者对知识产权制度与经济增长关系的一系列实证研究的基本结论为：强化知识产权保护能促进经济增长，但取决于各自国家的经济特点。在其他条件相同的情形下，知识产权制度在更开放的经济环境中能引发更高的经济增长；在较发达和较落后国家能引发更高的经济增长。

（5）我国的知识产权保护强度与 R&D 支出、专利申请量及进口额呈显著正相关关系，表明我国知识产权制度一定程度上有效地促进了我国的技术创新和技术扩散。尽管无法从理论上清晰确定知识产权制度对 FDI 的影响，但实证分析表明，知识产权制度有效地促进了我国 20 年来的 FDI。知识产权保护强度有 1% 的增强，将会引起 1.19% 点的 FDI 增长，但是，与市场规模和工资水平相比，知识产权保护强度的影响程度相对较小。我国近 20 年来吸引 FDI 的主要因素是不断扩大的市场规模和相对较低的工资水平。

（6）实证证明知识产权制度对我国 20 年来的经济增长功不可没。按照我国 1985～2005 年期间 GDP 的平均增长率计算，知识产权制度的贡献率为 32.7%，低于资本的贡献率（52.6%），高于劳动力的贡献率（16.6%）。

（7）我国各地区的知识产权保护强度与其经济增长呈显著正相关关系，知识产权保护强度的差异导致了经济增长的差异。

238

知识产权制度对各地区的经济增长的弹性系数为 2.47，即各地区知识产权保护强度的 1% 的差异度将会导致各地区经济增长 2.47% 的差异。

（8）知识产权制度对经济增长的影响具有两面性，既有积极影响，也有消极影响。知识产权制度对经济增长的最终影响是这两方面影响的综合，其促进经济增长作用的充分发挥有赖于一国的特定经济法律环境。知识产权制度对经济增长的积极影响体现为：①激励知识创新和技术发明；②促进信息的获取和传播；③促进技术转移。知识产权制度对经济增长的消极影响体现为：①垄断价格形成，消费者福利损失；②技术模仿、获取、使用成本增加，国际租金转移；③管理和执法成本增加；④劳动力就业减少，就业压力增大；⑤知识产权滥用。

（9）我国知识产权制度促进经济增长的功能还未能充分发挥，其原因在于：①经济发展水平不高；②市场机制不完善；③研发投入不足、创新能力不强；④知识产权运用管理能力不强；⑤知识产权行政司法机制不完善；⑥知识产权滥用规制缺位。

第二节　研究展望

一、本研究的主要创新之处

本研究的主要创新之处表现为以下几方面。

（1）以 TRIPs 协议为导向，修正传统知识产权制度测评指标体系，构建了包含执法强度指标的知识产权保护强度新指标体系，为知识产权制度经济学实证研究和知识产权保护强度国际比较提供科学客观依据。构建知识产权保护强度指标体系并计算获得我国 20 年来的年度知识产权保护强度以及 2004 年度我国各地区知识产权保护强度，这在国内尚属开创性工作。

（2）建立包含内生创新的知识产权制度与经济增长关系的动态模型并以实证数据进行验证，揭示知识产权保护水平与经济增长之间呈 U 形关系，即强化知识产权保护并不必然促进经济增长，只有当国家的经济发展水平高于某一特定程度时才会促进经济增长。

（3）阐明了知识产权制度通过作用于技术创新和技术扩散进而间接影响经济增长的机制，实证分析了知识产权制度与技术创新以及技术扩散的关系，验证了知识产权制度对我国 20 年来经济增长的贡献度，并在此基础上，鲜明地分析提出知识产权制度对经济增长影响的两面性，为优化完善我国知识产权制度提供理论基础和实证依据。

（4）突破对知识产权制度研究的学科局限，以法学和经济学的多学科视野和方法研究知识产权制度与经济增长的机制。

二、对进一步研究的展望

本研究针对知识产权保护强度指标体系、知识产权经济增长动态模型、知识产权制度对经济增长的内在机制及贡献的测评等相关理论问题和实证问题进行了有益探索，为研究知识产权制度与经济增长关系奠定了一定的基础，为优化完善我国知识产权制度提供了一定的理论和实证依据。但仍有许多问题有待进一步探索与解决，其中主要包括以下几点。

（1）如何更科学选取指标构建知识产权保护强度指标体系，特别是适当的执法强度指标，以更全面真实反映我国的知识产权保护强度，应随着有关数据的获得和丰富进一步加强研究和完善。

（2）考虑到不同产业对知识产权制度的敏感程度差异，可以按不同产业分别研究测评知识产权制度的影响，将来可作进一步研究。

（3）对知识产权制度与 R&D 及进口额关系的实证分析，仅进行简单的相关性分析，其可信度和因果关系值得怀疑。应引入影响 R&D 及进口额的其他因素进行多元实证分析。事实上，作者已对知识产权制度与 R&D 关系进行初步的多元回归分析，得出的结论是我国的 R&D 支出与知识产权保护强度显著不相关。这可能是作者选用的计量模型有误。或许，这一分析结论正是我国研发投入体制的真实反映。由于我国的研发投入主要是政府财政投入，企业的市场化研发投入不多，因此，我国的 R&D 支出对知识产权制度并不敏感。知识产权制度与 R&D 及进口额关系问题值得进一步深入研究。

（4）由于受作者对计量经济学方法的掌握和运用能力的限制，本研究只是进行一些必要的初步实证分析。为深入全面解析知识产权制度与经济增长的内在机制，有待更先进、更复杂的计量经济学方法的运用，如：阈值分析法、因果关系分析法等。

参考文献

1. Aghion, P. and P. Howitt, A Model of Growth through Creative Destruction, *Econometrica*, 1992, (60): 323 ~ 351.

2. Aitken, Brian J. and Harrison, Do Domestic Firms Benefit from Foreign Investment? Evidence from Venezuela, *American Economic Review*, 1999, (89), No. 3.

3. Arrow, K. , The Economic Implications of Learning by Doing, *Review of Economic Studies*, 1962, (29) .

4. Balasubramanyan, V, Salisu, M. and Sapsford, D. , Foreign Direct Investment and Growth in EP and IS Countries, *Economic Journal*, 1996, (106): 92 ~ 105.

5. Barrell R. & Pain N. , Foreign Direct Investment, Technological Change, and Economic Growth in Europe, *The Economic Journal*, 1997, (107): 1770 ~ 1786.

6. Barro R. J. , X Sala-I-Martin, Technological diffusion, convergence, and growth, *Journal of Economic Growth*, 1997, (2): 1 ~ 27.

7. Barro, R. and Sala-I-Martin, X. , Economic Growth, McGraw-Hill, Cambridge, MA. U. S. A. , 1995.

8. Barro, R. , Determinants of Economic Growth, The MIT Press, Cambridge, MA. U. S. A. 1997.

9. Barro, R. , Sala-I-Martin, and Xavier, Technological Diffusion, Convergence and Growth, *Journal of Economic Growth*, 1997, (2): 1 ~ 26.

10. Bart Verspagen, The Economic Importance of Patents, Paper for

the WIPO Arab Regional Symposium on the Economic Importance of Intellectual Property Rights, Muscat, Sultanate of February, 1999.

11. Belay Seyoum, The Impact of Intellectual Property Rights on Foreign Direct Investment, Colum. J. World Bus. , Spring 1996.

12. Borensztein, E. , Gregorio, J. and Lee, J. , How Does Foreign Direct Investment Affect Growth, *NBER Working Paper*, 1998, No. 5057.

13. Borensztein, E. , J. , De Gregorio and J-W. Lee, How Does Foreign Direct Investment Affect Economic Growth? *Journal of International Economics*, 1998, (45) .

14. Branstetter, L. G. , R. Fisman and C. F. Foley, Do Stronger Intellectual Property Rights Increase International Technology Transfer? Empirical Evidence from U. S. Firm-Level Panel Data, World Bank Policy Research Working Paper No. 3305, Washington, D. C. : The World Bank, 2004.

15. Branstetter, L. , R Fisman, F. Foley and K. Saggi, Intellectual Property Rights, Imitation, and Foreign Direct Investment: Theory and Evidence, *Forthcoming in the Quarterly Journal of Economics*, 2005.

16. Cf. E. HÄUSSER, Das Patentwesen als Spiegelbild technologischer Leistungsfähigkeit, in: Deutscher Verband Technisch-Wissenschaftlicher Vereine (ed.), Technologische Leistungsfähigkeit als Faktor wirtschaftlichen Wettbewerbs, 26 et seq. (Düsseldorf, 1978); S. GREIE, Die Informationsfunktion von Patenten, 52 et seq. (Göttingen, 1982) .

17. Chen, C. , Chang, L. , and Zhang, Y. , The Role of Foreign Direct Investment in China's Post-1978 Economic Development, *World Developments*, 1995, (23): 699~703.

18. Chin, J. C. and G. M. Grossman, Intellectual Property Rights and North-South Trade, in: Jones, R. W. , Krueger, A. O. (Eds.), The Political Economy of International Trade: Essays in Honor of Robert E. Baldwin. Blackwell, Cambridge, MA., 1990.

19. Coe, D. T. and E. Helpman, International R&D Spillovers, European Economic Review, 1995, (39): 859~887.

20. Coe, D. T. , E. Helpman and A. W. Hoffmaister, North-South R&D Spillovers, *The Economic Journal*, 1997, (107): 134~149.

21. Cohen, W. M. and D. A. Levinthal, Innovation and Learning: The Two Faces of R&D, *The Economic Journal*, 1989, (99): 569~596.

22. Cohen, W. M. , Empirical Studies of Innovative Activity, in P. Stoneman (ed.), Handbook of the Economics of Innovation and Technical Change, Oxford: Basil Blackwell, 1995.

23. Cohen, W. M. , R. R. Nelson and J. Walsh, Appropriability Conditions and Why Firms Patent and Why They Do Not in the U. S. Manufacturing Sector, Working Paper, Pittsburgh: Carnegie Mellon University, 1997.

24. Cohen, Wesley M. , Richard R. Nelson, and John P. Walsh, Protecting Their Intellectual Assets: Appropriability Conditions and Why U. S. Manufacturing Finns Patent (Or Not). NBER Working Paper No. 7552. , 2000.

25. Cornwall, J & W, Growth Theory and Economic Structure, *Economica*, 1994, (61): 237~251.

26. De Mello, Foreign Direct Investment in Developing Countries and Growth: A Selective Survey, *The Journal of Development Studies*, 1997, (34): 1~34.

27. Deardoff, A. V., Welfare Effects of Global Patent Protection, *Economica*, 1992, (59): 33~51.

28. Diwan, I. and D. Rodrik, Patents, Appropriate Technology, and North-South Trade, *Journal of International Economics*, 1991, (63): 79~90.

29. Dunning, H., Explaining Changing Patterns of International Production: in Defense of Eclectic Theory, Oxford Bulletin of Economics and Statistics, 1978, (41): 289~296.

30. Dunning, J. H., Eclectic Paradigm of Production: A Restatement and Some Possible Extensions, *Journal of International Business Studies*, Spring/Summer, 1988.

31. Dunning, J. H., International Production and the Multinational Enterprise, Allen and Unwin, 1981.

32. Easterly, W., How Much Do Distortions Affect Growth, *Journal of Monetary Economics*, 1993, (32): 187~212.

33. Economists Explore Link Between Intellectual Property and Development, http://www. managinginformation. com/news/content_ show_ full. php? id =2180.

34. Edwin L. -C. Lai, International Intellectual Property Rights Protection and the Rate of Product Innovation, *Journal of Development Economics*, 1998, (55): 133~153.

35. Edwin Mansfield, Intellectual Property Protection, Foreign Direct Investment, and Technology Transfer, International Finance Corporation Discussion Paper No. 19, 1994.

36. Evenson, R. and L. Westphal, Technological Change and Technology Strategy, in J. Behrman and T. Srinivasan (eds.), Handbook of Development Economics, Vol. 3A, Amsterdam: North Holland Publishing Company, 1995: 2209~2229.

37. Falvey, R. E., N. Foster and D. Greenaway, Imports, Exports,

Knowledge Spillovers and Growth, Economics Letters, 2004, (85): 209 ~ 213.

38. Falvey, R. E. , N. Foster and D. Greenaway, Intellectual Property Rights and Economic Growth, GEP Research Paper No. 04/ 12, Leverhulme Centre for Research on Globalisation and Economic Policy, Nottingham: The University of Nottingham, 2004.

39. Ferrantino, Michael J. , The Effect of Intellectual Property Rights on International Trade and Investment, Weltwirtschaftliches Archiv, 1993, (129): 300 ~ 331.

40. Fink, C. and C. A. Primo Braga, How Stronger Protection of Intellectual Property Rights Affects International Trade Flows, in C. Fink and K. E. Maskus (eds.), *Intellectual Property and Development: Lessons from Recent Economic Research*, Washington, D. C. : The World Bank / Oxford University Press, 2005.

41. Fink, C. and K. E. Maskus, *Intellectual Property and Development: Lessons from Economic Research*, Washington, D. C. : The World Bank / Oxford University Press, 2005.

42. Funk, M. , Trade and International R&D Spillovers Among OECD Countries, *Southern Economic Journal*, 2001, (67): 725 ~ 737.

43. Ginarte, J. C. , W. G. Park, Determinants of patent rights: A cross-national study. Research Policy, 1997, (26): 283 ~ 301.

44. Glass, A. and K. Sagi, Intellectual Property Rights and Foreign Direct Investment, *Journal of International Economics*, 2002, (56): 387 ~ 410.

45. Gould, D. M. and W. C. Gruben, The Role of Intellectual Property Rights in Economic Growth, *Journal of Development Economics*, 1996, (48): 323 ~ 350.

5

5

46. Graham, E., and Krugman, P., *Foreign Direct Investment in the United States*, Institute for International Economics, Washington D. C., 1991.

47. Grossman, G. M. and E. Helpman, *Innovation and Growth in the Global Economy*, Cambridge, MA: The MIT Press, 1991.

48. Hadda, M. & Harrison, Are There Spillovers from Direct Foreign Investment? Evidence from Panel data for Morocco, *Journal of development Economics*, 1993, (42): 47~51.

49. Helpman, E., Innovation, Imitation, and Intellectual Property Rights, *Econometrica*, 1993, (61): 1247~1280.

50. Horstmann, I. and J. R. Markusen, Licensing versus Direct Investment: A Model of Internalization by the Multinational Enterprise, *Canadian Journal of Economics*, 1987, (20): 464~481.

51. Jones, C., R&D Based Model of Economic Growth, *Journal of Political Economy*, 1995, (103).

52. Jordan, S., Tian, G. and Sun, F., Causality Between FDI and Economic Growth, In Yanrui Wu (eds), *Foreign Direct Investment and Economic Growth in China*, 1999: 140~156.

53. Kamil Idris, Intellectual Property: A Power Tool for Economic Growth. World Intellectual Property Organization, Publication No. 888. 1, June 2003.

54. Kanwar, S. and R. E. Evenson, Does Intellectual Property Protection Spur Technological Change?, *Oxford Economic Papers*, 2003, (55): 235~264.

55. Karikari, J., Causality Between Direct Foreign Investment and Economic Output in Ghana, *Journal of Economic Development*, 1992, (17): 7~17.

56. Kasihatla, K. and Sawhney, B., Foreign Direct Investment and

Economic Growth in the U. S. : Evidence from Co ~ integration and Granger Causality Tests, Rivista Internationale di Scienze Economiche e Commerciali, 1996, (43): 411 ~ 420.

57. Keller, W., International Technology Diffusion, *Journal of Economic Literature*, 2004, (42): 752 ~ 782.

58. Kholdy, S., Causality Between Foreign Investment and Spillover Efficiency, Applied Economics, 1995, (27): 748 ~ 749.

59. Kokko, Ari, Technology, Market Charactteristics, and Spillovers, *Journal of Development Economics*, 1994, (43): 279 ~ 293.

60. Kondo, E. K., The effect of Patent Protection on Foreign Direct Investment, *Journal of World Trade*, 1995, (29): 97 ~ 122.

61. Kumar, N., Determinants of Location of Overseas R&D Activity of Multinational Enterprises: The Case of US and Japanese Corporations, Research Policy, 2001, (30): 159 ~ 174.

62. Lai, E., International intellectual property rights protection and rate of product innovation. *Journal of Development Economics*, 1998, (55): 133 ~ 153.

63. Lee, J. -Y, Mansfield, E., Intellectual Property Protection and U. S. Foreign Direct Investment. *Review of Economics and Statistics*, 1996, (78): 181 ~ 186.

64. Lerner, J., 150 Years of Patent Protection, NBER Working Paper No. 7478, Cambridge, MA: National Bureau of Economic Research, 2001.

65. Lerner, J., Patent Protection and Innovation over 150 Years, NBER Working Paper No. 8977, Cambridge, MA: National Bureau of Economic Research, 2002.

66. Lesser W., The Effects of Trips-Mandated Intellectual Property Rights on Economic Activities in Developing Countries, Prepared under WIPO Special Service Agreements, 2001, WIPO.

67. Levin, Richard, Alvin Klevorick, Richard Nelson, and Sidney Winter, Appropriating the Returns from Industrial Research and Development. *Brookings Papers on Economic Activity* 3, 1987: 783～820.

68. Lucas, R. , On the Mechanics of Economic Development, *Journal of Monetary Economics*, 1988, (22): 3～42.

69. Lucas, R. , Why Doesn't Capital Flow from Rich to Poor Countries?, *American Economic Review*, 1990, (88) .

70. Mahadevanvijaya and W. G. Park, Patent Rights Index: Update, 1999.

71. Mansfield, E. , Intellectual Property Protection, Foreign Direct Investment, and Technology Transfer, Discussion Paper No. 19, Washington, D. C. : International Finance Corporation, 1994.

72. Mansfield, E. , M. Schwartz and S. Wagner, Imitation Costs and Patenting: An Empirical Study, *The Economic Journal*, 1981, (91): 907～918.

73. Mansfield, E. , Patents and Innovation: An Empirical Study, Management Science, 1986, (2): 173～181.

74. Mansfield, Edwin, Intellectual Property Protection, Foreign Direct Investment, and Technology Transfer. *International Finance Corporation, Discussion Paper 19*, 1994.

75. Mansfield, Edwin, Intellectual Property Protection, Foreign Direct Investment, and Technology Transfer: Germany, Japan, and the United States. *International Finance Corporation, Discussion Paper* 27, 1995.

76. Maskus, K. E. and M. Penubarti, How Trade-Related are Intellectual Property Rights?, *Journal of International Economics*, 1995, (39): 227～248.

77. Maskus, K. E. , Encouraging International Technology Transfer,

UNCTAD/ICTSD Issue Paper No. 7, Geneva: UNCTAD / IC-TSD, 2004.

78. Maskus, K. E. , Intellectual Property Rights And Economic Development, *Case Western Reserve Journal of International Law*, Special Supplement 2000, (32), Issue 2.

79. Maskus, K. E. , Intellectual Property Rights in Lebanon, International Trade Division, World Bank, 1997.

80. Maskus, K. E. , Intellectual Property Rights in the Global Economy, Washington, D. C. : Institute for International Economics, 2000.

81. Maskus, K. , Konan, D. , Trade-Related Intellectual Property Rights: Issues and Exploratory Results. In: Deardor3, A. , Stern, R. (Eds.), *Analytical and Negotiating Issues in the Global Trading System*. University of Michigan Press, Ann Arbor, MI, 1994: 401 ~ 446.

82. Maskus, K. , The International Regulation of Intellectual Property. Weltwirtschaftliches Archiv. , 1998, (134): 186 ~ 208.

83. Mazzoleni, R. and R. R. Nelson, The Benefits and Costs of Strong Patent Protection: A Contribution to the Current Debate, Research Policy, 1998, (27): 273 ~ 284.

84. McCalman, Phillip, Reaping What You Sow: An Empirical Analysis of International Patent Harmonization, Working Paper in Economics and Economitrics 374, Canberra: Australian National University, 1999.

85. Michael J. Ferrantino, The Effect of Intellectual Property Rights on International Trade and Investment, Rev. of World Econ. , 1993, (129) .

86. Nordhaus, William D. Invention, Growth and Welfare: A Theoretical Treatment of Technological Change. Cambridge, MA:

MIT Press, 1969.

87. Nunnenkamp, Peter, Jamuna P. Agarwal, Erich Gundlach, Globalisation of Production and Markets. Kiel Studies 262, Tübingen: J. C. B Mohr. , 1994.

88. Ostergard, Robert L. Jr. , Intellectual Property Rights: A Universal Human Right?, Human Rights Quarterly. 1999, (21), No. 1: 156～178.

89. P. Nunnenkamp and J. Spatz, Intellectual Property Right and Foreign Direct Investment: The Role of Industry and Host～Country Characteristics, *Kiel Working Paper* No. 1167, 2003.

90. Park, W. G. , Impact of the International Patent System on Productivity and Technology Diffusion, in Lippert, O. (ed.), Competitive Strategies for Intellectual Property Protection, Vancouver, BC: Fraser Institute, 1999.

91. Pfaffermayr, M. , Foreign Direct Investment and Exports: a Time Series Approach, Applied Economics, 1994, (26): 337～351.

92. Primo Braga, C. A. , C. Fink and C. P. Sepulveda, Intellectual Property Rights and Economic Development, *World Bank Discussion Paper* No. 412, Washington, DC: The World Bank, 2000.

93. Rapp Richard, Richard P. Rozek, Benefits and Costs of Intellectual Property Protection in Developing Countries. *Journal of World Trade*, 1990, (75/77): 75～102.

94. Rivera-Batiz, L. A. and P. M. Romer, International Trade with Endogenous Technological Change, *European Economic Review*, 1991, (35): 971～1004.

95. Rod Falvey and Neil Foster, The Role of Intellectual Property Rights in Technology Transfer and Economic Growth: Theory and Evidence, United Nations Industrial Development Organization,

Vienna, 2006.

96. Rod Falvey, Neil Foster, David Greenaway, Intellectual Property Rights and Economic Growth. January 2004.

97. Rodriguez-Clare, Andres, Multinationals, Linkages, and Economic Development, *American Economic Review*, 1996, (86): 852 ~ 873.

98. Rodrik, D., Comments on Maskus and Eby-Konan, in A. V. Deardoff and R. M. Stern (eds.), *Analytical and Negotiating Issues in the Global Trading System*, Ann Arbor, MI: University of Michigan Press, 1994: 447 ~ 450.

99. Romer, P. M., Endogenous Growth and Technical Change, *Journal of Political Economy*, 1990, (99): 807 ~ 827.

100. Romer, P., Endogenous Technological Change, *Journal of Political Economy*, 1990, (98): 71 ~ 102.

101. Romer, P., Increasing Returns and Long ~ run Growth, *Journal of Political Economy*, 1986, (99): 1002 ~ 1037.

102. Saltz, I., The Negative Correlation between Foreign Direct Investment and Economic Growth in the Third World: Theory and Evidence, Rivista Internationale di scienze Economich commerciali, 1992, (39): 617 ~ 650.

103. Scherer, F. M., S. E. Herzstein, A. W. Dreyfoos, W. G. Whitney, O. J. Bachman, C. P. Pesek, C. J. Scott, T. G. Kelly and J. J. Galvin, Patents and the Corporation: A Report on Industrial Technology under Changing Public Policy, Cambridge, MA: Harvard University, 1959.

104. Schneider, P., International Trade, Economic Growth and Intellectual Property Rights: A Panel Data Study of Developed and Developing Countries, *Journal of Development Economics*, 2005, (78): 529 ~ 547.

105. Schumpepter, Joseph, Capitalism, Socialism and Democracy, Allen and Unwin, London, 1942.

106. Segertrom, P., Innovation, Imitation, and Economic Growth, *Journal of Political Economy*, 1991, (99): 807~827.

107. Sherwood, R. M., Intellectual Property Systems and Investment Stimulation: The Rating of Systems in Eighteen Developing Countries. IDEA: *The Journal of Law and Technology*, 1997, (37), No. 2: 261~370.

108. Sherwood, R. M., The TRIPs Agreement: Implications for Developing Countries. IDEA: *The Journal Law and Technology*, 1997, (37): 491~545.

109. Smarzynksa, Beats, Composition of Foreign Direct Investment and Protection of Intellectual Property Rights: Evidence from Transition Economies. Mimeo, World Bank, 2000.

110. Smarzynksa, Beats, Composition of Foreign Direct Investment and Protection of Intellectual Property Rights: Evidence from Transition Economies, *European Economic Review*, 2004, (48): 39~62.

111. Smith, P. J., Are Weak Patent Rights a Barrier to U. S. Exports?, *Journal of International Economics*, 1999, (48): 151~177.

112. Smith, Pamela J., How Do Foreign Patent Rights Affect U. S. Exports, Affiliate Sales, and Licenses? *Journal of International Economics*, 2001, (55): 411~439.

113. Solow, R., A Contribution to the Theory of Economic Growth, *Quarterly Journal of Economics*, 1956, (70): 86~94.

114. Solow, R., Technological Change and the Aggregate Production Function, *Review of Economics and Statistics*, 1957, (39).

115. Taylor, C. T. and Z. A. Silberston, *The Economic Impact of the Patent System*, Cambridge: Cambridge University Press, 1973.

116. Taylor, M. S. , TRIPs, Trade, and Technology Transfer, *Canadian Journal of Economics*, 1993, (26): 625 ~638.

117. Thitima Puttitanum, Essays on Intellectual Property Rights, Innovation, and Technology Transfer, University of Colorado, 2003.

118. Thompson, M. A. and F. W. Rushing, An Empirical Analysis of the Impact of Patent Protection on Economic Growth, *Journal of Economic Development*, 1996, (21): 61 ~79.

119. Thompson, M. A. and F. W. Rushing, An Empirical Analysis of the Impact of Patent Protection on Economic Growth: An Extension, *Journal of Economic Development*, 1999, (24): 67 ~76.

120. Toda, H. and Yamanoto, T. , Statistical Inference in Vector Auto Regressions with Possibly Integrated Processes. *Journal of Econometrics*, 1995, (66): 225 ~250.

121. UNCTAD, The TRIPs Agreement and Developing Countries, Geneva: UNCTAD, 1996.

122. UNCTAD: World Investment Report 1999: FDI and the Challenge of Development.

123. Vernon, Raymond, International Investment and International Trade in the Product Cycle, *Quarterly Journal of Economics*, 1966, (80): 190 ~207.

124. Walz, Uwe, Innovation, Foreign Direct Investment and Growth, *Economica*, 1997, (64): 63 ~79.

125. Wichterman, Dana, Intellectual Property Rights and Economic Development: An Issue Brief. Washington D. C. : Agency for International Development Center for Development Information and Evaluation, 1991.

126. WIPO-UNU Joint Research Project, Impact of the Intellectual Property System on Economic Growth: Finding Surveys and Analysis in the Asian Region, Country Report – China, WIPO, 2007.

127. WIPO-UNU Joint Research Project, Impact of the Intellectual Property System on Economic Growth: Finding Surveys and Analysis in the Asian Region, General Remarks, WIPO, 2007.

128. Xu, B. and E. P. Chiang, Trade, Patents and International Technology Diffusion, *Journal of International Trade and Economic Development*, 2005, (14): 115~135.

129. Yang, G and K. E. Maskus, Intellectual Property Rights, Licensing, and Innovation in an Endogenous Product-Cycle Model, *Journal of International Economics*, 2001, (53): 169~187.

130. Yang, G. and K. E. Maskus, Intellectual Property Rights and Licensing: An Econometric Investigation, *Weltwirtschaftliches Archiv*, 2001, (137): 58~79.

131. Young, Alvyn, Growth without Scale Effects, *Journal of Political Economy*, 1998, (106): 41~63.

132. Yum K. Kwan, Edwin L.-C. Lai, Intellectual property rights protection and endogenous economic growth, *Journal of Economic Dynamics & Control*, 2003, (27): 853~873.

133. Zostergard, Jr., Robert L., The Measurement of Intellectual Property Rights Protection. *Journal of International Business Studies*, 2000 2nd Quarter, (31), Issue 2: 349~361.

134. 陈昌柏. 知识产权经济学. 北京大学出版社, 2003.

135. 陈飞翔, 胡靖. 利用外资与技术转移. 经济科学出版社, 2006.

136. 陈浪南, 陈景煌. 外国直接投资对中国经济增长影响的经验研究. 世界经济, 2002 (6).

137. 崔援民等．现代国际投资学．中国经济出版社，1991.

138. 董涛．TRIPs 竞争规则研究．法治论丛，2003（3）.

139. 杜江．外国直接投资与中国经济发展的经验分析．世界经济，2002（8）.

140. 杜江等．外国直接投资与中国经济增长的因果关系分析．国民经济管理，2002（5）.

141. 富田彻男．市场竞争中的知识产权．商务印书馆，2000.

142. 冯晓青．财产权经济学理论与知识产权制度的正当性．法律科学，2003（2）.

143. 冯晓青．激励论——认知知识产权的一种理论模式．知识产权文丛（郑成思主编）第 9 卷．中国方正出版社，2003.

144. 辜胜阻．我国专利现状存在八大问题　跨国公司圈地势头令人担忧．中华工商时报，2002 年 3 月 4 日.

145. 韩玉雄，李怀祖．关于中国知识产权保护水平的定量分析．科学学研究，2005（3）.

146. 韩玉雄，李怀祖．知识产权保护对经济增长的影响：一个基于垂直创新的技术扩散模型．当代经济科学，2003（2）.

147. 何洁，许罗丹．我国工业部门引进外国直接投资的外溢效应的实证研究．世界经济文汇，1999（2）.

148. 胡乃武等．半个多世纪以来西方经济增长理论的发展．经济学动态，2001（10）.

149. 胡祖六．知识产权保护与中国经济的未来．国际经济评论，2002（7/8）.

150. 金芳．外国直接投资激励政策，高等教育出版社，1999.

151. 蒋志培．入世后我国知识产权法律保护研究．中国人民大学出版社，2002.

152. 课题组．从制度着手：新时期我国利用外资的战略调整．国际贸易，2001（2）.

153. 李东阳．国际直接投资与经济发展．经济科学出版社，2002.

154. 李静萍．经济全球化对中国经济增长的贡献分析．经济理论与经济管理，2001（7）．

155. 刘华．知识产权保护制度与经济增长．科技管理研究，2002（2）．

156. 刘晓鹏．协整分析与误差修正模型．南开经济研究，2001（5）．

157. 路风．走向自主创新：寻求中国力量的源泉．广西师范大学出版社，2006.

158. 吕薇．从制度入手提高自主创新能力．文汇报，2006.

159. 罗斯托．经济成长的阶段．郭熙保主编：发展经济学经典论著选．中国经济出版社，1998.

160. 马宇．国民经济增长与利用外资．国务院经济研究中心预测部、《经济研究参考》编辑部：世纪末的中国经济增长，经济科学出版社，1998.

161. 孟夏．内生技术经济增长的一个理论体系．南开经济研究，2000（3）．

162. 孟夏．经济增长的内生技术分析．天津人民出版社，2001.

163. 钱纳里，斯特劳特．外援与经济发展．郭熙保主编：发展经济学经典论著选．中国经济出版社，1998.

164. 曲三强．被动立法的百年轮回——谈中国知识产权保护的发展历程．中外法学，1999（2）．

165. 桑秀国．外商直接投资与中国经济增长．天津大学，博士论文，2002.

166. 沈坤荣．外国直接投资和中国经济增长．管理世界，1999（5）．

167. 沈坤荣等．新增长理论与中国经济增长．南京大学出版社，2003.

168. 斯密．国民财富的性质和原因的研究，上卷．商务印书馆，1983．

169. 王成岐等．外商直接投资、地区差异与中国经济增长．世界经济，2002（4）．

170. 王晓春．知识产权、企业竞争与发展中国家的经济增长．复旦大学，博士学位论文，2004．

171. 王子君等．外国直接投资、技术许可与技术创新．经济研究，2002（3）．

172. 魏后凯．外商直接投资对中国区域经济增长的影响．经济研究，2002（4）．

173. 吴汉东等．知识产权基本问题研究．中国人民大学出版社，2005．

174. 吴汉东．中国应建立以知识产权为导向的公共政策体系．中国发展观察，2007（5）．

175. 武剑．外国直接投资的区域分布及其经济增长效应．经济研究，2002（4）．

176. 萧政等．外国直接投资与经济增长的关系及影响．经济理论与经济管理，2002（1）．

177. 熊彼得．《资本主义、社会主义和民主主义》．商务印书馆，1979．

178. 徐龙炳．宏观经济计量模型的最新发展．经济学动态，2000（8）．

179. 许春明．正确处理"四个关系"完善知识产权制度．中国知识产权报，2006．

180. 许春明．知识产权保护与外国直接投资：以 OLI 理论为基础．电子知识产权，2006（11）．

181. 许春明，陈敏．中国知识产权保护强度的测定及验证．知识产权，2008（1）．

182. 许春明，单晓光．"专利权滥用抗辩"原则——由 ITC 飞利浦光盘案引出．知识产权，2006（3）．

183. 许春明，单晓光．知识产权制度与经济发展之关系探析．科技进步与对策，2007（12）．

184. 许春明，单晓光．中国知识产权保护强度指标体系的构建及验证．科学学研究，2008（4）．

185. 许春明，单晓光．知识产权内生经济增长模型述评．科技进步与对策，2008（12）．

186. 杨建龙．关于外商投资与外资政策的博弈分析．经济科学出版社，2000．

187. 张斌盛．中国FDI技术吸收能力实证研究．华东师范大学，博士论文，2006．

188. 张伟君，单晓光．论知识产权保护对企业技术转让的影响．知识产权，2008（1）．

189. 张小蒂，李风华．技术创新、政府干预与竞争优势．世界经济，2001（7）．

190. 赵晋平．利用外资与中国经济增长．人民出版社，2001．

191. 郑成思．中国知识产权保护现状如何定位．中国人民大学复印报刊资料民商法学，2005（5）．

192. 郑成思．知识产权论（第三版）．法律出版社，2007．

193. 钟昌标．外资与区域经济增长关系的理论与实证．数量经济技术经济研究，2000（1）．

194. 周寄中，徐倩云．知识经济中的知识产权制度及其激励功能．研究与发展管理，2002（2）．

195. 庄子银，杜娟．发展中国家知识产权保护的理论与经验分析．武汉大学学报（社会科学版）．2003（4）．

196. 邹薇．知识产权保护的经济学分析．世界经济，2002（2）．

后　记

　　本书是笔者在博士学位论文基础上充实完善而成的，也是承担上海市教委科研创新项目的成果。在本书付诸出版之际，确有颇多感慨和感激，特在此一记。

　　最大的感慨就是知识产权的研究方法。由于传统学科思维的关系，我国习惯将知识产权归类于法学之下，因此，20 多年来的知识产权研究主要是法学思维和方法，知识产权教学也主要是法学教学。但是，越来越多的事实显示，知识产权并不仅仅是一个法学问题，更是经济学和管理学问题。2008 年初，我为华东政法大学的研究生作了一次题为"中国知识产权保护强度及绩效"的讲座，法学研究生们惊讶于"知识产权竟能如此研究！"。当然，这也是我的策略，在政法大学不谈知识产权法学，改谈知识产权经济学问题，"投机取巧"，方显本人"水平"。

　　对知识产权制度的研究由来已久、老生常谈，多见的是法学的理论定性分析，却少见经济学的实证定量分析。工学学士出生的我想当然以为工科的数学基础加上法学硕士的法学理论，正适合作一次学科交叉研究。正所谓"无知者无畏"。以知识产权制度与经济增长关系的实证研究为题进行研究，实在让我困难重重、迷茫多多，研究曾几度中止，已戒多年的抽烟恶习死灰复燃。现在呈现在面前的成果，只能算做知识产权法学中的"经济学研究"，经济学中的"知识产权法学研究"，或者说是知识产权法学研究的"旁门斜道"，经济学研究中的"雕虫小技"。但是，本人还是欣慰于这种知识产权研究方法的尝试和探索。审视全文，定有诸多错误和不妥之处，诚盼学术界同仁不吝赐教。同时，对自己集工学学士、法学硕士和管理学博士于一身，成为理论上的知识产权"复合人才"，聊以自慰。但也常常以"三不精""四不像"自嘲。

本书的完成，离不开家人、导师、领导、同事、同学和朋友的帮助、关心和支持。

我要首先感谢的是父母的养育之恩。四十不惑、已为人父的我，在父母的眼里，永远是个没长大的儿子。儿子的一点成绩就会是父母的无上"荣耀"。尽管父母无法看懂我完成的专著，但他们一定会仔细"阅读"。他们看到的是儿子的努力和追求，他们享受的是无私付出后的收获喜悦。如果给予我专著扉页的空间，我将写上"谨以本书献给我感恩不尽的父母！"

我要感谢我的两位导师，同济大学单晓光教授和上海大学陶鑫良教授。单晓光教授是我的博士生导师，他对我学术上的指点迷津、悉心指导和充分信任，使我领悟到"良师益友"的真正含义。陶鑫良教授既是我的硕士导师，又是我工作的领导，是他开启了我知识产权学习和研究之门，我的每一个学习研究成果都凝聚着他的学术智慧和悉心指导。

我特别要感谢国家知识产权局田力普局长。身为共和国知识产权管理的最高行政长官，却会因我发表的一篇知识产权制度与外国直接投资的论文而亲自与我联系，给予高度评价并寄上他本人的研究成果和参考资料。我惊喜自己的研究能引起田力普局长的注意，我敬佩这位部级领导对学术的执着和关注。正是因为田力普局长的肯定和勉励，我更加坚定了研究方向，并对外国直接投资作专题研究。

我要感谢同济大学尤建新教授、雷星晖教授、刘晓海教授、冯晓教授以及复旦大学张乃根教授、李元旭教授，他们对我博士论文的开题或修改提出了许多真知灼见，使我论文得以不断完善并顺利完成。此外，同济大学知识产权学院朱国华教授、江洋副教授、张伟君副教授、陈东华博士、张韬略博士以及经济与管理学院滕华老师，在我4年多的博士学习过程中给予了极大的帮助，在此一并感谢。

我要感谢上海大学法学院党委原书记张力央老师、姚锷副院长、徐静琳教授、王勉青副教授、傅文园副教授以及赵莉、周德铭、徐佩华、袁真富、詹宏海、付霞等老师，他们长期以来的关心和帮助，才使我能在繁重的教学科研工作的同时顺利完成博士阶段的学习。

我还要特别感谢本书的责任编辑刘睿女士。刘睿女士严谨高效的工作作风、认真负责的敬业精神和训练有素的专业技能，确保了本书的顺利出版。

最后，但绝不是最不重要，我要感谢我的家人。爱妻王文永远是我生活和事业的坚强后盾和不竭动力，爱女许闻悦永远是我幸福快乐的源泉，岳父母无微不至的关心常常使我心感暖意融融。

许春明

2009 年 1 月 14 日

于上海阳城书院